SAMMLUNG TUSCULUM

Herausgegeben von

Karl Bayer, Manfred Fuhrmann, Gerhard Jäger

C. PLINII SECUNDI

NATURALIS HISTORIAE
LIBRI XXXVII

Liber XXXIV

C. PLINIUS SECUNDUS d. Ä.

NATURKUNDE

Lateinisch-Deutsch

Buch XXXIV

Metallurgie

Herausgegeben und übersetzt
von Roderich König
in Zusammenarbeit mit Karl Bayer

ARTEMIS VERLAG
München und Zürich

Titelvignette aus der Plinius-Ausgabe Venedig 1513 (s. § 59)

CIP-Titelaufnahme der Deutschen Bibliothek

Plinius Secundus, Gaius:
Naturkunde: lat.-dt. / C. Plinius Secundus d. Ä.
Hrsg. u. übers. von Roderich König
in Zusammenarbeit mit Karl Bayer.
München; Zürich: Artemis-Verlag
(Sammlung Tusculum)
Einheitssacht.: Naturalis historia
Teilw. im Heimeran-Verl., München. – Artemis-Verl.
teilw. mit Erscheinungsort München. – Parallelsacht.:
C. Plinii Secundi Naturalis historiae XXXVII
ISBN 3-7608-1618-5
NE: König, Roderich [Hrsg.]
Buch 34. Metallurgie – 1989
ISBN 3-7608-1614-2

© 1989 Artemis Verlag München und Zürich,
Verlagsort München.
Alle Rechte, einschließlich derjenigen des auszugsweisen
Abdrucks und der photomechanischen Wiedergabe, vorbehalten.
Gesamtherstellung: Ludwig Auer GmbH, Donauwörth
Printed in Germany

INHALT

Inhaltsangabe des Plinius 7
Text (Bayer) 12
Übersetzung (König) 13

ANHANG

Erläuterungen (König/Bayer) 125
Verzeichnis der Sachbezüge (Bayer) 211
Zur Textgestaltung (Bayer) 215
Literaturhinweise (König) 228
Literaturangaben zu den Künstlern (König) 236
Register (Bayer/König) 243
Verzeichnis der Quellenschriftsteller (Bayer/Winkler) 257
Aufbau und Inhalt (König) 261
Die antiken Bronzestatuen (Scheibler) 265

LIBRO XXXIV CONTINENTUR
INHALT DES 34. BUCHES

Cap.   §

I–XXXVIII.	1–137	Aeris metalla.	Kupfergruben.
II–V.	2–10	Genera aeris.	Die Arten des Kupfererzes.
III.	5–8	Quae Corinthia.	Das korinthische Erz.
IV.	9	Quae Deliaca.	Das delische Erz.
V.	10	Quae Aeginetica.	Das äginetische Erz.
VI.	11–12	De candelabris.	Von den Kandelabern.
VII.	13	De templorum ornamentis ex aere.	Vom Tempelschmuck aus Erz.
VIII.	14	De tricliniis aeratis.	Von den Tischbetten aus Erz.
IX.	15–17	Quod primum dei simulacrum Romae ex aere factum. De origine statuarum et honore.	Welches Götterbild in Rom zuerst aus Erz gefertigt wurde. Über den Ursprung und das Ansehen der Standbilder.
X.	18–19	Statuarum genera et figurae. Antiquas statuas togatas sine tunicis fuisse.	Verschiedene Art und Gestalt der Standbilder. Daß die alten Statuen mit der Toga, jedoch ohne die Tunika bekleidet waren.
XI.	20–25	Quae primae statuae Romae. Quibus primum publice positae, quibus primum in columna, quando rostra.	Welche die ersten Standbilder zu Rom waren. Wem sie zuerst vom Staat gesetzt wurden, wem zuerst auf einer Säule, wann zuerst die Schiffsschnäbel aufgestellt wurden.
XII.	26–27	Quibus externis Romae publice positae.	Welchen Ausländern zu Rom vom Staat Standbilder errichtet wurden.

* Die römischen Ziffern entsprechen der alten Kapiteleinteilung. Die arabischen Ziffern beziehen sich auf die seit etwa 100 Jahren gebräuchliche Einteilung in Paragraphen.

Metallurgie

XIII.	28–29	Quibus Romae mulieribus in publico positae. Quae prima Romae statua equestris publice posita.	Welchen Frauen in Rom vom Staat Statuen gesetzt wurden. Welches Reiterstandbild in Rom vom Staat zuerst aufgestellt wurde.
XIV.	30–31	Quando omnes privatim positae statuae ex publico sublatae.	Wann alle von Privatleuten errichteten Standbilder von öffentlichen Orten entfernt wurden.
XV.	32	Quae prima ab externis publice posita.	Welches Standbild zuerst von Ausländern auf Staatskosten errichtet wurde.
XVI.	33–35	Fuisse antiquitus et in Italia statuarios.	Daß es von alters her auch in Italien Bildgießer gegeben hat.
XVII.	36–38	De pretiis signorum inmodicis.	Von unmäßigen Preisen der Bildwerke.
XVIII.	39–48	De colossis in urbe celeberrimis.	Von den berühmtesten Kolossalstatuen in der Stadt.
XIX.	49–93	Nobilitates ex aere operum et artificum CCCLXVI.	366 berühmte Werke aus Erz und bedeutende Künstler.
XX.	94–98	Differentiae aeris et mixturae. De pyropo. De Campano aere.	Unterschiede im Erz und in den Mischungen. Über die Goldbronze. Vom kampanischen Erz.
XXI.	99	De servando aere.	Von der Erhaltung des Erzes.
XXII.	100–104	De cadmia.	Vom Galmei.
XXIII.	105–106	Med. ex ea XV.	15 Heilmittel daraus.
XXIV.	107–108	Aeris usti effectus in medicina X.	Heilwirkung des verbrannten Kupfers, 10 Heilmittel.
XXV.	108–109	De scoria aeris. De flore aeris, squama aeris, stomomate aeris. Med. ex iis XLVII.	Von der Kupferschlacke. Von der Kupferblüte, vom Kupferschlag, vom Kupferstaub. 47 Heilmittel daraus.
XXVI.	110–113	Aerugo. Med. ex ea XVIII.	Der Grünspan. 18 Heilmittel daraus.
XXVII.	114–115	Hieracium.	Die Habichtssalbe.
XXVIII.	116	Scolex aeris. Med. ex eo XVIII.	Der Kupferrost. 18 Heilmittel daraus.

Metallurgie

XXIX.	117–119	De chalcitide. Med. ex ea VII. Psoricon.	Vom Kupferkies. 7 Heilmittel daraus. Ein Mittel gegen Krätze.
XXX.	120	Sori. Med. ex eo III.	Der Atramentstein. 3 Heilmittel daraus.
XXXI.	121–122	Misy. Med. ex eo XIII.	Misy. 13 Heilmittel daraus.
XXXII.	123–127	Chalcanthum sive atramentum sutorium. Med. ex eo XVII.	Das Kupfervitriol oder die Schusterschwärze. 17 Heilmittel daraus.
XXXIII–XXXIV.	128–132	Pompholyx. Spodium. Med. ex iis VI.	Der Hüttenrauch. Die Metallasche. 6 Heilmittel daraus.
XXXV.	133	Antispodi gen. XV.	15 Arten von künstlichem Hüttenrauch.
XXXVI.	134	Smegma.	Das Smegma (der »Abflug«).
XXXVII.	135–136	De diphryge.	Vom Ofenbruch.
XXXVIII.	137	De triente Servilio.	Vom servilischen Drittel-As.
XXXIX–XLVI.	138–155	De ferrariis metallis.	Von den Eisenbergwerken.
XL.	140–141	Simulacra ex ferro. Caelaturae ex ferro.	Bildwerke aus Eisen. Ziselierarbeiten aus Eisen.
XLI.	142–146	Differentiae ferri. Ferri temperatura.	Verschiedenheiten des Eisens. Das Härten des Eisens.
XLII.	147–148	De ferro quod vivum appellant.	Vom Eisen, das man das »Lebendige« heißt (der Magnet).
XLIII.	149–150	Robiginis remedia.	Mittel gegen den Rost.
XLIV.	151	Med. ex ferro VII.	7 Heilmittel aus dem Eisen.
XLV.	152–153	Med. ex robigine XIV.	14 Heilmittel aus dem Rost.
XLVI.	154–155	Med. ex squama ferri XVII. Hygremplastrum.	17 Heilmittel aus dem Eisenhammerschlag. Das »flüssige Pflaster«.
XLVII–LVI.	156–178	De plumbi metallis.	Von den Bleigruben.
XLVII.	156–159	De plumbo albo.	Vom weißen Blei.
XLVIII.	160–163	De argentario. De stagno.	Vom silberhaltigen Blei. Vom Werkblei (Zinn).
XLIX.	164–165	De plumbo nigro.	Vom schwarzen Blei.
L.	166–170	Med. ex plumbo XV.	15 Heilmittel aus dem Blei.
LI.	171	Med. ex scoria plumbi XV.	15 Heilmittel aus der Bleischlacke.

Metallurgie

LII.	172	Spodium ex plumbo.	Der Hüttenrauch vom Blei.
LIII.	173–174	De molybdaena. Med. ex ea V.	Vom Wasserblei. 5 Heilmittel daraus.
LIV.	175–176	Psimythium sive cerussa. Med. ex ea VI.	Das Bleiweiß oder Cerussa. 6 Heilmittel daraus.
LV.	177	Sandaraca. Med. ex ea XI.	Der Sandarach. 11 Heilmittel daraus.
LVI.	178	Arrhenicum.	Das Operment.

Summa: medicinae CCLVIII. Ex iis ad canis morsus, ad caput, alopecias, oculos XXV; aures, nares, oris vitia, lepras, gingivas, dentes, uvam, pituitam, fauces, tonsillas, anginam, tussim, vomitiones, pectus, stomachum, suspiria, lateris dolores, splenem, ventrem, tenesmum, dysenteriam, sedem, verenda, sanguinem sistendum, podagras, hydropicos, ulcera, volnera XXVI; suppurata, ossa, paronychia, ignem sacrum, haemorroidas, fistulas, callum, pusulas, scabiem, cicatrices, infantes, muliebria vitia, psilotrum, venerem inhibendam, ad vocem, contra lymphationes.

Summe: 258 Heilmittel, und zwar gegen Hundebisse, für den Kopf, gegen Haarausfall, für die Augen 25; für die Ohren, Nase, gegen Erkrankungen im Munde, gegen Aussatz, für das Zahnfleisch, die Zähne, das Zäpfchen, den Schleim, den Schlund, die Mandeln, gegen Angina, Husten, Erbrechen, für die Brust, den Magen, bei Engbrüstigkeit, Seitenschmerzen, für die Milz, den Bauch, bei Stuhlzwang, Ruhr, Erkrankungen am Gesäß, an den Schamteilen, gegen Blutfluß, Fußgicht, Wassersucht, Geschwüre, Wunden 26; gegen Vereiterungen, für die Knochen, bei Nagelgeschwüren, Rotlauf, Hämorrhoiden, Fisteln, Knochengeschwülsten, gegen Blattern, Krätze, Narben, für Kinder, bei Frauenkrankheiten, als Enthaarungsmittel, zur Hemmung des Geschlechtstriebes, für die Stimme und gegen Wahnvorstellungen.

Metallurgie

Summa: res et historiae et observationes DCCCCXV.

Summe der Gegenstände, Geschichten und Beobachtungen: 915.

Ex auctoribus
L. Pisone. Antiate. Verrio. M. Varrone. Cornelio Nepote. Messala Rufo. Marso poeta. Boccho. Iulio Basso qui de medicina Graece scripsit. Sextio Nigro qui item. Fabio Vestale.

Quellen: Römische Autoren
L. Piso. Antias. Verrius. M. Varro. Cornelius Nepos. Messala Rufus. Der Dichter Marsus. Bocchus. Julius Bassus, der in griechischer Sprache über die Heilkunde schrieb. Sextius Niger ebenso. Fabius Vestalis.

Externis
Democrito. Metrodoro Scepsio. Menaechmo qui de toreutice scripsit. Xenocrate qui item. Antigono qui item. Duride qui item. Heliodoro qui Atheniensium anathemata scripsit. Pasitele qui mirabilia opera scripsit. Timaeo. Qui de medicina metallica scripserunt: Nymphodoro. Iolla. Apollodoro. Andrea. Heraclide. Diagora. Botrye. Archedemo. Dionysio. Aristogene. Democle. Mneside. Xenocrate Zenonis. Theomnesto.

Fremde Autoren
Demokritos. Metrodoros aus Skepsis. Menaichmos, der über die Kunst der Metallbearbeitung (Toreutik) schrieb. Xenokrates ebenso. Antigonos ebenso. Duris ebenso. Heliodoros, der über die Weihegeschenke der Athener schrieb. Pasiteles, der über »wunderbare Werke« schrieb. Timaios. Autoren, die über Heilmittel aus Metallen schrieben: Nymphodoros. Jollas. Apollodoros. Andreas. Herakleides. Diagoras. Botrys. Archedemos. Dionysios. Aristogenes. Demokles. Mnesides. Xenokrates, Sohn des Zeno. Theomnestos.

C. PLINII SECUNDI
NATURALIS HISTORIAE
LIBER XXXIV

Proxime dicantur aeris metalla, cui et in usu proximum est pretium, immo vero ante argentum ac paene etiam ante aurum Corinthio, stipis quoque auctoritas, ut diximus. hinc aera militum, tribuni aerarii et aerarium, obaerati, aere diruti. docuimus, quamdiu populus Romanus aere tantum signato usus esset; et alia re vetustas aequalem urbi auctoritatem eius declarat, a rege Numa collegio tertio aerarium fabrum instituto.

Vena quo dictum est modo foditur ignique perficitur. fit et e lapide aeroso, quem vocant cadmean, celebri trans maria et quondam in Campania, nunc et in Bergomatium agro extrema parte Italiae; ferunt nuper etiam in Germania provincia repertum. fit et ex alio lapide, quem chalcitim appellant in Cypro, ubi prima aeris inventio, mox vilitas praecipua reperto in aliis terris praestantiore maximeque aurichalco, quod praecipuam bonita-

C. PLINIUS SECUNDUS
NATURKUNDE
BUCH 34

Als nächstes soll von den Kupfergruben die Rede sein, da ⟨dem Kupfer⟩ auch bei der Verwendung der nächste Wert zukommt und die korinthische ⟨Bronze⟩ ja sogar vor dem Silber und beinahe auch vor dem Gold steht, auch Bedeutung für das Geldwesen hat, wie wir gesagt haben [33, 43. 138]. Daher die Bezeichnungen Sold der Soldaten *[aera militum]*, Schatzmeister *[tribuni aerarii]* und Schatzkammer *[aerarium]*, Schuldner *[obaerati]*, Soldaten, deren Sold gekürzt ist *[aere diruti]*. Wir haben ausgeführt [33, 42], wie lange das römische Volk nur geprägte Bronze verwendete; eine andere alte Einrichtung zeigt deutlich, daß das Ansehen ⟨des Kupfers⟩ so alt ist wie das der Stadt, hatte doch König Numa als dritte Innung die der Kupferarbeiter gestiftet.

Die Erzader wird auf die bereits geschilderte Weise [32, 95] ausgegraben und im Feuer verarbeitet. Man gewinnt Kupfer auch aus einem kupferhaltigen Gestein, Galmei *[cadmea]* genannt; es findet sich häufig jenseits des Meeres und kam einst in Kampanien vor, jetzt baut man es auch im Gebiet der Bergomaten, dem entferntesten Teil Italiens, ab; kürzlich soll es auch in der Provinz Germanien gefunden worden sein. Man gewinnt ⟨das Kupfer⟩ auch aus einem anderen Stein, *chalcitis* genannt, auf Zypern, wo man es zuerst entdeckte; bald wurde es sehr gering geschätzt, nachdem man in anderen Ländern vorzüglicheres ⟨Erz⟩ und vor allem das *aurichalcum* gefunden hatte, das hinsichtlich Güte

tem admirationemque diu optinuit nec reperitur
longo iam tempore effeta tellure. proximum bonitate fuit Sallustianum in Ceutronum Alpino
tractu, non longi et ipsum aevi, successitque ei
Livianum in Gallia. utrumque a metallorum domi-
nis appellatum, illud ab amico divi Augusti, hoc a
coniuge. velocis defectus Livianum quoque; certe
admodum exiguum invenitur. summa gloriae nunc
in Marianum conversa, quod et Cordubense dicitur. hoc a Liviano cadmean maxime sorbet et auri-
chalci bonitatem imitatur in sestertiis dupondiari-
isque, Cyprio suo assibus contentis. et hactenus
nobilitas in aere naturalis se habet.

Reliqua genera cura constant, quae suis locis
reddentur, summa claritate ante omnia indicata.
quondam aes confusum auro argentoque misceba-
tur, et tamen ars pretiosior erat; nunc incertum
est, peior haec sit an materia, mirumque, cum ad
infinitum operum pretia creverint, auctoritas artis
exstincta est. quaestus enim causa, ut omnia, exer-
ceri coepta est, quae gloriae solebat; ideo etiam
deorum adscripta operi, cum proceres gentium
claritatem et hac via quaererent; adeoque exolevit
fundendi aeris pretiosi ratio, ut iam diu ne fortuna
quidem in ea re ius artis habeat.

und Bewunderung lange an der Spitze stand, aber schon geraume Zeit nicht mehr gefunden wird, da der Boden erschöpft ist. Als nächstes an Güte stand das sallustianische ⟨Kupfer⟩ im Alpengebiet der Ceutronen, selbst auch das nicht von langer Dauer; ihm folgte das livianische ⟨Kupfer⟩ in Gallien. Beide hatten ihren Namen von den Grubenbesitzern, das erste von einem Freund, das zweite von der Gattin des Divus Augustus. Auch das livianische ging sehr schnell zur Neige; jedenfalls findet man jetzt nur noch eine geringe Menge. Das höchste Ansehen hat sich nun dem marianischen ⟨Kupfer⟩ zugewandt, das auch das kordubische genannt wird. Nach dem livianischen verbindet sich dieses am besten mit dem Galmei und kommt dem *aurichalcum* an Güte in den Sesterzen und Zweiasstücken gleich, während man sich für die Asstücke mit dem zyprischen Kupfer begnügt. So verhält es sich mit der von der Natur verliehenen edlen Art des Kupfers.

Die übrigen Arten werden künstlich dargestellt, worüber an den betreffenden Stellen berichtet werden soll, nachdem wir vor allem die berühmteste Art angeführt haben. Einst mischte man das geschmolzene Kupfer mit Gold und Silber zusammen, und dennoch war die Kunst wertvoller; nun ist es ungewiß, ob diese oder das Material schlechter ist, und merkwürdigerweise ist, während die Preise für die Werke ins Unendliche angewachsen sind, das Ansehen der Kunstfertigkeit verschwunden. Denn man hat wie überall begonnen, des Gewinnes wegen ⟨die Kunst⟩ auszuüben, was man ⟨einst⟩ um des Ruhmes willen zu tun pflegte; daher aber hat man auch die Kunst einem Wirken der Götter zugeschrieben, als die Vornehmsten der Völker auch auf diesem Wege nach Berühmtheit strebten; und so sehr ist das Gußverfahren der wertvollen Bronze in Vergessenheit geraten, daß schon lange nicht einmal mehr der glückliche Zufall dabei Anspruch auf Kunstfertigkeit hat.

Ex illa autem antiqua gloria Corinthium maxime laudatur. hoc casus miscuit Corintho, cum caperetur, incensa, mireque circa id multorum adfectatio furit, quippe cum tradatur non alia de causa Verrem, quem M. Cicero damnaverat, proscriptum cum eo ab Antonio, quam quoniam Corinthiis cessurum se ei negavisset. ac mihi maior pars eorum simulare eam scientiam videtur ad segregandos sese a ceteris magis quam intellegere aliquid ibi suptilius; et hoc paucis docebo. Corinthus capta est olympiadis CLVIII anno tertio, nostrae urbis DCVIII, cum ante haec saecula fictores nobiles esse desissent, quorum isti omnia signa hodie Corinthia appellant. quapropter ad coarguendos eos ponemus artificum aetates; nam urbis nostrae annos ex supra dicta comparatione olympiadum colligere facile erit. sunt ergo vasa tantum Corinthia, quae isti elegantiores modo ad esculenta transferunt, modo in lucernas aut trulleos nullo munditiarum dispectu.

Aeris tria genera: candidum argento nitore quam proxime accedens, in quo illa mixtura praevaluit; alterum, in quo auri fulva natura; tertium, in quo aequalis omnium temperies fuit. praeter haec est cuius ratio non potest reddi, quamquam hominis manu est; at fortuna temperatur in simulacris signisque illud suo colore pretiosum ad iocineris imaginem vergens, quod ideo hepatizon ap-

Von jenen alten berühmten Bronzen wird aber am meisten die korinthische gelobt. Der Zufall ließ diese Mischung entstehen, als Korinth bei seiner Einnahme in Brand gesteckt wurde, und es ist nicht zu glauben, wie die Begierde danach bei vielen zur Raserei wurde; denn Verres, den M. Cicero in Verruf gebracht hatte, soll aus keinem anderen Grunde mit diesem von Antonius proskribiert worden sein, als weil er sich geweigert hatte, ihm seine korinthischen Bronzen zu überlassen. Es scheint mir aber der größere Teil dieser Leute diese Kenntnis eher vorzutäuschen als davon eine tiefere Einsicht zu haben, um sich von der Masse mehr abzusondern; und dies will ich mit wenigen Worten zeigen. Korinth wurde im dritten Jahr der 158. Olympiade, im 608. Jahre unserer Stadt, eingenommen, als die berühmten Künstler, deren sämtliche Werke jene heute die korinthischen nennen, schon Jahrhunderte vorher gestorben waren. Um ⟨die Leute⟩ zu widerlegen, wollen wir deshalb die Lebensdaten der Künstler anführen; denn es wird leicht sein, die Jahre unserer Stadt aus dem oben genannten Vergleich mit den Olympiaden zu finden. Korinthische Gefäße sind also nur solche, die jene Leute von feinerem Geschmack bald als Eßgeschirre gebrauchen, bald als Lampen oder Waschbecken, ohne Rücksicht auf ihren künstlerischen Wert.

Es gibt drei Arten der ⟨korinthischen⟩ Bronze: eine weiße, die im Glanze dem Silber so nahe wie möglich kommt ⟨und⟩ in der jene Mischung [§ 5] vorherrschte; eine zweite, welche die gelbe Farbe des Goldes hatte; eine dritte, in der alle Metalle zu gleichen Teilen vorhanden waren. Daneben gibt es noch eine Art, deren Zusammensetzung man nicht angeben kann, obwohl sie ein Erzeugnis von Menschenhand ist; schließlich ist es eben doch ein glücklicher Zufall, wenn an Bildwerken und Statuen jene durch ihre eigentümliche Besonderheit wertvolle Färbung entsteht, die ähnlich wie die der Leber ist, weshalb sie die ›Leberfarbige‹ *[hepatizon]* ge-

pellant, procul a Corinthio, longe tamen ante Aegineticum atque Deliacum, quae diu optinuere principatum.

Antiquissima aeris gloria Deliaco fuit, mercatus in Delo celebrante toto orbe, et ideo cura officinis. tricliniorum pedibus fulcrisque ibi prima aeris nobilitas, pervenit deinde et ad deum simulacra effigiemque hominum et aliorum animalium.

Proxima laus Aeginetico fuit, insula et ipsa eo, nec quod ibi gigneretur, sed officinarum temperatura nobilitata. bos aereus inde captus in foro boario est Romae. hoc erit exemplar Aeginetici aeris, Deliaci autem Iuppiter in Capitolio in Iovis Tonantis aede. illo aere Myron usus est, hoc Polyclitus, aequales atque condiscipuli: sic aemulatio et in materia fuit.

Privatim Aegina candelabrorum superficiem dumtaxat elaboravit, sicut Tarentum scapos. in iis ergo iuncta commendatio officinarum est. nec pudet tribunorum militarium salariis emere, cum ipsum nomen a candelarum lumine inpositum appareat. accessio candelabri talis fuit Theonis iussu praeconis Clesippus fullo gibber et praeterea et alio foedus aspectu, emente id Gegania HS L̄. eadem ostentante in convivio empta ludibrii causa nudatus atque inpudentia libidinis receptus in torum, mox in testamentum, praedives numinum vice illud candelabrum coluit et hanc Corinthiis

nannt wird; sie steht weit hinter der korinthischen Bronze zurück, wird jedoch der äginetischen und delischen, die lange Zeit den ersten Rang behaupteten, bei weitem vorgezogen.

Die Bronze, deren Ruf am ältesten ist, war die delische; die ganze Welt besuchte die Märkte auf Delos, und deshalb wurde in den Werkstätten mit Sorgfalt gearbeitet. Durch die Füße und Gestelle der Speiselager erhielt dort die Bronze ihre erste Berühmtheit, wurde dann auch auf die Bilder der Götter und die Darstellung der Menschen sowie anderer Lebewesen übertragen.

Als nächste wurde die aiginetische Bronze gelobt; die Insel wurde ebenfalls ⟨durch ihr Erz⟩ berühmt, nicht weil es dort vorkam, sondern durch die Zubereitung in den Werkstätten. Von dort stammt das erbeutete Rind aus Bronze auf dem Rindermarkt zu Rom. Dies soll uns als Muster für die aiginetische Bronze dienen, für die delische aber der Jupiter im Tempel des Iuppiter Tonans auf dem Kapitol. Jene Bronze verwendete Myron, diese Polykleitos, Zeitgenossen und aus derselben Schule: so bestand ein Wetteifern auch im Hinblick ⟨auf die Wahl⟩ des Materials.

Besonders zu Aigina bearbeitete man nur die Oberteile, wie zu Tarent die Schäfte der Kandelaber. In ihnen ist somit die Kunstfertigkeit der Werkstätten vereinigt. Man schämt sich nicht, sie um den Sold der Kriegstribunen zu kaufen, während der Name selbst offenbar vom Lichte der Kerzen herkommt. Als Dreingabe für einen solchen Leuchter wurde auf Befehl des Ausrufers Theon der bucklige und außerdem noch häßlich aussehende Walker Klesippos ⟨angeboten⟩; Gegania kaufte ⟨den Leuchter⟩ für 50000 Sesterzen. Sie zeigte ihren Kauf bei einem Gastmahle, und da ⟨der Walker⟩ sich des Gespöttes wegen entblößen mußte, wurde sie von schamloser Lust ergriffen, nahm ihn zu sich ins Bett ⟨und setzte⟩ ihn bald ins Testament ⟨ein⟩; dieser aber, sehr reich geworden, verehrte jenen Leuchter wie eine Gottheit und

fabulam adiecit, vindicatis tamen moribus nobili
sepulcro, per quod aeterna supra terras Geganiae
dedecoris memoria duraret. sed cum esse nulla
Corinthia candelabra constet, nomen id praecipue
in his celebratur, quoniam Mummii victoria Co-
rinthum quidem diruit, sed e compluribus Achaiae
oppidis simul aera dispersit.

Prisci limina etiam ac valvas in templis ex aere
factitavere. invenio et a Cn. Octavio, qui de Perseo
rege navalem triumphum egit, factam porticum
duplicem ad circum Flaminium, quae Corinthia sit
appellata a capitulis aereis columnarum, Vestae
quoque aedem ipsam Syracusana superficie tegi
placuisse. Syracusana sunt in Pantheo capita columnarum a M. Agrippa posita. quin etiam privata
opulentia eo modo usurpata est: Camillo inter
crimina obiecit Spurius Carvilius quaestor, ostia
quod aerata haberet in domo.

Nam triclinia aerata abacosque et monopodia
Cn. Manlium Asia devicta primum invexisse
triumpho suo, quem duxit anno urbis DLXVII, L.
Piso auctor est, Antias quidem heredes L. Crassi
oratoris multa etiam triclinia aerata vendidisse. ex
aere factitavere et cortinas tripodum, nomine et
Delphicas, quoniam donis maxime Apollini Del-
phico dicabantur. placuere et lychnuchi pensiles in
delubris aut arborum mala ferentium modo lucen-
tes, quale est in templo Apollinis Palatini, quod

fügte dieses Märchen denen über die korinthischen Bronzen hinzu; dennoch wurde die Moral durch das prächtige Grabmal bewahrt, mit dem die Erinnerung an die Schande der Gegania ewig über die Länder dauern sollte. Obwohl bekannt ist, daß es keine korinthischen Kandelaber gibt, wird dieser Name besonders für sie weit verbreitet, weil der Sieg des Mummius zwar Korinth zerstörte, aber zugleich die Bronzegegenstände aus mehreren Städten Achaias zerstreute.

Die Vorfahren verfertigten auch die Schwellen und Türflügel in den Tempeln aus Bronze. Ich finde auch ⟨geschrieben⟩, daß von Cn. Octavius, der über den König Perseus einen Seetriumph feierte, beim flaminischen Zirkus eine doppelte Säulenhalle errichtet wurde, die man nach den bronzenen Säulenkapitälen die korinthische nannte, und daß man beschloß, auch den Tempel der Vesta sogar mit syrakusanischer Bronze zu decken. Aus syrakusanischer Bronze sind die Säulenkapitäle im Pantheon, die von M. Agrippa gesetzt wurden. Ja sogar der Privatreichtum hat sich auf diese Art geltend gemacht: Der Quästor Spurius Carvilius warf dem Camillus unter ⟨anderen⟩ Anschuldigungen vor, daß er an seinem Hause bronzene Türen habe.

L. Piso ist nämlich Gewährsmann, daß bronzene Tischbetten, Schenktische und Pfeilertischchen zuerst Cn. Manlius nach der Unterwerfung Asiens bei seinem Triumph, den er im 567. Jahre der Stadt feierte, mit sich führte; Antias aber, daß die Erben des Redners L. Crassus auch viele bronzene Tischbetten verkauft hätten. Aus Bronze verfertigte man auch gewöhnlich die kesselförmigen Dreifüße, auch die delphischen genannt, weil sie vor allem dem delphischen Apollo als Geschenke geweiht wurden. Man hatte auch Gefallen an den Kronleuchtern, die in den Tempeln herabhängen oder gleich apfeltragenden Bäumen leuchten; ein solcher befindet sich im Tempel des Palatinischen Apollo; Alexan-

Alexander Magnus Thebarum expugnatione captum in Cyme dicaverat eidem deo.

Transiit deinde ars vulgo ubique ad effigies deorum. Romae simulacrum ex aere factum Cereri primum reperio ex peculio Sp. Cassii, quem regnum adfectantem pater ipsius interemerit. transiit et a diis ad hominum statuas atque imagines multis modis. bitumine antiqui tinguebant eas, quo magis mirum est placuisse auro integere. hoc nescio an Romanum fuerit inventum; certe etiam nomen non habet vetustum. effigies hominum non solebant exprimi nisi aliqua inlustri causa perpetuitatem merentium, primo sacrorum certaminum victoria maximeque Olympiae, ubi omnium, qui vicissent, statuas dicari mos erat, eorum vero, qui ter ibi superavissent, ex membris ipsorum similitudine expressa, quas iconicas vocant. Athenienses nescio an primis omnium Harmodio et Aristogitoni tyrannicidis publice posuerint statuas. hoc actum est eodem anno, quo et Romae reges pulsi. excepta deinde res est a toto orbe terrarum humanissima ambitione, et in omnium municipiorum foris statuae ornamentum esse coepere propagarique memoria hominum et honores legendi aevo basibus inscribi, ne in sepulcris tantum legerentur. mox forum et in domibus privatis factum atque in atriis: honos clientium instituit sic colere patronos.

der der Große hatte ihn bei der Eroberung Thebens erbeutet und demselben Gott zu Kyme geweiht.

Hierauf verlegte sich die Kunst allgemein und überall auf Götterbilder. Ich finde, daß zu Rom die erste Bronzestatue für Ceres angefertigt wurde, und zwar aus dem Vermögen des Sp. Cassius, den sein eigener Vater aus dem Wege räumen ließ, weil er nach der Königswürde strebte. Von den Göttern ging ⟨die Kunst⟩ über zu Standbildern und Bildwerken von Menschen auf vielerlei Arten. Die Alten überzogen sie mit Bitumen, und um so merkwürdiger ist es, daß man Gefallen daran fand, sie mit Gold zu bedecken. Möglicherweise ist dies eine römische Erfindung gewesen; sicherlich ist auch der Name nicht alt. Bildnisse von Menschen pflegte man nur darzustellen, wenn sie sich aus einem herausragenden Grund einer dauernden Erinnerung verdient gemacht hatten; zuerst ⟨waren es⟩ die Sieger in den heiligen Wettkämpfen und vor allem zu Olympia, wo die Sitte bestand, allen, die gesiegt hatten, Standbilder zu widmen, denen aber, die dort dreimal als Sieger hervorgegangen waren, Bildwerke porträtähnlich zu errichten, die man »nach dem Leben dargestellt« *[iconicae]* nannte. Vielleicht haben die Athener als erste von allen den Tyrannenmördern Harmodios und Aristogeiton auf Staatskosten Standbilder errichtet. Dies geschah im selben Jahr, in dem auch zu Rom die Könige vertrieben wurden. Dieser Brauch wurde dann aus einem sehr menschlichen Ehrgeiz von der ganzen Welt übernommen, und man begann, auf den Marktplätzen aller Landstädte Standbilder als Schmuck zu errichten, die Erinnerung an Menschen zu verlängern und ihre Auszeichnungen zum Lesen für die Nachwelt auf die Sockel zu schreiben, damit sie nicht nur auf den Grabdenkmälern gelesen würden. Dann wurde auch ein freier Platz in den Privathäusern und Atrien hergestellt: die Ehrerbietung der Klienten richtete dies ein, um so die Schutzherren zu ehren.

Togatae effigies antiquitus ita dicabantur. placuere et nudae tenentes hastam ab epheborum e gymnasiis exemplaribus; quas Achilleas vocant. Graeca res nihil velare, at contra Romana ac militaris thoraces addere. Caesar quidem dictator loricatam sibi dicari in foro suo passus est. nam Lupercorum habitu tam noviciae sunt quam quae nuper prodiere paenulis indutae. Mancinus eo habitu sibi statuit, quo deditus fuerat. notatum ab auctoribus et L. Accium poetam in Camenarum aede maxima forma statuam sibi posuisse, cum brevis admodum fuisset. equestres utique statuae Romanam celebrationem habent, orto sine dubio a Graecis exemplo. sed illi celetas tantum dicabant in sacris victores, postea vero et qui bigis vel quadrigis vicissent; unde et nostri currus nati in iis, qui triumphavissent. serum hoc, et in iis non nisi a divo Augusto seiuges, sicut elephanti.

Non vetus et bigarum celebratio in iis, qui praetura functi curru vecti essent per circum; antiquior columnarum, sicuti C. Maenio, qui devicerat priscos Latinos, quibus ex foedere tertias praedae populus Romanus praestabat, eodemque in consulatu in suggestu rostra devictis Antiatibus fixerat anno urbis CCCCXVI, item C. Duillio, qui primus navalem triumphum egit de Poenis, quae est

Von alters her wurden auf diese Weise mit der Toga bekleidete Standbilder geweiht. Es gefielen auch nackte Standbilder, die nach dem Vorbild der Epheben aus den Sportplätzen einen Speer halten und Achilleusstatuen genannt werden. Griechischer Brauch ist es, nichts zu verhüllen, römische und kriegerische Sitte dagegen, Harnische hinzufügen. Der Diktator Caesar erlaubte es jedenfalls, daß ihm auf seinem Forum ein Standbild im Panzer gewidmet wurde. Denn die Standbilder im Gewande der Panpriester *[Luperci]* sind ebenso eine Neuerung wie diejenigen, die, mit einem Umhang versehen, kürzlich erschienen sind. Mancinus errichtete sich ein Standbild in der Kleidung, in der er ausgeliefert worden war. Von den Schriftstellern wird vermerkt, daß auch der Dichter L. Accius im Tempel der Camenen sich ein Standbild von überlebensgroßer Gestalt errichten ließ, obgleich er ziemlich klein war. Jedenfalls werden die Reiterstandbilder von den Römern geschätzt; das Vorbild kommt zweifellos von den Griechen. Doch jene weihten sie nur den Siegern auf Rennpferden in den heiligen Wettspielen, später aber auch denen, die mit Zwei- oder Viergespannen gesiegt hatten; von daher kamen auch bei uns die Wagen für die Statuen der Triumphatoren auf. Dies gehört zu einer späteren Zeit, und erst seit dem Divus Augustus hatte man Sechsgespanne wie auch Elefanten.

Auch die Auszeichnung mit Zweigespannen für solche, die nach Ablauf ihrer Prätur mit einem Wagen durch die Rennbahn gefahren waren, ist nicht alt; älter ist die Auszeichnung mit Säulen, wie man eine solche dem C. Maenius errichtete, der die alten Latiner, denen das römische Volk nach einem Vertrag ein Drittel der Beute gewährte, besiegt hatte und der während desselben Konsulats im 416. Jahre der Stadt nach der Niederwerfung der Antiaten die Schiffsschnäbel auf der Rednertribüne angebracht hatte; ebenso wurde dem C. Duillius, der als erster einen Seetriumph über

etiam nunc in foro, item L. Minucio praefecto
annonae extra portam Trigeminam unciaria stipe
conlata; nescio an primo honore tali a populo,
antea enim a senatu erat, praeclara res, ni frivolis
coepisset initiis. namque et Atti Navii statua fuit
ante curiam; basis eius conflagravit curia incensa
P. Clodii funere. fuit et Hermodori Ephesii in
comitio, legum, quas decemviri scribebant, inter-
pretis, publice dicata. alia causa, alia auctoritas M.
Horatii Coclitis statuae, quae durat hodieque, cum
hostes a ponte sublicio solus arcuisset. equidem et
Sibyllae iuxta rostra esse non miror, tres sint licet:
una, quam Sextus Pacuvius Taurus aed. pl. restituit;
duae, quas M. Messalla. primas putarem has et
Atti Navii, positas aetate Tarquinii Prisci, ni regum antecedentium essent in Capitolio. ex iis Ro-
muli et Tatii sine tunica, sicut et Camilli in rostris.
et ante aedem Castorum fuit Q. Marcii Tremuli
equestris togata, qui Samnites bis devicerat capta-
que Anagnia populum stipendio liberaverat. inter
antiquissimas sunt et Tulli Cloelii, L. Roscii, Sp.
Nautii, C. Fulcinii in rostris, a Fidenatibus in legatione interfectorum. hoc a re p. tribui solebat iniu-

die Punier feierte, eine noch jetzt auf dem Marktplatz stehende ⟨Säule⟩ gewidmet, ferner dem L. Minucius, einem Getreideaufseher, außerhalb der Porta Trigemina, wozu ⟨von jedem⟩ die Spende von einer Unze zusammengebracht wurde; möglicherweise ging eine solche Ehre zuerst vom Volk aus, denn vorher kam sie vom Senat, eine rühmliche Angelegenheit, wenn sie nicht mit bedeutungslosen Anfängen begonnen hätte. Ja auch ein Standbild des Attus Navius befand sich vor der Kurie; sein Sockel verbrannte, als die Kurie beim Leichenbegängnis des P. Clodius in Brand gesteckt wurde. Auch für Hermodoros aus Ephesos, der die von den Dezemvirn geschriebenen Gesetze auslegte, befand sich ein auf Staatskosten errichtetes Standbild auf dem Versammlungsplatz des Volkes. Einen anderen Grund, ein anderes Ansehen hatte das Standbild des M. Horatius Cocles – es besteht heute noch –, da er die Feinde von der Pfahlbrücke allein zurückgehalten hatte. Fürwahr, es erstaunt mich nicht, daß auch die Sibylla Standbilder neben der Rednerbühne hat, und zwar gleich drei: eines, das der Volksädil Sextus Pacuvius Taurus, und zwei, die M. Messalla wieder instand setzte. Ich hätte geglaubt, daß diese ⟨Standbilder⟩ und die des Attus Navius, nachdem sie zur Zeit des Tarquinius Priscus gesetzt wurden, die ersten sind, wenn nicht ⟨solche⟩ von den vorhergehenden Königen auf dem Kapitol stünden. Von diesen sind die des Romulus und des Tatius ohne Tunica, wie auch die des Camillus auf der Rednerbühne. Auch vor dem Tempel der Dioskuren befand sich das Reiterstandbild des Q. Marcius Tremulus in der Toga, der die Samniten zweimal besiegt und nach der Eroberung von Anagnia das Volk von einer Abgabe befreit hatte. Zu den ältesten ⟨Standbildern⟩ auf der Rednerbühne gehören die des Tullus Cloelius, L. Roscius, Sp. Nautius und C. Fulcinius, die von den Fidenaten anläßlich einer Gesandtschafts⟨reise⟩ ermordet worden waren. Der Staat pflegte diese Ehre denen

ria caesis, sicut aliis et P. Iunio, Ti. Coruncanio, qui ab Teuta Illyriorum regina interfecti erant. non omittendum videtur, quod annales adnotavere, tripedaneas iis statuas in foro statutas; haec videlicet mensura honorata tunc erat. non praeteribo et Cn. Octavium ob unum SC. verbum. hic regem Antiochum daturum se responsum dicentem virga, quam tenebat forte, circumscripsit priusque, quam egrederetur circulo illo, responsum dare coegit. in qua legatione interfecto senatus statuam poni iussit quam oculatissimo loco, eaque est in rostris. invenitur statua decreta et Taraciae Gaiae sive Fufetiae virgini Vestali, ut poneretur, ubi vellet, quod adiectum non minus honoris habet quam feminae esse decretam. meritum eius ipsis ponam annalium verbis: quod campum Tiberinum gratificata esset ea populo.

Invenio et Pythagorae et Alcibiadi in cornibus comitii positas, cum bello Samniti Apollo Pythius iussisset fortissimo Graiae gentis et alteri sapientissimo simulacra celebri loco dicari. eae stetere, donec Sulla dictator ibi curiam faceret. mirumque est illos patres Socrati cunctis ab eodem deo sapientia praelato Pythagoran praetulisse aut tot aliis virtute Alcibiaden et quemquam utroque Themistocli.

zuzuteilen, die widerrechtlich getötet wurden, unter anderen auch dem P. Iunius und dem Ti. Coruncanius, die durch Teuta, die Königin der Illyrier, ihren Tod gefunden hatten. Ich glaube, nicht übergehen zu dürfen, was die Annalen vermerkt haben, daß ⟨diesen Männern⟩ drei Fuß hohe Statuen auf dem Forum errichtet wurden; dies war nämlich damals das ehrenvolle Maß. Auch den Cn. Octavius werde ich nicht übergehen wegen eines Wortes in einem Senatsbeschluß. Er zog um den König Antiochos, der sagte, er werde eine Antwort geben, mit einer Rute, die er gerade hielt, einen Kreis und zwang ihn, bevor er aus diesem Kreis gehen durfte, Antwort zu geben. Nachdem er bei dieser Gesandtschaft getötet worden war, befahl der Senat, ihm »an einer möglichst in die Augen springenden Stelle« ein Standbild zu errichten, und dieses steht auf der Rednerbühne. Man findet ⟨in den Annalen⟩ vermerkt, daß auch der Taracia Gaia oder Fufetia, einer vestalischen Jungfrau, ein Standbild zu errichten beschlossen wurde, und zwar »dort, wo sie es wolle«, eine Bestimmung, die nicht weniger ehrenvoll war als die Tatsache, daß dieser Beschluß einer Frau galt. Ihr Verdienst möchte ich mit den Worten der Annalen anführen: »weil sie dem Volke das Feld am Tiber geschenkt hatte.«

Ich finde ⟨in meinen Quellen⟩, daß man sowohl dem Pythagoras als auch dem Alkibiades an den Ecken des Volksversammlungsplatzes Statuen errichtete, als im Samnitischen Krieg der Pythische Apollo befahl, dem Tapfersten und auch dem Weisesten des griechischen Volkes an einem belebten Platz Standbilder zu weihen. Diese standen so lange, bis der Diktator Sulla dort die Curie errichten ließ. Es ist merkwürdig, daß jene Senatoren dem Sokrates, dem derselbe Gott den Vorrang an Weisheit vor allen zuerkannt hatte, den Pythagoras vorzogen oder so vielen anderen an Tapferkeit den Alkibiades oder überhaupt einen in beiderlei Hinsicht dem Themistokles.

Columnarum ratio erat attolli super ceteros mortales, quod et arcus significant novicio invento. primus tamen honos coepit a Graecis, nullique arbitror plures statuas dicatas quam Phalereo Demetrio Athenis, siquidem CCCLX statuere, nondum anno hunc numerum dierum excedente, quas mox laceravere. statuerunt et Romae in omnibus vicis tribus Mario Gratidiano, ut diximus, easdemque subvertere Sullae introitu.

Pedestres sine dubio Romae fuere in auctoritate longo tempore; et equestrium tamen origo perquam vetus est, cum feminis etiam honore communicato Cloeliae statua equestri, ceu parum esset toga eam cingi, cum Lucretiae ac Bruto, qui expulerant reges, propter quos Cloelia inter obsides fuerat, non decernerentur. hanc primam cum Coclitis publice dicatam crediderim (Atto enim ac Sibyllae Tarquinium, at reges sibi ipsos posuisse verisimile est), nisi Cloeliae quoque Piso traderet ab iis positam, qui una opsides fuissent, redditis a Porsina in honorem eius; e diverso Annius Fetialis equestrem, quae fuerit contra Iovis Statoris aedem in vestibulo Superbi domus, Valeriae fuisse, Publicolae consulis filiae, eamque solam refugisse Tiberimque transnatavisse ceteris opsidibus, qui Porsinae mittebantur, interemptis Tarquinii insidiis.

Der Zweck der Säulen bestand darin, daß man über die übrigen Sterblichen erhoben wurde, was nach einer neuerlichen Erfindung auch die Triumphbögen verkünden. Dennoch ging diese Ehrung zuerst von den Griechen aus, und ich glaube, daß keinem Menschen mehr Bildsäulen geweiht wurden als dem Demetrios von Phaleron zu Athen, denn man setzte ihm 360, da das Jahr damals diese Zahl der Tage noch nicht überschritt, zerstörte sie aber bald wieder. Auch zu Rom setzten die Tribus in allen Stadtvierteln dem Marius Gratidianus Standbilder, wie wir gesagt haben [33, 132], und warfen sie beim Einzug Sullas wieder um.

Standbilder von Personen zu Fuß waren ohne Zweifel seit langem zu Rom in Ansehen; doch ist auch der Ursprung der Reiterstandbilder sehr alt, selbst Frauen wurde diese Ehre zuteil durch das Reiterstandbild der Cloelia, als ob es nicht genügt hätte, sie mit der Toga zu bekleiden, da man doch der Lucretia und dem Brutus, welche die Könige vertrieben hatten, um derentwillen Cloelia unter den Geiseln gewesen war, keine 〈Standbilder〉 zuerkannte. Ich möchte glauben, daß dieses Standbild mit dem des Cocles das erste auf Staatskosten gewidmete war (denn es ist wahrscheinlich, daß die Standbilder des Attus und der Sibylla von Tarquinius gesetzt wurden und die der Könige von diesen selbst), wenn nicht Piso überlieferte, daß auch das Standbild der Cloelia von denen errichtet wurde, die zugleich mit ihr Geiseln gewesen waren, nachdem sie als Auszeichnung für sie von Porsenna zurückgegeben worden waren; hingegen sagt Annius Fetialis, das Reiterstandbild, das sich dem Tempel des Iuppiter Stator gegenüber in der Vorhalle des Hauses von 〈Tarquinius〉 Superbus befand, habe Valeria, die Tochter des Konsuls Publicola, dargestellt; diese sei allein entflohen und über den Tiber geschwommen, während die übrigen Geiseln, die dem Porsina geschickt wurden, von Tarquinius heimtückisch umgebracht worden seien.

L. Piso prodidit M. Aemilio C. Popilio iterum cos. a censoribus P. Cornelio Scipione M. Popilio statuas circa forum eorum, qui magistratum gesserant, sublatas omnes praeter eas, quae populi aut senatus sententia statutae essent, eam vero, quam apud aedem Telluris statuisset sibi Sp. Cassius, qui regnum adfectaverat, etiam conflatam a censoribus. nimirum in ea quoque re ambitionem providebant illi viri. exstant Catonis in censura vociferationes mulieribus statuas Romanis in provinciis poni; nec tamen potuit inhibere, quominus Romae quoque ponerentur, sicuti Corneliae Gracchorum matri, quae fuit Africani prioris filia. sedens huic posita soleisque sine ammento insignis in Metelli publica porticu, quae statua nunc est in Octaviae operibus.

Publice autem ab exteris posita est Romae C. Aelio tr. pl. lege perlata in Sthennium Stallium Lucanum, qui Thurinos bis infestaverat. ob id Aelium Thurini statua et corona aurea donarunt. iidem postea Fabricium donavere statua liberati obsidione, passimque gentes in clientelas ita receptae, et adeo discrimen omne sublatum, ut Hannibalis etiam statuae tribus locis visantur in ea urbe, cuius intra muros solus hostium emisit hastam.

L. Piso berichtete, daß unter dem Konsulat des M. Aemilius und des C. Popilius, der dieses Amt zum zweitenmal bekleidete, die Zensoren P. Cornelius Scipio und M. Popilius sämtliche rings um das Forum stehenden Statuen derer, die ein Staatsamt geführt hatten, entfernten, mit Ausnahme derjenigen, die nach einem Beschluß des Volkes oder Senats aufgestellt worden waren; die ⟨Statue⟩ aber, die beim Tempel der Tellus Sp. Cassius sich selbst gesetzt hatte – er hatte die Königsherrschaft angestrebt – wurde von den Zensoren sogar eingeschmolzen. Ohne Zweifel suchten auch hierin jene Männer gegen den Ehrgeiz Vorsichtsmaßregeln zu treffen. Noch sind die lauten Klagereden des Cato, die er als Zensor hielt, vorhanden, daß Frauen in den römischen Provinzen Standbilder errichtet werden; und doch konnte er nicht verhindern, daß man solche auch in Rom errichtete, wie der Cornelia, der Mutter der Gracchen, welche die Tochter des älteren Africanus war. Sie ist sitzend dargestellt, auffallend durch Schuhe ohne Riemen; die Statue befand sich in der öffentlichen Säulenhalle des Metellus, wird aber jetzt in den Gebäuden der Octavia aufbewahrt.

Auf Kosten von Auswärtigen wurde zu Rom dem Volkstribunen C. Aelius eine Statue errichtet, nachdem ⟨von ihm⟩ ein Gesetz gegen den Lukaner Sthennius Stallius durchgebracht worden war, der die Thuriner zweimal angegriffen hatte. Deshalb beschenkten die Thuriner den Aelius mit einem Standbild und einem goldenen Kranz. Später beschenkten die nämlichen Thuriner den Fabricius mit einem Standbild, nachdem er sie von einer Belagerung befreit hatte; so wurden die Völker überall in die Schutzgenossenschaft aufgenommen, und jeder Unterschied ist in solchem Maße verschwunden, daß man sogar Statuen Hannibals an drei Stellen dieser Stadt sehen kann, obwohl er doch der einzige Feind war, der je einen Speer über die Mauern geworfen hat.

Fuisse autem statuariam artem familiarem Italiae quoque et vetustam indicant Hercules ab Euandro sacratus, ut produnt, in foro boario, qui triumphalis vocatur atque per triumphos vestitur habitu triumphali, praeterea Ianus geminus a Numa rege dicatus, qui pacis bellique argumento colitur digitis ita figuratis, ut CCCLXV dierum nota temporis et aevi se esse deum indicet. signa quoque Tuscanica per terras dispersa quin in Etruria factitata sint, non est dubium. deorum tantum putarem ea fuisse, ni Metrodorus Scepsius, cui cognomen a Romani nominis odio inditum est, propter MM statuarum Volsinios expugnatos obiceret. mirumque mihi videtur, cum statuarum origo tam vetus Italiae sit, lignea potius aut fictilia deorum simulacra in delubris dicata usque ad devictam Asiam, unde luxuria.

Similitudines exprimendi quae prima fuerit origo, in ea, quam plasticen Graeci vocant, dici convenientius erit; etenim prior quam statuaria fuit. sed haec ad infinitum effloruit, multorum voluminum opere, si quis plura persequi velit; omnia enim quis possit?

M. Scauri aedilitate signorum MMM in scaena fuere temporario tantum theatro. Mummius Achaia devicta replevit urbem, non relicturus filiae dotem; cur enim non cum excusatione ponatur? multa et Luculli invexere. Rhodi etiamnunc III

Daß aber die Bildgießerkunst auch in Italien heimisch und alt war, zeigen der, wie man sagt, von Euander auf dem Rindermarkt geweihte Hercules, welcher der Triumphierende genannt und bei Triumphen mit einem Triumphgewand bekleidet wird, ferner der vom König Numa gewidmete doppelköpfige Janus, der als Symbol des Friedens und Krieges verehrt wird und dessen Finger so geschaffen sind, daß er durch Andeutung der 365 Tage angibt, er sei der Gott der Zeit und Ewigkeit. Ferner ⟨zeigen es⟩ die über die Länder zerstreuten tuskanischen Bildwerke, über deren Herstellung in Etrurien kein Zweifel besteht. Ich hätte vermutet, daß diese Statuen nur Gottheiten darstellten, wenn nicht Metrodoros aus Skepsis, der seinen Beinamen ⟨*misorhomaios*⟩ wegen seines Hasses gegen den römischen Namen erhielt, den Vorwurf erhöbe, Volsini sei nur wegen seiner zweitausend Statuen erobert worden. Wenn der Ursprung der Standbilder in Italien so alt ist, erscheint es mir merkwürdig, daß man bis zur Unterwerfung Asiens, woher der Luxus kam, vorzugsweise Götterbilder aus Holz oder Ton in den Tempeln geweiht hat.

Was den Ursprung der Porträtkunst anlangt, so wird es passender sein, bei der Kunst, welche die Griechen plastike nennen, davon zu sprechen; denn diese ist älter als die Bildgießerkunst. Die letztere aber blühte bis ins Unendliche, und ⟨es wäre⟩ ein Werk von vielen Bänden ⟨notwendig⟩, wenn jemand nur den größeren Teil darlegen wollte; wer könnte schon alles ⟨bringen⟩?

Während M. Scaurus Ädil war, befanden sich in einem nur vorübergehend errichteten Theater auf der Bühne 3000 Bildwerke. Nach der Besiegung Achaias füllte Mummius die Stadt damit an, aber seiner Tochter konnte er später keine Mitgift hinterlassen; denn warum soll dies nicht zu seiner Entschuldigung hier erwähnt werden? Auch ⟨weitere Mitglieder der Familie⟩ der Luculler brachten viele ⟨Bildwerke⟩

signorum esse Mucianus ter cos. prodidit, nec
pauciora Athenis, Olympiae, Delphis superesse
creduntur. quis ista mortalium persequi possit aut
quis usus noscendi intellegatur? insignia maxime
et aliqua de causa notata voluptarium sit attigisse
artificesque celebratos nominavisse, singulorum
quoque inexplicabili multitudine, cum Lysippus
MD opera fecisse prodatur, tantae omnia artis, ut
claritatem possent dare vel singula: numerum ap-
paruisse defuncto eo, cum thesaurum effregisset
heres; solitum enim ex manupretio cuiusque signi
denarios seponere aureos singulos.

Evecta supra humanam fidem ars est successu,
mox et audacia. in argumentum successus unum
exemplum adferam, nec deorum hominumve similitudinis expressae. aetas nostra vidit in Capitolio,
priusquam id novissime conflagraret a Vitellianis
incensum, in cella Iunonis canem ex aere volnus
suum lambentem, cuius eximium miraculum et
indiscreta veri similitudo non eo solum intellegitur, quod ibi dicata fuerat, verum et satisdatione;
nam quoniam summa nulla par videbatur, capite
tutelarios cavere pro ea institutum publice fuit.

Audaciae innumera sunt exempla. moles quippe
excogitatas videmus statuarum, quas colossaeas
vocant, turribus pares. talis est in Capitolio
Apollo, tralatus a M. Lucullo ex Apollonia Ponti

herein. Der dreimalige Konsul Mucianus berichtete, daß auch jetzt noch 3000 Bildwerke auf Rhodos seien, und in Athen, Olympia und Delphi sollen noch mehr vorhanden sein. Wer unter den Sterblichen könnte sie beschreiben oder welchen Nutzen würde man darin sehen, sie zu kennen? Es soll uns ein Vergnügen sein, die ausgezeichnetsten und aus irgendeinem Grund bemerkenswerten besprochen und die gefeierten Künstler benannt zu haben, von denen einige eine unzählbare Menge ⟨von Werken⟩ verfertigten; es wird nämlich erzählt, daß Lysippos 1500 Werke geschaffen habe, alle von so hohem künstlerischen Rang, daß schon ein einziges davon ihn hätte berühmt machen können: Nach seinem Tode sei die Zahl offenbar geworden, als der Erbe seine Schatulle öffnete: denn ⟨Lysippos⟩ habe die Gewohnheit gehabt, vom Lohn jeder Statue einen Golddenar zurückzulegen.

Durch glücklichen Erfolg, dann aber auch durch Kühnheit schwang sich die Kunst über menschliche Vorstellung empor. Als Beweis für den Erfolg möchte ich nur ein Beispiel anfügen; es bezieht sich nicht auf den Ausdruck der Ähnlichkeit von Göttern oder Menschen. Zu unserer Zeit sah man auf dem Kapitol, vor dem kürzlich durch die Anhänger des Vitellius angefachten Brand, in der Cella der Juno eine ihre Wunde leckende Hündin aus Bronze; ihre außerordentliche Besonderheit und von der Wirklichkeit nicht unterscheidbare Ähnlichkeit kann man nicht nur daraus ersehen, daß sie dort geweiht war, sondern auch aus der Bürgschaft: Weil nämlich keine Geldsumme angemessen erschien, bestimmte der Staat, daß die Wächter mit ihrem Kopfe für sie hafteten.

Für die Kühnheit gibt es unzählige Beispiele. Wir sehen ja, daß man riesige Statuen erdacht hat, die man Kolosse nennt, Türmen gleichkommend. Von dieser Art ist der Apollo auf dem Kapitol, von M. Lucullus aus Apollonia, einer Stadt am

urbe, XXX cubitorum, D talentis factus; talis in
campo Martio Iuppiter, a Claudio Caesare dicatus,
qui devoratur Pompeiani theatri vicinitate; talis et
Tarenti factus a Lysippo, XL cubitorum. mirum in
eo, quod manu, ut ferunt, mobilis ea ratio libra-
menti est, ut nullis convellatur procellis. id quidem
et providisse artifex dicitur modico intervallo,
unde maxime flatum opus erat frangi, opposita
columna. itaque magnitudinem propter difficulta-
temque moliendi non attigit eum Fabius Verrucosus, cum Herculem, qui est in Capitolio, inde
transferret. ante omnes autem in admiratione fuit
Solis colossus Rhodi, quem fecerat Chares Lindius, Lysippi supra dicti discipulus. LXX cubitorum altitudinis fuit hoc simulacrum, post LXVI
annum terrae motu prostratum; sed iacens quoque
miraculo est. pauci pollicem eius amplectuntur,
maiores sunt digiti quam pleraeque statuae. vasti
specus hiant defractis membris; spectantur intus
magnae molis saxa, quorum pondere stabiliverat
eum constituens. duodecim annis tradunt effectum
CCC talentis, quae contigerant ex apparatu regis
Demetrii relicto morae taedio obsessa Rhodo. sunt
alii centum numero in eadem urbe colossi minores
hoc, sed ubicumque singuli fuissent, nobilitaturi
locum, praeterque hos deorum quinque, quos fecit
Bryaxis.

Pontos, herbeigeführt, 30 Ellen hoch und ⟨mit einem Aufwand⟩ von 500 Talenten hergestellt; so beschaffen ist auch der auf dem Marsfeld von Kaiser Claudius geweihte Jupiter, der ⟨nur⟩ durch die Nachbarschaft des Theaters des Pompeius in den Schatten gestellt wird; derartig ist auch der von Lysippos verfertigte ⟨Jupiter⟩ zu Tarent, der 40 Ellen hoch ist. Merkwürdig ist an ihm, daß er sich, wie man sagt, mit der Hand bewegen läßt; das Gleichgewicht ist derart berechnet, daß Stürme ihm nichts anhaben können. Vorsorge dagegen soll der Künstler auch dadurch getroffen haben, daß er in mäßiger Entfernung, dort wo es am meisten nötig war, den Winddruck zu brechen, eine Säule entgegenstellte. Wegen seiner Größe und der Schwierigkeit, ihn fortzuschaffen, wagte sich Fabius Verrucosus nicht an ihn, als er den Hercules, der jetzt auf dem Kapitol steht, von dort herüberbrachte. Vor allem aber bewunderungswürdig war der Koloß des Sonnengottes ⟨Helios⟩ zu Rhodos, den Chares aus Lindos, ein Schüler des oben erwähnten Lysippos [§ 39], gefertigt hatte. Dieses Bildwerk war 70 Ellen hoch. Es wurde 66 Jahre später durch ein Erdbeben umgestürzt, erregt aber auch liegend ⟨noch⟩ Staunen. Nur wenige können seinen Daumen umfassen, seine Finger sind größer als die meisten Standbilder. Weite Höhlungen klaffen in den zerbrochenen Gliedern; innen sieht man große Steinmassen, durch deren Gewicht ⟨der Künstler⟩ der Statue beim Aufstellen festen Stand gegeben hatte. Sie soll zwölf Jahre Arbeit ⟨beansprucht⟩ und 300 Talente gekostet haben, die man aus dem Kriegsmaterial des Königs Demetrios erlöst hatte, das er aus Überdruß an der langen Belagerung von Rhodos zurückgelassen hatte. In derselben Stadt befinden sich noch hundert andere Kolosse, die zwar kleiner sind als dieser, aber überall, wo sie einzeln aufgestellt wären, den Ort berühmt machen würden; außer diesen befinden sich ⟨dort noch⟩ fünf Kolosse von Göttern, die Bryaxis verfertigte.

Factitavit colossos et Italia. videmus certe Tuscanicum Apollinem in bibliotheca templi Augusti quinquaginta pedum a pollice, dubium aere mirabiliorem an pulchritudine. fecit et Sp. Carvilius Iovem, qui est in Capitolio, victis Samnitibus sacrata lege pugnantibus e pectoralibus eorum ocreisque et galeis. amplitudo tanta est, ut conspiciatur a Latiari Iove. e reliquiis limae suam statuam fecit, quae est ante pedes simulacri eius. habent in eodem Capitolio admirationem et capita duo, quae P. Lentulus cos. dicavit, alterum a Charete supra dicto factum, alterum fecit Pythodicus comparatione in tantum victus, ut artificum minime probabilis videatur. verum omnem amplitudinem statuarum eius generis vicit aetate nostra Zenodorus Mercurio facto in civitate Galliae Arvernis per annos decem, HS |CCCC| manupretii; postquam satis artem ibi adprobaverat, Romam accitus a Nerone, ubi destinatum illius principis simulacro colossum fecit CXIXS pedum in longitudinem, qui dicatus Soli venerationi est damnatis sceleribus illius principis. mirabamur in officina non modo ex argilla similitudinem insignem, verum et de parvis admodum surculis quod primum operis instaurati fuit. ea statua indicavit interisse fundendi aeris scientiam, cum et Nero largiri aurum argentumque paratus esset et Zenodorus scientia fingendi caelandique nulli veterum postponeretur. statuam Arvernorum cum faceret provinciae Dubio Avito

Auch in Italien stellte man Kolosse her. Jedenfalls sehen wir in der Bibliothek des Augustustempels den etruskischen Apollo, der ab der Zehe eine Höhe von fünfzig Fuß hat, wobei es ungewiß ist, ob er mehr durch die Bronze oder die Schönheit ⟨der Arbeit⟩ bewundernswert erscheint. Auch Sp. Carvilius ließ, nachdem er die nach einem heiligen Gesetz kämpfenden Samniten besiegt hatte, aus ihren Brustharnischen, Beinschienen und Helmen eine Jupiterstatue herstellen, die auf dem Kapitol steht. Sie ist so groß, daß man sie vom Iuppiter Latiaris aus sehen kann. Aus den übriggebliebenen Feilspänen ließ er sich seine eigene Statue machen, die zu Füßen der Götterstatue steht. Auf dem Kapitol bewundert man auch zwei Köpfe, die der Konsul P. Lentulus weihte; der eine wurde vom oben genannten Chares verfertigt, den anderen stellte Pythodikos her; er verliert beim Vergleich so sehr, daß der Künstler sehr wenig tauglich erscheint. Die ganze Größe der Standbilder dieser Art übertraf aber zu unserer Zeit Zenodoros durch den Merkur, den er in der Stadt der Arverner in Gallien in zehn Jahren für einen Arbeitslohn von 40 000 000 Sesterzen herstellte; nachdem er seine Kunst dort genügend bewiesen hatte, wurde er von Nero nach Rom berufen, wo er den zum Standbild jenes Kaisers bestimmten Koloß von 119,5 Fuß Höhe ausführte, der, dem Sol geweiht, Verehrung findet, nachdem man die Verbrechen jenes Kaisers verurteilt hat. Wir bewunderten in der Werkstatt ⟨des Zenodoros⟩ nicht nur die auffallende Ähnlichkeit an dem aus Ton gefertigten Modell, sondern auch noch die sehr kleinen Stäbchen, womit zuerst das Werk hergestellt wurde. Dieses Standbild zeigte, daß die Kenntnis des Bronzegusses verloren gegangen war, obwohl Nero bereit war, Gold und Silber reichlich zu spenden, wie auch Zenodoros in der Fähigkeit des Modellierens und Ziselierens keinem der Alten nachgesetzt wird. Als er das Standbild der Arverner herstellte, – Dubius Avitus war damals Gouver-

praesidente, duo pocula Calamidis manu caelata,
quae Cassio Salano avunculo eius, praeceptori suo,
Germanicus Caesar adamata donaverat, aemulatus
est, vix ut ulla differentia esset artis. quanto maior
Zenodoro praestantia fuit, tanto magis deprehenditur aeris obliteratio.

    Signis, quae vocant Corinthia, plerique in tan- 48
tum capiuntur, ut secum circumferant, sicut Hortensius orator sphingem Verri reo ablatam, propter quam Cicero illo iudicio in altercatione neganti
ei aenigmata se intellegere respondit debere, quoniam sphingem domi haberet. circumtulit et Nero
princeps Amazonem, de qua dicemus, et paulo
ante C. Cestius consularis signum, quod secum
etiam in proelio habuit. Alexandri quoque Magni
tabernaculum sustinere traduntur solitae statuae,
ex quibus duae ante Martis Ultoris aedem dicatae
sunt, totidem ante regiam.
    Minoribus simulacris signisque innumera prope   XIX
artificum multitudo nobilitata est, ante omnes ta-   49
men Phidias Atheniensis Iove Olympio facto ex
ebore quidem et auro; sed et ex aere signa fecit.
floruit autem olympiade LXXXIII, circiter CCC
urbis nostrae annum, quo eodem tempore aemuli
eius fuere Alcamenes, Critias, Nesiotes, Hegias, et
deinde olympiade LXXXVII Hagelades, Callon,
Gorgias Lacon; rursus LXXXX Polyclitus,
Phradmon, Myron, Pythagoras, Scopas, Perellus.
ex iis Polyclitus discipulos habuit Argium, Asopo- 50
dorum, Alexim, Aristidem, Phrynonem, Dino-
nem, Athenodorum, Demean Clitorium; Myron
Lycium. LXXXXV olympiade floruere Naucydes, Dinomenes, Canachus, Patroclus; CII Poly-

neur der Provinz –, ahmte er zwei von der Hand des Kalamis ziselierte Becher, die Germanicus Caesar sehr schätzte und seinem Lehrer Cassius Salanus, dem Onkel des Dubius, geschenkt hatte, so täuschend nach, daß in der Kunstfertigkeit kaum ein Unterschied bestand. Je größer die Vortrefflichkeit eines Zenodoros war, desto mehr erkennt man den Verfall der Kunst der Erzgießerei.

Sehr viele sind von den sogenannten korinthischen Bildwerken so eingenommen, daß sie diese mit sich herumtragen, wie der Redner Hortensius die dem angeklagten Verres weggenommene Sphinx; ihrethalben erwiderte ihm Cicero, als Hortensius bei einem Wortstreit vor Gericht sagte, daß er Rätsel nicht verstehe, er müsse sie verstehen, da er ja eine Sphinx zu Hause habe. Auch Kaiser Nero trug eine Amazone, von der wir noch sprechen werden [§ 82], bei sich, und kurz vorher der Konsular C. Cestius ein Bildwerk, das er sogar in der Schlacht mit sich führte. Auch das Zelt Alexanders des Großen sollen gewöhnlich Standbilder gestützt haben, von denen zwei vor dem Tempel des Mars Ultor und ebenso viele vor der Regia geweiht wurden.

Durch kleinere Standbilder und Bildwerke ist eine fast unzählbare Menge von Künstlern berühmt geworden, vor allem jedoch der Athener Pheidias; den Zeus von Olympia stellte er aus Elfenbein und Gold her, doch verfertigte er auch Bildwerke aus Bronze. Seine Blütezeit fällt aber in die 83. Olympiade, ungefähr in das Jahr 300 der Stadt Rom; seine Zeitgenossen und Nacheiferer waren Alkamenes, Kritias, Nesiotes, Hegias und dann in der 87. Olympiade Hagelades, Kallon, der Lakedaimonier Gorgias; dann in der 90. Olympiade Polykleitos, Phradmon, Myron, Pythagoras, Skopas und Perellos. Von diesen hatte Polykleitos als Schüler: Argios, Asopodoros, Alexis, Aristeides, Phrynon, Deinon, Athenodoros, Demeas aus Kleitor; Myron hatte als Schüler den Lykios. In der 95. Olympiade standen Nauky-

cles, Cephisodotus, Leuchares, Hypatodorus; CIIII Praxiteles, Euphranor; CVII Aetion, Therimachus. CXIII Lysippus fuit, cum et Alexander Magnus, item Lysistratus frater eius, Sthennis, Euphron, Eucles, Sostratus, Ion, Silanion (in hoc mirabile, quod nullo doctore nobilis fuit; ipse discipulum habuit Zeuxiaden); CXXI Eutychides, Euthycrates, Laippus, Cephisodotus, Timarchus, Pyromachus. cessavit deinde ars ac rursus olympiade CLVI revixit, cum fuere longe quidem infra praedictos, probati tamen, Antaeus, Callistratus, Polycles Athenaeus, Callixenus, Pythocles, Pythias, Timocles.

Ita distinctis celeberrimorum aetatibus insignes raptim transcurram, reliqua multitudine passim dispersa. venere autem et in certamen laudatissimi, quamquam diversis aetatibus geniti, quoniam fecerant Amazonas; quae cum in templo Dianae Ephesiae dicarentur, placuit eligi probatissimam ipsorum artificum, qui praesentes erant, iudicio, cum apparuit eam esse, quam omnes secundam a sua quisque iudicassent. haec est Polycliti, proxima ab ea Phidiae, tertia Cresilae, quarta Cydonis, quinta Phradmonis.

Phidias praeter Iovem Olympium, quem nemo aemulatur, fecit ex ebore auroque Minervam Athenis, quae est in Parthenone stans, ex aere vero praeter Amazonem supra dictam Minervam tam

des, Deinomenes, Kanachos und Patroklos in hohem Ansehen; in der 102. Olympiade Polykles, Kephisodotos, Leuchares und Hypatodoros; in der 104. Praxiteles und Euphranor; in der 107. Aëtion und Therimachos. In der 113., als Zeitgenosse Alexanders des Großen, lebte Lysippos, ebenso sein Bruder Lysistratos, Sthennis, Euphron, Eukles, Sostratos, Ion, Silanion (beim letzteren ist bemerkenswert, daß er ohne Lehrer berühmt wurde; er selbst hatte als Schüler Zeuxiades); in der 121. Olympiade lebten Eutychides, Euthykrates, Laïppos, Kephisodotos, Timarchos und Pyromachos. Hierauf ging die Kunst zurück, blühte aber in der 156. Olympiade wieder auf mit den zwar weit unter den vorher genannten stehenden, dennoch geschätzten Künstlern Antaios, Kallistratos, Polykles aus Athen, Kallixenos, Pythokles, Pythias und Timokles.

Nachdem ich auf diese Weise die Lebensdaten der berühmtesten Künstler in die gehörige Ordnung gebracht habe, will ich die besten kurz darstellen, auf die übrige Menge gelegentlich zurückkommen. Auch die berühmtesten Künstler kamen, obgleich sie zu verschiedenen Zeiten geboren waren, miteinander in Wettstreit, da alle ⟨Statuen der⟩ Amazonen geschaffen hatten; als diese im Tempel der Artemis zu Ephesos geweiht wurden, beschloß man, die schönste von ihnen durch das Urteil der anwesenden Künstler selbst auswählen zu lassen; dabei wurde es offenbar, daß es diejenige war, die alle ohne Unterschied nach ihrer eigenen als die zweitbeste beurteilt hatten. Es war die des Polykleitos, die nächstfolgende die des Pheidias, an dritter Stelle stand die des Kresilas, an vierter die des Kydon und an fünfter die des Phradmon.

Pheidias schuf außer dem Zeus von Olympia, dem niemand den Rang streitig macht, aus Elfenbein und Gold eine Athene zu Athen, die im Parthenon steht, aus Bronze aber, außer der oben genannten Amazone, eine Athene von so

eximiae pulchritudinis, ut formae cognomen acceperit. fecit et cliduchum et aliam Minervam, quam Romae Paulus Aemilius ad aedem Fortunae Huiusce Diei dicavit, item duo signa, quae Catulus in eadem aede, palliata et alterum colossicon nudum, primusque artem toreuticen aperuisse atque demonstrasse merito iudicatur.

Polyclitus Sicyonius, Hageladae discipulus, diadumenum fecit molliter iuvenem, centum talentis nobilitatum, idem et doryphorum viriliter puerum. fecit et quem canona artifices vocant, liniamenta artis ex eo petentes veluti a lege quadam, solusque hominum artem ipsam fecisse artis opere iudicatur. fecit et destringentem se et nudum telo incessentem duosque pueros item nudos, talis ludentes, qui vocantur astragalizontes et sunt in Titi imperatoris atrio (hoc opere nullum absolutius plerique iudicant); item Mercurium, qui fuit Lysimacheae, Herculem, qui Romae, hagetera arma sumentem, Artemona, qui periphoretos appellatus est. hic consummasse hanc scientiam iudicatur et toreuticen sic erudisse, ut Phidias aperuisse. proprium eius est, uno crure ut insisterent signa, excogitasse, quadrata tamen esse ea ait Varro et paene ad unum exemplum.

außerordentlicher Schönheit, daß sie nach ihrer Gestalt den Beinamen »die Schöne« erhielt. Er schuf auch eine Schlüsselträgerin *[cliduchus]* und eine weitere Athene, die Paulus Aemilius zu Rom beim Tempel der Fortuna Huiusce Diei weihte; ferner schuf er zwei Bildwerke in griechischer Kleidung, die Catulus im selben Tempel weihte, und eine weitere, nackte Kolossalstatue; mit Recht bezeichnet man ihn als den ersten, der die Toreutik geoffenbart und veranschaulicht hat.

Polykleitos von Sikyon, ein Schüler des Hagelades, schuf den mit einer Kopfbinde sich schmückenden Jüngling *[diadumenus]* von weichlichem Ausdruck, berühmt durch den Preis von 100 Talenten, ferner einen speertragenden Knaben *[doryphorus]* in männlicher Haltung. Auch verfertigte er eine Statue, welche die Künstler als Kanon bezeichnen; und aus diesem Kanon leiten sie die Grundregeln der Kunst wie aus einer Art Gesetz ab; er allein ist es unter den Menschen, dem zuerkannt wird, die Kunst als solche durch ein Kunstwerk offenbart zu haben. Er schuf auch einen sich abschabenden *[destringens se]* und einen nackten Mann, der mit dem Speer angreift, und zwei nackte, mit Knöcheln spielende Knaben, die Würfelspielenden genannt *[astragalizontes]*; sie befinden sich im Atrium des Kaisers Titus (sehr viele behaupten, es gebe kein vollendeteres Werk als dieses); auch ⟨schuf er⟩ einen Hermes, der in Lysimacheia stand, einen Herakles, der sich in Rom befindet, einen Anführer *[hageter]*, der zu den Waffen greift, und den Artemon, den man »den Herumgetragenen« *[periphoretos]* genannt hat. Man sagt, Polykleitos habe diese Wissenschaft zur höchsten Vollendung gebracht und die Toreutik so gelehrt, wie Pheidias sie geoffenbart hat. Eine Besonderheit von ihm ist die Erfindung, Statuen auf einem Bein stehen zu lassen; dennoch sagt Varro, sie seien stämmig und fast immer nach ein und demselben Muster gemacht.

Myronem Eleutheris natum, Hageladae et ipsum discipulum, bucula maxime nobilitavit celebratis versibus laudata, quando alieno plerique ingenio magis quam suo commendantur. fecit et canem et discobolon et Perseum et pristas et Satyrum admirantem tibias et Minervam, Delphicos pentathlos, pancratiastas, Herculem, qui est apud circum maximum in aede Pompei Magni. fecisse et cicadae monumentum ac locustae carminibus suis Erinna significat. fecit et Apollinem, quem ab triumviro Antonio sublatum restituit Ephesiis divus Augustus admonitus in quiete. primus hic multiplicasse veritatem videtur, numerosior in arte quam Polyclitus et in symmetria diligentior, et ipse tamen corporum tenus curiosus animi sensus non expressisse, capillum quoque et pubem non emendatius fecisse, quam rudis antiquitas instituisset.

Vicit eum Pythagoras Reginus ex Italia pancratiaste Delphis posito; eodem vicit et Leontiscum suum. fecit et stadiodromon Astylon, qui Olympiae ostenditur, et Libyn, puerum tenentem tabellam eodem loco et mala ferentem nudum, Syracusis autem claudicantem, cuius ulceris dolorem sentire etiam spectantes videntur, item Apollinem serpentemque eius sagittis configi, citharoedum, qui Dicaeus appellatus est, quod, cum Thebae ab Alexandro caperentur, aurum a fugiente conditum

Den Myron, der zu Eleutherai geboren und gleichfalls auch ein Schüler des Hagelades ist, machte vor allem seine Kuh berühmt, die in bekannten Versen gefeiert wurde, wie ja die meisten ⟨Künstler⟩ mehr durch fremden als durch ihren eigenen Geist bekannt gemacht werden. Er schuf auch einen Hund, einen Diskuswerfer, einen Perseus, Holzsäger, einen Satyr, der die Flöte bewundert, und eine Athene, delphische Fünfkämpfer, Pankratiasten und einen Herakles, der beim Circus maximus im Tempel des Pompeius Magnus steht. Daß er auch ein Denkmal für eine Grille und eine Heuschrecke verfertigt habe, deutet Erinna in ihren Gedichten an. Er schuf auch einen Apollon, der vom Triumvir Antonius entführt wurde, den aber der Divus Augustus aufgrund einer im Traume gegebenen Warnung den Ephesiern wieder zurückgab. Dieser Myron scheint der erste gewesen zu sein, der sich um mehr Naturtreue bemühte, mehr Harmonie in die Kunst brachte als Polykleitos und sorgfältiger im Ebenmaß war; und dennoch habe er, wiewohl er große Sorgfalt auf die Körper wandte, die Empfindungen der Seele nicht ausgedrückt; auch machte er Haupthaar und Flaum nicht besser, als es im rohen Altertum der Fall war.

Pythagoras aus Rhegion in Italien übertraf Myron mit einem zu Delphi aufgestellten Pankratiasten; damit übertraf er auch den Leontiskos. Er schuf auch den Wettläufer Astylos, den man zu Olympia zeigt, und einen Libyer, am gleichen Ort einen Knaben, der eine Tafel hält, und einen nackten ⟨Mann⟩, der Äpfel trägt; zu Syrakus aber einen Hinkenden, dessen Schmerz, verursacht durch ein Geschwür, auch die Betrachter sichtlich mitfühlen läßt, ebenso auch einen Apollon und die ⟨Python⟩schlange, die von seinen Pfeilen durchbohrt werden soll, den Kitharaspieler, welcher der Gerechte *[Dicaeus]* genannt wird, weil das Geld, das ein Flüchtender bei der Einnahme von Theben durch Alexander im Bausch des Gewandes ⟨der Statue⟩ versteckt hatte, ver-

sinu eius celatum esset. hic primus nervos et venas expressit capillumque diligentius.

Fuit et alius Pythagoras Samius, initio pictor, cuius signa ad aedem Fortunae Huiusce Diei septem nuda et senis unum laudata sunt. hic supra dicto facie quoque indiscreta similis fuisse traditur, Regini autem discipulus et filius sororis fuisse Sostratus.

Lysippum Sicyonium Duris negat ullius fuisse discipulum, sed primo aerarium fabrum audendi rationem cepisse pictoris Eupompi responso. eum enim interrogatum, quem sequeretur antecedentium, dixisse monstrata hominum multitudine naturam ipsam imitandam esse, non artificem. plurima ex omnibus signa fecit, ut diximus, fecundissimae artis, inter quae destringentem se, quem M. Agrippa ante Thermas suas dicavit, mire gratum Tiberio principi. non quivit temperare sibi in eo, quamquam imperiosus sui inter initia principatus, transtulitque in cubiculum alio signo substituto, cum quidem tanta populi R. contumacia fuit, ut theatri clamoribus reponi apoxyomenon flagitaverit princepsque, quamquam adamatum, reposuerit. nobilitatur Lysippus et temulenta tibicina et canibus ac venatione, in primis vero quadriga cum Sole Rhodiorum. fecit et Alexandrum Magnum multis operibus, a pueritia eius orsus. quam statuam inaurari iussit Nero princeps delectatus

borgen blieb. Pythagoras aus Rhegion bildete als erster Sehnen und Adern aus und gestaltete das Haar sorgfältiger.

Es gab noch einen anderen Pythagoras, aus Samos, der anfangs Maler war, dessen ⟨Werke:⟩ sieben nackte Standbilder und das Bild eines alten Mannes beim Tempel der Fortuna Huiusce Diei, gerühmt werden. Er soll auch dem oben genannten ⟨Pythagoras⟩ im Aussehen täuschend ähnlich gewesen sein; Sostratos aber soll Schüler ⟨des Pythagoras⟩ von Rhegion und ein Sohn von dessen Schwester gewesen sein.

Duris sagt, Lysippos aus Sikyon sei keines Lehrers Schüler gewesen; er sei zuerst Erzarbeiter gewesen und habe erst aufgrund einer Antwort des Malers Eupompos begonnen, den neuen Weg zu wagen. Denn auf die Frage, welchem Vorgänger er folgen solle, habe ihm Eupompos, indem er auf eine Menge von Menschen zeigte, gesagt, man müsse die Natur selbst nachahmen und nicht einen Künstler. Er verfertigte, außerordentlich fruchtbar in seiner Kunst, wie wir gesagt haben [§ 37], die meisten Bildwerke von allen, darunter einen sich abschabenden Mann, den M. Agrippa vor seinen Thermen stiftete und der dem Kaiser Tiberius außerordentlich gefiel. Dieser konnte der von ihm ausgehenden Versuchung nicht widerstehen; obwohl er zu Beginn seiner Regierung Herr über sich war, ließ er das Bildwerk in sein Schlafgemach bringen und ersetzte es durch ein anderes; das römische Volk zeigte aber solchen Eigensinn, daß es im Theater mit Geschrei dringend verlangte, »der sich Abschabende« *[apoxyomenos]* solle wieder an seine Stelle gebracht werden, und der Kaiser, obgleich er so in ihn vernarrt war, ihn wieder zurückstellen ließ. Berühmt ist Lysippos durch seine trunkene Flötenspielerin, seine Hunde und seine Jagd, vor allem aber durch sein Viergespann mit dem Sonnengott der Rhodier. Er schuf auch viele Bildwerke von Alexander dem Großen, mit dessen Kindheit beginnend. Ein solches Standbild ließ Kaiser Nero, da er in hohem Grade Gefallen daran

admodum illa; dein, cum pretio perisset gratia artis, detractum est aurum, pretiosiorque talis existimatur etiam cicatricibus operis atque concisuris, in quibus aurum haeserat, remanentibus. idem fecit Hephaestionem, Alexandri Magni amicum, quem quidam Polyclito adscribunt, cum is centum prope annis ante fuerit; item Alexandri venationem, quae Delphis sacrata est, Athenis Satyrum, turmam Alexandri, in qua amicorum eius imagines summa omnium similitudine expressit; hanc Metellus Macedonia subacta transtulit Romam. fecit et quadrigas multorum generum. statuariae arti plurimum traditur contulisse capillum exprimendo, capita minora faciendo quam antiqui, corpora graciliora siccioraque, per quae proceritas signorum maior videretur. non habet Latinum nomen symmetria, quam diligentissime custodiit nova intactaque ratione quadratas veterum staturas permutando, vulgoque dicebat ab illis factos, quales essent homines, a se, quales viderentur esse. propriae huius videntur esse argutiae operum custoditae in minimis quoque rebus.

Filios et discipulos reliquit laudatos artifices Laippum, Boedan, sed ante omnes Euthycraten. quamquam is constantiam potius imitatus patris quam elegantiam austero maluit genere quam iucundo placere. itaque optume expressit Herculem Delphis et Alexandrum Thespiis venatorem et proelium equestre, simulacrum ipsum Trophonii

hatte, vergolden; da durch den wertvollen Überzug die Schönheit des Kunstwerkes verlor, wurde später das Gold wieder abgenommen, und man hält das Werk für noch wertvoller, trotz der durch die Arbeit zurückgebliebenen Narben und Ritze, in denen das Gold festgesessen hatte. Derselbe Künstler schuf auch den Hephaistion, einen Freund Alexanders des Großen, den manche dem Polykleitos zuschreiben, obgleich dieser beinahe hundert Jahre früher lebte; ebenso schuf er die Jagd Alexanders, die zu Delphi geweiht wurde; einen Satyr in Athen und den Stab Alexanders, worin er dessen Freunde mit der größten Porträtähnlichkeit darstellte; dieses Werk brachte Metellus nach der Unterwerfung Makedoniens nach Rom. ⟨Der Künstler⟩ verfertigte auch Viergespanne auf vielerlei Art. Für die Bildhauerkunst soll er am meisten dadurch beigetragen haben, daß er das Haar naturgetreu darstellte, die Köpfe kleiner machte, als es die Alten taten, die Körper zierlicher und schlanker, wodurch die Höhe der Bildwerke größer erschien. Es gibt im Lateinischen kein Wort für Symmetrie; diese beachtete er sehr sorgfältig, indem er durch ein neues und noch nicht versuchtes Verfahren die untersetzten Gestalten der Alten veränderte und gewöhnlich sagte, die von jenen geschaffenen Bildwerke zeigten die Menschen wie sie sind, die von ihm geschaffenen ⟨aber⟩, wie sie zu sein erscheinen. Das besonders Ausdrucksvolle in den Werken dieses ⟨Künstlers⟩ scheint darin zu bestehen, daß er auch die kleinsten Dinge beachtete.

Als Söhne und Schüler hinterließ er berühmte Künstler wie Laïppos, Boëdas, vor allem aber Euthykrates. Obgleich dieser mehr die Regelmäßigkeit als die Feinheit des Vaters nachahmte, wollte er lieber in der ernsten als in der liebenswürdigen Gattung Gefallen erregen. Er bildete daher ganz hervorragend einen Herakles zu Delphi und einen Alexander als Jäger zu Thespiai, einen Reiterkampf, eine Statue des

ad oraculum, quadrigas complures, equum cum fiscinis, canes venantium. Huius porro discipulus fuit Tisicrates, et ipse Sicyonius, sed Lysippi sectae propior, ut vix discernantur complura signa, ceu senex Thebanus et Demetrius rex, Peucestes, Alexandri Magni servator, dignus tanta gloria.

Artifices, qui compositis voluminibus condidere haec, miris laudibus celebrant Telephanen Phocaeum, ignotum alias, quoniam in Thessalia habitaverit et ibi opera eius latuerint; atqui suffragiis ipsorum aequatur Polyclito, Myroni, Pythagorae. laudant eius Larisam et Spintharum pentathlum et Apollinem. alii non hanc ignobilitatis fuisse causam, sed quod se regum Xerxis atque Darei officinis dediderit, existimant.

Praxiteles, quamquam marmore felicior, ideo et clarior fuit, fecit tamen et ex aere pulcherrima opera: Proserpinae raptum, item Catagusam et Liberum patrem, Ebrietatem nobilemque una Satyrum, quem Graeci periboeton cognominant, et signa, quae ante Felicitatis aedem fuere, Veneremque, quae ipsa aedis incendio cremata est Claudii principatu, marmoreae illi suae per terras inclutae parem; item stephanusam, pseliumenen, Oporan, Harmodium et Aristogitonem tyrannicidas, quos a Xerxe Persarum rege captos victa Perside Atheniensibus remisit Magnus Alexander. fecit et puberem Apollinem subrepenti lacertae comminus sagitta insidiantem, quem sauroctonon vocant.

Trophonios bei dessen Orakel, mehrere Viergespanne, ein Pferd mit Körben und Jagdhunde. Ein Schüler von ihm war ferner Teisikrates, ebenfalls aus Sikyon, welcher aber der Schule des Lysippos nähersteht, so daß man mehrere Werke kaum auseinanderhalten kann, wie z. B. einen thebanischen Greis, den König Demetrios und Peukestes, den Retter Alexanders des Großen, der einer so großen Ehre würdig war.

Die Künstler, die darüber Bücher verfaßt haben, feiern mit außerordentlichem Lob den Telephanes aus Phokaia, der sonst unbekannt ist, weil er in Thessalien wohnte und dort seine Werke verborgen geblieben sind; und doch wird er nach ihrem Urteil dem Polykleitos, Myron und Pythagoras gleichgestellt. Sie loben seine Larisa, seinen Fünfkämpfer Spintharos und seinen Apollon. Andere glauben, er sei nicht aus dem angegebenen Grund unbekannt geblieben, sondern weil er ⟨seine Schaffenskraft⟩ den Werkstätten der Könige Xerxes und Dareios gewidmet habe.

Praxiteles, obgleich in Marmor glücklicher, daher auch berühmter, verfertigte auch in Bronze sehr schöne Werke: den Raub der Persephone, ebenso die *Catagusa*, den Dionysos, die Trunkenheit und dazu einen berühmten Satyr, den die Griechen *periboetos* nennen; aber auch die Bildwerke, die vor dem Tempel der Felicitas standen, und eine Aphrodite, die beim Brande des Tempels unter der Regierung des Claudius zugrunde ging und die seiner in der ganzen Welt berühmten Aphrodite aus Marmor gleichkam; ebenso schuf er eine Kranzwinderin *[stephanusa]*, eine *pseliumene*, eine Opora, die Tyrannenmörder Harmodios und Aristogeiton, die vom Perserkönig Xerxes fortgeschafft und nach der Unterwerfung Persiens von Alexander dem Großen den Athenern zurückgeschickt wurden. Er schuf auch einen jugendlichen Apollon, der einer in der Nähe herankriechenden Eidechse mit einem Pfeil nachstellt und den man »Eidechsen-

spectantur et duo signa eius diversos adfectus exprimentia, flentis matronae et meretricis gaudentis. hanc putant Phrynen fuisse deprehenduntque in ea amorem artificis et mercedem in vultu meretricis.

Habet simulacrum et benignitas eius: Calamidis enim quadrigae aurigam suum inposuit, ne melior in equorum effigie defecisse in homine crederetur. ipse Calamis et alias quadrigas bigasque fecit equis semper sine aemulo expressis; sed, ne videatur in hominum effigie inferior, Alcmena nullius est nobilior.

Alcamenes, Phidiae discipulus, et marmorea fecit, sed aereum pentathlum, qui vocatur encrinomenos; at Polycliti discipulus Aristides quadrigas bigasque. Amphicrates Leaena laudatur. scortum haec, lyrae cantu familiaris Harmodio et Aristogitoni. consilia eorum de tyrannicidio usque in mortem excruciata a tyrannis non prodidit; quamobrem Athenienses, et honorem habere ei volentes nec tamen scortum celebrasse, animal nominis eius fecere atque, ut intellegeretur causa honoris, in opere linguam addi ab artifice vetuerunt. Bryaxis Aesculapium et Seleucum fecit, Boedas adorantem, Baton Apollinem et Iunonem, qui sunt Romae in Concordiae templo, Cresilas volneratum deficientem, in quo possit intellegi, quantum restet animae, et Olympium Periclen dignum cognomine; mirumque in hac arte est, quod nobiles viros

töter« *[sauroctonos]* nennt. Man sieht von ihm auch noch zwei Bildwerke, die entgegengesetzte Stimmungen ausdrükken, eine weinende Frau und eine sich freuende Hetäre. Man glaubt, die letztere sei Phryne gewesen, und man erkennt an ihr die Liebe des Künstlers und am Antlitz der Hetäre ⟨die Freude über⟩ den Lohn.

Ein Bildwerk zeigt auch seine Güte: Er stellte nämlich auf das Viergespann des Kalamis einen Wagenlenker, damit man nicht glauben sollte, dieser Künstler sei besser in der Darstellung der Pferde, falle aber in der des Menschen ab. Kalamis selbst schuf auch andere Vier- und Zweigespanne, an denen die Pferde stets unübertroffen dargestellt waren; aber damit es nicht den Anschein erwecke, er sei in der Darstellung des Menschen schlechter, ⟨sei gesagt⟩, daß es keine edlere Alkmene gibt als die seinige.

Alkamenes, ein Schüler des Pheidias, schuf ebenfalls Marmorbildwerke, aber ⟨auch⟩ einen Fünfkämpfer aus Bronze, der *encrinomenos* (»der unter die Athleten Aufgenommene«) genannt wird; Aristeides aber, ein Schüler des Polykleitos, verfertigte Vier- und Zweigespanne. Amphikrates wird wegen seiner Leaina gelobt. Diese war eine Hetäre ⟨und⟩ wegen ihres Lyraspiels mit Harmodios und Aristogeiton befreundet. Deren Pläne zum Tyrannenmord verriet sie nicht, obwohl sie von den Tyrannen bis zum Tod gefoltert wurde; die Athener, die ihr deshalb Ehre erwiesen und doch nicht eine Hetäre gefeiert haben wollten, ließen ein Tier gleichen Namens [»Löwin«] anfertigen und verboten dem Künstler, am Bildwerk eine Zunge anzubringen, um den Grund für diese Auszeichnung erkennen zu lassen. Bryaxis schuf einen Asklepios und einen Seleukos. Boëdas einen Betenden, Baton einen Apollon und eine Hera, die sich zu Rom im Tempel der Concordia befinden, Kresilas einen sterbenden Verwundeten, bei dem man sehen kann, wieviel Leben noch in ihm ist, und den seines Beinamens würdigen »Olympier«

nobiliores fecit. Cephisodorus Minervam mirabilem in portu Atheniensium et aram ad templum Iovis Servatoris in eodem portu, cui pauca comparantur, Canachus Apollinem nudum, qui Philesius cognominatur, in Didymaeo Aeginetica aeris temperatura, cervumque una ita vestigiis suspendit, ut linum subter pedes trahatur alterno morsu calce digitisque retinentibus solum, ita vertebrato dente utrisque in partibus, ut a repulsu per vices resiliat. idem et celetizontas pueros, Chaereas Alexandrum Magnum et Philippum patrem eius fecit, Ctesilaus doryphoron et Amazonem volneratam, Demetrius Lysimachen, quae sacerdos Minervae fuit LXIIII annis, idem et Minervam, quae myctica appellatur (dracones in Gorgone eius ad ictus citharae tinnitu resonant); idem equitem Simonem, qui primus de equitatu scripsit. Daedalus, et ipse inter fictores laudatus, pueros duos destringentes se fecit, Dinomenes Protesilaum et Pythodemum luctatorem. Euphranoris Alexander Paris est, in quo laudatur, quod omnia simul intellegantur, iudex dearum, amator Helenae et tamen Achillis interfector. huius est Minerva, Romae quae dicitur Catuliana, infra Capitolium a Q. Lutatio dicata, et simulacrum Boni Eventus, dextra pateram, sinistra spicam ac papavera tenens; item Latona puerpera Apollinem et Dianam infantes sustinens in aede Concordiae. fecit et quadrigas bigasque et clid-

Perikles; auffallend an dieser Kunstrichtung ist, daß sie berühmte Männer noch berühmter machte. Kephisodoros schuf eine wunderbare Athene im Hafen der Athener und im selben Hafen einen Altar beim Tempel des Zeus Soter, mit dem nur weniges vergleichbar ist. Kanachos verfertigte aus aiginetischer Bronze einen nackten Apollon, der »der Liebenswürdige« *[Philesius]* genannt wird und sich im Tempel von Didyma befindet, zusammen mit einem Hirsch, der so auf seinen Fußsohlen schwebt, daß man einen Faden unter seinen Füßen durchziehen kann, weil sich Ferse und Zehen durch wechselseitiges Fassen am Boden festhalten, da in beiden Teilen eine bewegliche Spitze derart angebracht ist, daß sie beim Zurückschwingen wechselseitig wieder zurückspringt. Derselbe Künstler stellte auch auf Pferden reitende Knaben dar; Chaireas schuf Alexander den Großen und dessen Vater Philippos, Ktesilaos einen Speerträger und eine verwundete Amazone, Demetrios eine Lysimache, die 64 Jahre lang eine Priesterin der Athene war, und auch eine Athene, *myctica* (»die Stöhnende«) genannt (die Schlangen auf ihrem Gorgonenschild tönen nach dem Schlage der Kythara mit Klirren); ferner den Reiter Simon, der als erster über die Reiterei schrieb. Daidalos, der selbst auch unter den Bildnern gerühmt wird, verfertigte zwei Knaben, die sich abreiben; Deinomenes einen Protesilaos und den Ringer Pythodemos. Von Euphranor ist der Alexander Paris, an dem man rühmt, daß man an ihm alles zugleich erblickt: den Richter über die Göttinnen, den Liebhaber der Helena und zugleich den Mann, der Achilleus getötet hat. Von Euphranor stammt auch die Athene, die in Rom die catulianische genannt wird und von Q. Lutatius unterhalb des Kapitols geweiht wurde, und die Statue des Bonus Eventus, der in der rechten Hand eine Schale, in der linken eine Ähre und Mohnkapseln hält; ebenso im Concordiatempel Leto als junge Mutter, die ihre Kinder Apollon und Artemis trägt. Er

uchon eximia forma et Virtutem et Graeciam, utrasque colossaeas, mulierem admirantem et adorantem, item Alexandrum et Philippum in quadrigis. Eutychides Eurotam, in quo aereum ipso amne liquidiorem plurimi dixere. Hegiae Minerva Pyrrhusque rex laudatur et celetizontes pueri et Castor ac Pollux ante aedem Iovis Tonantis, Hagesiae in Pario colonia Hercules, Isidoti buthytes. Lycius Myronis discipulus fuit, qui fecit dignum praeceptore puerum sufflantem languidos ignes et Argonautas; Leochares aquilam sentientem, quid rapiat in Ganymede et cui ferat, parcentemque unguibus etiam per vestem puero, Autolycum pancratii victorem, propter quem Xenophon symposium scripsit, Iovemque illum Tonantem in Capitolio ante cuncta laudabilem, item Apollinem diadematum, Lyciscum mangonem, puerum subdolae ac fucatae vernilitatis; Lycius et ipse puerum suffitorem. Menaechmi vitulus genu premitur replicata cervice. ipse Menaechmus scripsit de sua arte. Naucydes Mercurio et discobolo et immolante arietem censetur, Naucerus luctatore anhelante, Niceratus Aesculapio et Hygia, qui sunt in Concordiae templo Romae. Pyromachi quadriga ab Alcibiade regitur. Polycles Hermaphroditum nobilem fecit, Pyrrhus Hygiam et Minervam, Phanis,

verfertigte auch Vier- und Zweigespanne und einen Schlüsselträger *[cliduchos]* von ausgezeichneter Gestalt, sowie eine Arete und eine Hellas, beides Kolossalstatuen, eine bewundernde und anbetende Frau, ebenso einen Alexander und Philippos auf Viergespannen. Eutychides schuf einen Eurotas, bei dem, wie die meisten behauptet haben, das eherne Bildwerk eindrucksvoller sei als der Fluß selbst. Man lobt von Hegias eine Athene, einen König Pyrrhos, reitende Knaben *[celetizontes]* und Kastor und Polydeukes vor dem Tempel des Iuppiter Tonans; von Hagesias einen Herakles in der Koloniestadt Parion; von Isidotos einen Mann, der ein Rind opfert *[buthytes]*. Lykios war ein Schüler des Myron; er schuf als Werk, das auch seinem Lehrer Ehre gemacht hätte, einen Knaben, der ein schwaches Feuer anbläst, sowie die Argonauten; Leochares einen Adler, der weiß, wen er mit Ganymedes raubt und wem er ihn bringt, und der darauf achtet, den Knaben mit seinen Krallen auch nicht durch das Kleid zu verletzen; er schuf auch den Autolykos, einen Sieger im Allkampf, zu dessen Ehre Xenophon sein »Gastmahl« schrieb, und jenen vor allem vielgelobten Iuppiter Tonans auf dem Kapitol, ferner einen mit einer Kopfbinde geschmückten Apollon und den Sklavenhändler Lykiskos, einen Knaben von hinterlistiger und geheuchelter Freundlichkeit; Lykios selbst ⟨schuf⟩ auch einen Räucherwerk verbrennenden Knaben. Von Menaichmos stammt ein Kalb, das mit dem Knie niedergedrückt wird, wobei das Genick nach hinten gebeugt ist. Menaichmos schrieb selbst über sein Kunstverständnis. Naukydes wird nach seinem Hermes, seinem Diskuswerfer und seinem Mann, der einen Widder opfert, beurteilt; Naukeros nach einem keuchenden Ringer, Nikeratos nach einem Asklepios und einer Hygieia, die sich im Tempel der Concordia zu Rom befinden. Das Viergespann des Pyromachos wird von Alkibiades gelenkt. Polykles schuf einen berühmten Hermaphroditen; Pyrrhos eine

Lysippi discipulus, epithyusan. Styppax Cyprius
uno celebratur signo, splanchnopte; Periclis
Olympii vernula hic fuit exta torrens ignemque
oris pleni spiritu accendens. Silanion Apollo-
dorum fudit, fictorem et ipsum, sed inter cunctos
diligentissimum artis et iniquum sui iudicem, cre-
bro perfecta signa frangentem, dum satiari cupidi-
tate artis non quit, ideoque insanum cognomina-
tum (hoc in eo expressit, nec hominem ex aere
fecit, sed iracundiam), et Achillem nobilem, item
epistaten exercentem athletas; Strongylion Amazonem, quam ab excellentia crurum eucnemon appellant, ob id in comitatu Neronis principis cir-
cumlatam. idem fecit puerum, quem amando Brutus Philippensis cognomine suo inlustravit. Theodorus, qui labyrinthum fecit Sami, ipse se ex aere
fudit; praeter similitudinis mirabilem famam
magna suptilitate celebratur: dextra limam tenet,
laeva tribus digitis quadrigulam tenuit, tralatam
Praeneste parvitatis ut miraculum: pictam eam
currumque et aurigam integeret alis simul facta
musca. Xenocrates, Tisicratis discipulus, ut alii:
Euthycratis, vicit utrumque copia signorum. et de
sua arte composuit volumina.

Hygieia und eine Athene; Phanis, ein Schüler des Lysippos, eine opfernde Frau *[epithyusa]*. Styppax aus Zypern verdankt seine Berühmtheit einem einzigen Bildwerk, dem *splanchnoptes* (»einem Mann, der Eingeweide brät«); er war ein Sklave des ›Olympiers‹ Perikles; er röstet die Eingeweide, das Feuer mit aufgeblasenen Backen anfachend. Silanion goß einen Apollodoros, der selbst ein Bildner war, aber unter allen der gewissenhafteste in seiner Kunst und überkritisch gegen sich selbst, weil er häufig seine vollendeten Bildwerke zerschlug, solange er in seinem künstlerischen Ehrgeiz nicht zufriedengestellt werden konnte, weshalb er »der Wahnsinnige« genannt wurde (dies drückte Silanion dadurch aus, daß er nicht einen Menschen aus Bronze machte, sondern den ⟨personifizierten⟩ Zorn); auch schuf er einen berühmten Achilleus, ebenso einen Kampfrichter, der Wettkämpfer einübt; Strongylion schuf eine Amazone, die man wegen der Schönheit ihrer Beine die »Schönbeinige« *[eucnemos]* nennt und die deshalb im Gefolge des Kaisers Nero mitgetragen wurde. Derselbe Künstler schuf einen Knaben, den der bei Philippi ⟨ums Leben gekommene⟩ Brutus sehr liebte und durch seine Gleichnamigkeit berühmt gemacht hat. Theodoros, der das Labyrinth von Samos geschaffen hat, goß von sich selbst eine Bronzestatue; außer durch den besonderen Ruf der Porträtähnlichkeit ⟨seines Werks⟩ wird er wegen der großen Feinheit ⟨seiner Kunst⟩ gepriesen: in der Rechten hält er eine Feile, in der Linken hielt er mit drei Fingern ein kleines Viergespann; es wurde als ein Wunder an Kleinheit später nach Präneste gebracht: Wenn man ⟨diese Quadriga⟩ aufzeichnete, würde eine ⟨von Theodoros⟩ gleichzeitig verfertigte Fliege sie – den Wagen samt dem Lenker – mit ihren Flügeln bedecken. Xenokrates, ein Schüler des Teisikrates, oder, nach anderen, des Euthykrates, übertraf beide durch die Zahl seiner Bildwerke. Er schrieb auch Bücher über sein Kunstschaffen.

Plures artifices fecere Attali et Eumenis adversus Gallos proelia: Isigonus, Pyromachus, Stratonicus, Antigonus, qui volumina condidit de sua arte. Boethi, quamquam argento melioris, infans eximium anserem strangulat. atque ex omnibus, quae rettuli, clarissima quaeque in urbe iam sunt dicata a Vespasiano principe in templo Pacis aliisque eius operibus, violentia Neronis in urbem convecta et in sellariis domus aureae disposita.

Praeterea sunt aequalitate celebrati artifices, sed nullis operum suorum praecipui: Ariston, qui et argentum caelare solitus est, Callides, Ctesias, Cantharus Sicyonius, Diodorus, Critiae discipulus, Deliades, Euphorion, Eunicus et Hecataeus, argenti caelatores, Lesbocles, Prodorus, Pythodicus, Polygnotus, idem pictor e nobilissimis, item e caelatoribus Stratonicus, Scymnus Critiae discipulus.

Nunc percensebo eos, qui eiusdem generis opera fecerunt, ut Apollodorus, Androbulus, Asclepiodorus, Aleuas philosophos, Apellas et adornantes se feminas, Antignotus et perixyomenum tyrannicidasque supra dictos, Antimachus, Athenodorus feminas nobiles, Aristodemus et luctatores bigasque cum auriga, philosophos, anus, Seleucum regem. habet gratiam suam huius quoque doryphorus. Cephisodoti duo fuere: prioris est Mercurius Liberum patrem in infantia nutriens; fecit et contionantem manu elata (persona in incerto est); sequens philosophos fecit. Colotes, qui cum Phi-

Mehrere Künstler haben die Kämpfe des Attalos und Eumenes gegen die Gallier dargestellt: Isigonos, Pyromachos, Stratonikos und Antigonos, der Bücher über seine Kunstfertigkeit verfaßte. Von Boëthos ⟨stammt⟩, obgleich er in Silberarbeiten besser war, ⟨ein berühmtes Werk aus Bronze⟩: ein Kind, das eine riesige Gans würgt. Von allen Werken, über die ich berichtet habe, sind die berühmtesten bereits in Rom von Kaiser Vespasian im Tempel des Friedens und in anderen von ihm errichteten Gebäuden geweiht worden; die Gewalttätigkeit Neros hatte sie in der Stadt zusammengetragen und auf die Prunkzimmer seiner Domus Aurea verteilt.

Außerdem gibt es Künstler, die durch die Gleichmäßigkeit ihrer Leistungen bekannt, aber durch keines ihrer Werke besonders ausgezeichnet sind: Ariston, der auch Silber zu ziselieren pflegte, Kallides, Ktesias, Kantharos aus Sikyon, Diodoros, ein Schüler des Kritias, Deliades, Euphorion, Eunikos und Hekataios, beide Ziseleure in Silber, Lesbokles, Prodoros, Pythodikos, Polygnotos, der auch einer der berühmtesten Maler war, ebenso, unter den Ziseleuren, Stratonikos und Skymnos, ein Schüler des Kritias.

Nun werde ich diejenigen durchgehen, die Werke der gleichen Art geschaffen haben, wie Apollodoros, Androbulos, Asklepiodoros und Aleuas, die Philosophen schufen, Apellas auch Frauen, die sich schmücken, Antignotos ebenso einen sich Abschabenden *[perixyomenus]* und die oben genannten [§ 72] Tyrannenmörder, Antimachos und Athenodoros berühmte Frauen, Aristodemos auch Ringer und Zweigespanne mit Wagenlenker, Philosophen, alte Frauen und den König Seleukos. Auch sein Speerträger *[doryphorus]* ist gebührend geschätzt. Es gab zwei Künstler mit dem Namen Kephisodotos: vom ersteren stammt ein Hermes, der dem Dionysosknaben Nahrung gibt; er schuf auch einen Volksredner mit erhobener Hand (es ist ungewiß, wen er darstellen soll); der andere schuf Philosophen. Kolotes, der

dia Iovem Olympium fecerat, philosophos item
Cleon et Cenchramis et Callicles et Cepis, Chalcosthenes
et comoedos et athletas, Daippus perixyomenon,
Daiphron et Damocritus et Daemon
philosophos. Epigonus omnia fere praedicta imitatus
praecessit in tubicine et matri interfectae infante
miserabiliter blandiente. Eubuli mulier admirans
laudatur, Eubulidis digitis computans. Micon
athletis spectatur, Menogenes quadrigis. Nec
minus Niceratus omnia, quae ceteri, adgressus repraesentavit
Alcibiaden lampadumque accensu
matrem eius Demaraten sacrificantem. Tisicratis
bigae Piston mulierem inposuit, idem fecit Martem
et Mercurium, qui sunt in Concordiae templo
Romae. Perillum nemo laudet saeviorem Phalaride
tyranno, cui taurum fecit mugitus inclusi hominis
pollicitus igni subdito et primus expertus cruciatum
eum iustiore saevitia. huc a simulacris deorum
hominumque devocaverat humanissimam artem!
ideo tot conditores eius laboraverant, ut ex ea
tormenta fierent? itaque una de causa servantur
opera eius, ut, quisquis illa videat, oderit manus.
Sthennis Cererem, Iovem, Minervam fecit, qui
sunt Romae in Concordiae templo, idem flentes
matronas et adorantes sacrificantesque. Simon canem
et sagittarium fecit, Stratonicus caelator ille
philosophos, Scopas uterque...; athletas autem et
armatos et venatores sacrificantesque Baton, Eu-

mit Pheidias am Zeus von Olympia gearbeitet hatte, schuf Philosophen, ebenso Kleon, Kenchramis, Kallikles und Kepis, Chalkosthenes auch Komödienschauspieler und Wettkämpfer, Daïppos einen sich Abschabenden *[perixyomenos]* Daïphron, Damokritos und Daimon Philosophen. Epigonos, der fast alle erwähnten Bildwerke nachahmte, ragte durch einen Trompetenbläser hervor und durch ein Kind, das seine getötete Mutter mitleiderregend liebkost. Gelobt wird eine staunende Frau des Eubulos, von Eubulides ein Mann, der mit den Fingern rechnet. Mikon wurde wegen seiner Wettkämpfer geschätzt, Menogenes wegen seiner Viergespanne. Nicht weniger hat sich Nikeratos in allem wie die übrigen ⟨Künstler⟩ versucht; er schuf einen Alkibiades und dessen Mutter Demarate, die beim Anzünden einer Lampe opfert. Auf ein Zweigespann des Teisikrates hat Piston eine Frau gestellt; er schuf auch einen Ares und einen Hermes, die sich im Tempel der Concordia zu Rom befinden. Niemand sollte den Perillos loben, der, grausamer als der Tyrann Phalaris, diesem einen Stier schuf, aus dem man, wie er versprach, das Brüllen eines Menschen ⟨vernehmen konnte⟩, nachdem Feuer darunter angezündet war; durch eine gerechtere Grausamkeit wurde an ihm als erstem diese Marter erprobt. Soweit hatte er von den Bildwerken der Götter und Menschen die menschenfreundlichste Kunst herabgewürdigt! Hatten so viele Schöpfer an ihr gearbeitet, auf daß man nun Marterwerkzeuge mit ihr herstellte? Man bewahrt daher ⟨nur⟩ aus dem einen Grund seine Werke auf, daß jeder, der sie sieht, die Hände des Künstlers hasse. Sthennis schuf eine Demeter, einen Zeus und eine Athene, die in Rom im Tempel der Concordia stehen, ebenso weinende, anbetende und opfernde Frauen. Simon schuf einen Hund und einen Bogenschützen, Stratonikos, jener berühmte Ziseleur, schuf Philosophen; die beiden Skopas...; Wettkämpfer aber, Bewaffnete, Jäger und Opfernde schufen

chir, Glaucides, Heliodorus, Hicanus, Iophon, Lyson, Leon, Menodorus, Myagrus, Polycrates, Polyidus, Pythocritus, Protogenes, idem pictor e clarissimis, ut dicemus, Patrocles, Pollis, Posidonius, qui et argentum caelavit nobiliter, natione Ephesius, Periclymenus, Philon, Symenus, Timotheus, Theomnestus, Timarchides, Timon, Tisias, Thrason.

Ex omnibus autem maxime cognomine insignis est Callimachus, semper calumniator sui nec finem habentis diligentiae, ob id catatexitechnus appellatus, memorabili exemplo adhibendi et curae modum. huius sunt saltantes Lacaenae, emendatum opus, sed in quo gratiam omnem diligentia abstulerit. hunc quidem et pictorem fuisse tradunt. non aere captus nec arte unam tantum Zenonis statuam Cypria expeditione non vendidit Cato, sed quia philosophi erat, ut obiter hoc quoque noscatur tam insigne exemplum.

In mentione statuarum est et una non praetereunda, quamquam auctoris incerti, iuxta rostra, Herculis tunicati, sola eo habitu Romae, torva facie sentiensque suprema tunicae. in hac tres sunt tituli: L. LUCULLI IMPERATORIS DE MANUBIIS, alter: PUPILLUM LUCULLI FILIUM EX S. C. DEDICASSE, tertius: T. SEPTIMIUM SABINUM AED. CUR. EX PRIVATO IN PUBLICUM RESTITUISSE. tot certaminum tantaeque dignationis simulacrum id fuit!

Baton, Eucheir, Glaukides, Heliodoros, Hikanos, Iophon, Lyson, Leon, Menodoros, Myagros, Polykrates, Polyïdos, Pythokritos, Protogenes, der auch einer der berühmtesten Maler war, wie wir später mitteilen werden [35, 101], Patrokles, Pollis, Poseidonios aus Ephesos, der auch in Silber prachtvoll ziselierte, Periklymenos, Philon, Symenos, Timotheos, Theomnestos, Timarchides, Timon, Teisias und Thrason.

Unter allen Künstlern ist aber Kallimachos am meisten durch seinen Beinamen berühmt: immer sich bekrittelnd und mit seiner Gewissenhaftigkeit kein Ende findend, wurde er deshalb der »Tüftler« *[catatexitechnus]* genannt, ein denkwürdiges Beispiel, daß man auch in der Sorgfalt Mäßigung üben solle. Von ihm stammen tanzende Lakedaimonierinnen, ein fehlerfreies Werk, bei dem aber alle Anmut durch Genauigkeit verlorenging. Er soll auch Maler gewesen sein. Cato verkaufte bei seinem zyprischen Feldzug als einzige Statue nur die des Zenon nicht, weder aus Vorliebe für die Bronze noch für die Kunst, sondern weil sie einen Philosophen darstellte – wie dies auch nur nebenbei als ein so selbstgefälliges Verhalten betrachtet werden soll.

Bei der Erwähnung der Statuen darf eine nicht vergessen werden, obwohl der Schöpfer unbekannt ist: Es handelt sich um einen neben der Rednerbühne stehenden, mit dem Chiton bekleideten Herakles, die einzige Statue in dieser Aufmachung zu Rom, mit wildem Blick und das Todbringende des Chitons fühlend. An dieser Statue befinden sich drei Inschriften: Die erste lautet: VON DER KRIEGSBEUTE DES FELDHERRN L. LUCULLUS; die zweite: DER UNMÜNDIGE SOHN DES LUCULLUS HAT SIE NACH EINEM SENATSBESCHLUSS GESTIFTET; die dritte: DER KURILISCHE AEDIL T. SEPTIMIUS SABINUS HAT SIE AUS PRIVATBESITZ WIEDER IN ÖFFENTLICHEN BESITZ ZURÜCKGEBRACHT. Gegenstand so vieler Streitigkeiten und einer so großen Würdigung war diese Statue!

Nunc praevertemur ad differentias aeris et mixturas. in Cyprio coronarium tenuatur in lamnas taurorumque felle tinctum speciem auri in coronis histrionum praebet, idemque in uncias additis auri scripulis senis praetenui pyropi brattea ignescit. regulare et in aliis fit metallis, itemque caldarium. differentia, quod caldarium funditur tantum, malleis fragile, quibus regulare obsequitur ab aliis ductile appellatum, quale omne Cyprium est. sed et in ceteris metallis cura distat a caldario; omne enim diligentius purgatis igni vitiis excoctisque regulare est.

In reliquis generibus palma Campano perhibetur, utensilibus vasis probatissimo. pluribus fit hoc modis: namque Capuae liquatur non carbonis ignibus, sed ligni, purgaturque roboreo cribro perfusum aqua frigida ac saepius simili modo coquitur, novissime additis plumbi argentarii Hispaniensis denis libris in centenas aeris. ita lentescit coloremque iucundum trahit, qualem in aliis generibus aeris adfectant oleo ac sale. fit Campano simile in multis partibus Italiae provinciisque, sed octonas plumbi libras addunt et carbone recoquunt propter inopiam ligni. quantum ea res differentiae adferat, in Gallia maxime sentitur, ubi

Jetzt wollen wir uns den verschiedenen Arten des Kupfers und den Legierungen zuwenden. Das zyprische Kupfer wird als Kranzkupfer *[coronarium]* in Blättchen geschlagen und gibt, in Ochsengalle getaucht, den Kränzen der Schauspieler das Aussehen von Gold; wenn man sechs Skrupel Gold auf eine Unze hinzugibt, glühen die sehr dünnen Blättchen der Goldbronze wie flammendes Feuer. Das Stangenkupfer *[regulare]* wird auch in anderen Gruben gewonnen und ebenso das Kupfer, das sich durch Hitze bearbeiten läßt *[caldarium]*. Der Unterschied besteht darin, daß das letztere nur geschmolzen wird und unter dem Hammer zerbricht, das Stangenkupfer, von einigen das hämmerbare genannt, aber nachgibt, wie alles zyprische Kupfer. Aber auch in den anderen Kupferhütten unterscheidet sich ⟨das Stangenkupfer⟩ vom *caldarium* durch die Art der Behandlung; denn alles Kupfer wird, wenn man durch Feuer die Verunreinigungen recht sorgfältig entfernt und es ausschmilzt, zu Stangenkupfer.

Unter den übrigen Arten genießt die kampanische Bronze den Vorzug, weil sie sich für Gebrauchsgefäße besonders gut eignet. Man stellt sie in verschiedenen Verfahren her: Zu Capua nämlich bringt man ⟨das Kupfer⟩ nicht über Kohlen-, sondern über Holzfeuer zum Schmelzen, reinigt es mit einem eichenen Sieb, und nachdem man es in kaltes Wasser gegossen hat, schmilzt man es öfters auf die ähnliche Weise, zuletzt unter Zusatz von zehn Pfund spanischem Silberhüttenblei auf hundert Pfund Kupfer. So wird es zähe und erhält eine angenehme Farbe, die man bei anderen Bronzearten durch Öl und Salz zu erreichen sucht. Bronze, die der kampanischen ähnlich ist, wird in vielen Teilen Italiens und in den Provinzen hergestellt, wobei man aber acht Pfund Blei hinzufügt und wegen mangelhafter Eigenschaft des Holzes nochmals über Kohlen erhitzt. Welch großen Unterschied dieses Verfahren hervorbringt, erkennt man am mei-

inter lapides candefactos funditur; exurente enim coctura nigrum atque fragile conficitur. praeterea semel recoquunt, quod saepius fecisse bonitati plurimum confert.

Id quoque notasse non ab re est, aes omne frigore magno melius fundi.
Sequens temperatura statuaria est eademque tabularis hoc modo: massa proflatur in primis, mox in proflatum additur tertia portio aeris collectanei, hoc est ex usu coempti. peculiare in eo condimentum attritu domiti et consuetudine nitoris veluti mansuefacti. miscentur et plumbi argentarii pondo duodena ac selibrae centenis proflati. Appellatur etiamnunc et formalis temperatura aeris tenerrimi, quoniam nigri plumbi decima portio additur et argentarii vicesima, maximeque ita colorem bibit, quem Graecanicum vocant. Novissima est, quae vocatur ollaria, vase nomen hoc dante, ternis aut quaternis libris plumbi argentarii in centenas aeris additis. Cyprio si addatur plumbum, colos purpurae fit in statuarum praetextis.

Aera extersa robiginem celerius trahunt quam neglecta, nisi oleo perunguantur. servari ea optime in liquida pice tradunt. usus aeris ad perpetuitatem monimentorum iam pridem tralatus est tabulis aereis, in quibus publicae constitutiones inciduntur.

sten in Gallien, wo zwischen glühend gemachten Steinen geschmolzen wird; denn durch dieses verbrennende Schmelzen wird das Kupfer schwarz und brüchig. Außerdem wird ⟨dort⟩ das Schmelzen nur einmal wiederholt, während es, wenn es öfters geschieht, sehr viel zur Güte ⟨des Materials⟩ beiträgt.

Es ist auch nicht überflüssig zu bemerken, daß sich alles Kupfer bei großer Kälte besser schmelzen läßt.

Die folgende Zubereitung gilt für Standbilder und ebenso für Tafeln: Zuerst wird die Masse mit dem Gebläse geschmolzen, dann setzt man dem geschmolzenen ⟨Metall⟩ ein Drittel gesammeltes, das heißt aufgekauftes Altkupfer hinzu. Dieses hat eine besondere Beschaffenheit, sofern es durch Reiben geschmeidig gemacht und durch dauernden Gebrauch gleichsam gebändigt ist. Man mischt auch zwölfeinhalb Pfund Silberhüttenblei zu hundert Pfund geschmolzenem Metall. Außerdem erwähnt man eine für Modellformen geeignete Bronze, die ein sehr weiches Metall ergibt, weil man dem Kupfer den zehnten Teil von schwarzem Blei und den zwanzigsten Teil Silberhüttenblei zufügt; auf diese Weise nimmt es am besten die sogenannte griechische Farbe an. Die letzte ⟨Mischung⟩ ist diejenige, welche man Topfbronze *[ollaria]* nennt, ihren Namen also nach dem ⟨aus ihr gefertigten⟩ Gefäß hat; man fügt drei oder vier Pfund Silberhüttenblei auf hundert Pfund Kupfer hinzu. Wenn man dem kyprischen Kupfer Blei beigibt, erhält man die Purpurfarbe an der verbrämten Toga der Standbilder.

Reibt man Kupfer ab, so erhält es schneller einen Ansatz von Grünspan, als wenn man es unbehandelt läßt, es sei denn, daß man es mit Öl bestreicht. Am besten soll es sich in flüssigem Pech erhalten. Die Verwendung der Bronze zur beständigen Dauer der Denkmäler wurde schon früh von den bronzenen Tafeln übernommen, auf denen die Staatsgesetze eingraviert sind.

Metalla aeris multis modis instruunt medicinam; utpote cum ulcera omnia ibi ocissime sanentur, maxime tamen prosunt cadmea. fit sine dubio haec et in argenti fornacibus, candidior ac minus ponderosa, sed nequaquam comparanda aerariae. plura autem genera sunt: namque ut ipse lapis, ex quo fit aes, cadmea vocatur, fusuris necessarius, medicinae inutilis, sic rursus in fornacibus exsistit alia, quae originis suae nomen recipit. fit autem egesta flammis atque flatu tenuissima parte materiae et camaris lateribusque fornacium pro quantitate levitatis adplicata. tenuissima est, in ipso fornacium ore, quam flammae eructarunt, appellata capnitis, exusta et nimia levitate similis favillae. interior optuma, camaris dependens et ab eo argumento botryitis nominata; ponderosior haec priore, levior secuturis (duo eius colores, deterior cinereus, pumicis melior), friabilis oculorumque medicamentis utilissima. tertia est in lateribus fornacium, quae propter gravitatem ad camaras pervenire non potuit. haec dicitur placitis, et ipsa ab argumento, planitie crusta verius quam pumex, intus varia, ad psoras utilior et cicatrices trahendas. fiunt ex ea duo alia genera: onychitis extra paene caerulea, intus onychis maculis similis, ostracitis tota nigra et e ceteris sordidissima, volneribus maxime utilis. omnis autem cadmea, in Cypri

Die Kupferminen bereichern auf vielerlei Weise die Heilkunst; es werden dort nämlich alle Geschwüre sehr schnell geheilt; doch am meisten nützen sie durch den Galmei. Dieser bildet sich ohne Zweifel auch in den Silberöfen, ist weißer und weniger schwer, kann aber keineswegs mit dem Kupfergalmei verglichen werden. Es gibt mehrere Arten: Denn so wie der Stein selbst, aus dem man das Kupfer gewinnt, *cadmea* genannt wird – notwendig zum Gießen und nützlich in der Heilkunst –, so wiederum bildet sich in den Öfen ein anderer Galmei, der den Namen seiner Herkunft verdankt. Er entsteht aber aus dem von den Flammen und vom Gebläse ausgetriebenen und an den Wölbungen und Seiten der Öfen, je nach Grad der Leichtigkeit, sich niederschlagenden feinsten Teil des Materials. Der feinste Galmei befindet sich unmittelbar an der Mündung des Ofens, an der die Flammen ausschlagen, und wird *capnitis* genannt; er ist ausgebrannt und wegen allzu großer Leichtigkeit der Flugasche ähnlich. Der im Innern befindliche Galmei gilt als der beste, hängt von den Wölbungen herab und wird aus diesem Grund *botryitis* genannt; er ist schwerer als der erstgenannte, leichter als die nun folgenden (er hat zweierlei Farben, die aschgraue ist schlechter, die bimssteinähnliche besser), er ist zerreibbar und für Augenheilmittel von sehr großem Nutzen. Eine dritte Art des Galmei befindet sich an den Seiten der Öfen; sie konnte wegen ihrer Schwere nicht bis zu den Wölbungen gelangen. Sie heißt *placitis*, und zwar deshalb, weil sie durch ihre ebene Fläche eher einer Kruste ⟨ähnlich⟩ ist als einem Bimsstein; im Innern ist sie verschiedenfarbig und eignet sich besser als Mittel gegen Räude und zur Beseitigung von Narben. Man stellt aus ihr zwei weitere Arten her: die *onychitis*, die außen fast blau ist und innen Flecken aufweist ähnlich wie der Onyx; die *ostracitis*, die ganz schwarz und die schmutzigste von allen ist, für Wunden am meisten von Nutzen. Alle Galmeisorten – am

fornacibus optima, iterum a medicis coquitur carbone puro atque, ubi in cinerem rediit, exstinguitur vino Ammineo, quae ad emplastra praeparatur; quae vero ad psoras, aceto. quidam in ollis fictilibus tusam urunt et lavant in mortariis, postea siccant. Nymphodorus lapidem ipsum quam gravissimum spississimumque urit pruna et exustum Chio vino restinguit tunditque, mox linteo cribrat atque in mortario terit, mox aqua pluvia macerat iterumque terit, quod subsedit, donec cerussae simile fiat, nulla dentium offensa. eadem Iollae ratio, sed quam purissimum eligit lapidem.

Cadmeae effectus siccare, persanare, sistere fluctiones, pterygia et sordes oculorum purgare, scabritiam extenuare et quidquid in plumbi effectu dicemus.

Et aes ipsum uritur ad omnia eadem, praeterque albugines oculorum et cicatrices, ulcera quoque oculorum cum lacte sanat; itaque Aegyptii collyrii id modo terunt in coticulis. facit et vomitiones e melle sumptum. uritur autem Cyprium in fictilibus crudis cum sulpuris pari pondere, vasorum circumlito spiramento, in caminis, donec vasa ipsa percoquantur. quidam et salem addunt, aliqui alumen pro sulpure, alii nihil, sed aceto tantum aspergunt. ustum teritur in mortario Thebaico, aqua pluvia lavatur iterumque adiecta largiore teritur et,

besten sind die aus den Öfen Zyperns – werden aber von den Ärzten nochmals über reiner Kohle gebrannt und, sobald sie in Asche zerfallen sind, mit amminäischem Wein gelöscht, wenn sie für Pflaster, mit Essig jedoch, wenn sie gegen die Räude zubereitet werden sollen. Manche zerstoßen den Galmei und brennen ihn in irdenen Töpfen, waschen ihn in Mörsern und trocknen ihn hierauf. Nymphodoros brennt den Stein selbst, der möglichst schwer und dicht ist, über glühenden Kohlen, löscht ihn nach dem Ausbrennen mit Wein von Chios und zerstößt ihn, siebt ihn dann durch Leinwand und zerreibt ihn in einem Mörser, weicht ihn darauf in Regenwasser ein und zerreibt den Bodensatz, bis er dem Bleiweiß ähnlich wird und nicht auf den Zähnen knirscht. Ebenso verfährt Iollas, wählt aber ⟨nur⟩ einen möglichst reinen Stein aus.

Die Wirkung des Galmei zeigt sich darin, daß er trocknet, ausheilt, Flüsse stillt, Flügelfelle und Verkrustungen an den Augen beseitigt, die Körnchenbildung (Granulation) vermindert, und ⟨in allem⟩, was immer wir auch von der Wirkung des Bleis mitteilen werden [§ 166], ⟨von Nutzen ist⟩.

Auch das Kupfer selbst wird zu allen diesen Zwecken gebrannt und heilt, außer den weißen Flecken und Narben in den Augen, mit Milch auch Augengeschwüre; man zerreibt es deshalb nach Art der ägyptischen Augensalben in kleinen Handmörsern. Mit Honig genommen, bewirkt es auch Erbrechen. Das zyprische Kupfer aber wird in rohen irdenen Töpfen mit dem gleichen Gewicht Schwefel gebrannt; nachdem man die Öffnungen der Gefäße verschmiert hat, wird es in Schmelzöfen behandelt, bis die Gefäße selbst durchgeglüht sind. Manche fügen auch Salz hinzu, einige Alaun anstelle des Schwefels, wieder andere nichts, sondern besprengen es nur mit Essig. Das gebrannte ⟨Kupfer⟩ wird in einem thebäischen Mörser zerstoßen, mit Regenwasser gewaschen und unter reichlicherem Zusatz von

dum considat, relinquitur, hoc saepius, donec ad speciem minii redeat; tunc siccatum in sole in aerea pyxide servatur.

Et scoria aeris simili modo lavatur, minore effectu quam ipsum aes. sed et aeris flos medicinae utilis est. fit aere fuso et in alias fornaces tralato; ibi flatu crebriore excutiuntur veluti milii squamae, quas vocant florem; cadunt autem, cum panes aeris aqua refrigerantur, rubentque similiter squamae aeris, quam vocant lepida, et sic adulteratur flos, ut squama veneat pro eo. est autem squama aeris decussa vi clavis, in quos panes aerei feruminantur, in Cypri maxime officinis. omnis differentia haec est, quod squama excutitur ictu isdem panibus, flos cadit sponte. squamae est alterum genus suptilius, ex summa scilicet lanugine decussum, quod vocant stomoma.

Atque haec omnia medici, quod pace eorum dixisse liceat, ignorant. parent nominibus: in tantum a conficiendis medicaminibus iis absunt, quod esse proprium medicinae solebat. nunc quotiens incidere in libellos, componere ex iis volentes aliqua, hoc est inpendio miserorum experiri commentaria praeceptaque, credunt Seplasiae omnia fraudibus corrumpenti. iam quidem facta emplastra et collyria mercantur, tabesque mercium aut fraus Seplasiae sic excitetur!

diesem nochmals gerieben und so lange stehen gelassen, bis es sich absetzt; dies wiederholt man öfters, bis es das Aussehen des Zinnobers hat; dann wird es unter der Sonne getrocknet und in einer Kupferbüchse aufbewahrt.

Auch die Kupferschlacke wird auf ähnliche Weise gewaschen; sie ist aber weniger wirksam als das Kupfer selbst. Aber auch die Kupferblüte ist für die Heilkunst nützlich. Sie bildet sich aus dem geschmolzenen und in andere Öfen gebrachten Kupfer; dort werden durch anhaltendes Blasen die hirsekornähnlichen Schuppen abgestoßen, die man Blüte nennt; sie fallen aber ab, wenn man die brotähnlichen Kupferstücke mit Wasser abkühlt, und röten sich auf gleiche Weise wie die Kupferschuppe, die man Kupferhammerschlag nennt, und man verfälscht die Blüte so, daß man an ihrer Stelle die Schuppe verkauft. Die Kupferschuppe wird aber mit Gewalt von den Barren, zu denen man die brotähnlichen Kupferstücke zusammenschmiedet, abgeschlagen, vor allem in den Werkstätten Zyperns. Der ganze Unterschied besteht darin, daß die Schuppe durch Schlag vom brotähnlichen Kupfer herausgeholt wird, die Blüte aber von selbst abfällt. Es gibt noch eine andere, feinere Art von Schuppen, die man von der Oberfläche ⟨des Metalls⟩ gleichsam wie Flaum ablöst; man nennt sie *stomoma*.

Alles dies, sie mögen darüber nicht ungehalten sein, kennen die Ärzte nicht. Sie gehorchen den Namen: So weit sind sie von der Herstellung der Arzneimittel entfernt, was doch gewöhnlich ein besonderer Zweig der Heilkunst war. Sooft sie nun auf Rezeptbücher stoßen und aus diesen irgend etwas zusammenstellen wollen, das heißt um auf Kosten der armen Kranken ihre Notizen und Vorschriften auszuprobieren, vertrauen sie der Seplasiastraße, wo alles durch Betrügereien verfälscht wird. So kaufen sie bereits fertige Pflaster und Augensalben, und auf diese Weise soll die verdorbene oder verfälschte Ware der Seplasiastraße abgestoßen werden!

Et squama autem et flos uruntur in patinis fictilibus aut aereis, dein lavantur ut supra ad eosdem
usus; squama et amplius narium carnosa vitia, item
sedis, et gravitates aurium per fistulam in eas flatu
inpulsa et uvas oris farina admota tollit et tonsillas
cum melle. fit ex candido aere squama longe Cypria inefficacior. nec non urina pueri prius mace-
rant clavos panesque quidam excussuri squamam,
teruntque et aqua pluvia lavant. dant et hydropicis
eam drachmis II in mulsi hemina et inlinunt cum
polline.

Aeruginis quoque magnus usus est. pluribus fit
ea modis: namque et lapidi, ex quo coquitur aes,
deraditur, et aere candido perforato atque in cadis
suspenso super acetum acre opturatumque oper-
culo. multo probatior est, si hoc idem squamis fiat.
quidam vasa ipsa candidi aeris fictilibus condunt in
acetum raduntque decumo die. alii vinaceis conte-
gunt totidemque post dies radunt, alii delimatam
aeris scobem aceto spargunt versantque spathis
saepius die, donec absumatur. eandem scobem alii
terere in mortariis aereis ex aceto malunt. ocissime
vero contingit coronariorum recisamentis in acetum id additis. adulterant marmore trito maxime
Rhodiam aeruginem, alii pumice aut cummi. praecipue autem fallit atramento sutorio adulterata;

Sowohl die Schuppe als auch die Blüte werden aber in irdenen oder ehernen Gefäßen gebrannt, dann auf die oben angegebene Weise [§ 106] zum gleichen Gebrauch gewaschen; weiterhin heilt die Schuppe auch fleischige Auswüchse an der Nase, ebenso am Gesäß, auch Schwerhörigkeit, wenn man sie durch ein Rohr in die Ohren bläst, und mit einem Zusatz von Mehl heilt sie das Zäpfchen im Munde und mit Honig die Mandeln. Aus dem weißen Kupfer bekommt man eine Schuppe, die aber bei weitem weniger wirksam ist als die zyprische. Manche befeuchten auch vorher die Kupfernägel und Kupferbrote mit Knabenharn, wenn sie eine Schuppe abschaben wollen, zerreiben sie ⟨dann⟩ und waschen sie mit Regenwasser. Man gibt sie auch Wassersüchtigen in einer Dosis von zwei Drachmen in einer Hemina Met und streicht sie mit feinem Mehl auf.

Auch der Grünspan wird viel verwendet. Man gewinnt ihn auf mehrfache Weise: Man schabt ihn nämlich sowohl von dem Stein ab, aus dem das Kupfer geschmolzen wird, als man auch Stücke von weißem Kupfer durchbohrt und in irdene und mit einem Deckel verschlossene Gefäße über scharfem Essig hängt. Viel besser ist er, wenn man ihn nach demselben Verfahren aus Schuppen herstellt. Manche legen sogar Gefäße aus weißem Kupfer in mit Essig gefüllte irdene Gefäße und schaben sie am zehnten Tag ab. Andere bedecken sie mit Weintrestern und schaben sie nach ebensoviel Tagen ab, wieder andere begießen Feilspäne von Kupfer mit Essig und rühren sie am Tage öfters mit Spateln um, bis ⟨der Essig⟩ aufgebraucht ist. Andere wollen lieber diese Feilspäne in kupfernen Mörsern mit Essig zerreiben. Am schnellsten aber gelingt es, wenn man die Abschnitte der Kranzhersteller in diesen Essig wirft. Man verfälscht vor allem den rhodischen Grünspan mit zerriebenem Marmor, andere ⟨tun es⟩ mit Bimsstein oder Pflanzengummi. Besonders aber täuscht der mit Schusterschwärze verfälschte; die anderen verfälsch-

cetera enim dente deprehenduntur stridentia in frendendo. experimentum in vatillo ferreo; nam quae sincera est, suum colorem retinet, quae mixta atramento, rubescit. deprehenditur et papyro galla prius macerato; nigrescit enim statim aerugine inlita. deprehenditur et visu maligne virens. sed sive sinceram sive adulteram aptissimum est elui siccatamque in patina nova uri ac versari, donec favilla fiat; postea teritur ac reconditur. aliqui in crudis fictilibus urunt, donec figlinum percoquatur. nonnulli et tus masculum admiscent. lavatur autem aerugo sicut cadmea. vis eius collyriis oculorum aptissima et delacrimationibus mordendo proficiens, sed ablui necessarium penicillis calidis, donec rodere desinat.

Hieracium vocatur collyrium, quod ea maxime constat. temperatur autem id hammoniaci unciis IIII, aeruginis Cypriae II, atramenti sutorii, quod chalcanthum vocant, totidem, misyos una, croci VI. haec omnia trita aceto Thasio colliguntur in pilulas, excellentis remedii contra initia glaucomatum et suffusionum, contra caligines aut scabritias et albugines et genarum vitia. cruda autem aerugo volnerariis emplastris miscetur. oris etiam gingivarumque exulcerationes mirifice emendat et labrorum ulcera cum oleo. quod si et cera addatur, purgat et ad cicatricem perducit. aerugo et callum

ten erkennt man nämlich mittels der Zähne am Knirschen beim Zerbeißen. Man macht die Probe ⟨auch⟩ über einem eisernen Kohlenbecken; denn der echte behält seine Farbe, der mit Schusterschwärze vermischte wird rot. Er verrät sich auch durch einen vorher mit Galläpfeln getränkten Papyrusstreifen; denn dieser wird sofort schwarz, wenn man ihn mit dem ⟨verfälschten⟩ Grünspan bestreicht. Auch erkennt man ihn beim Ansehen an seiner schlechten grünen Farbe. Aber mag er echt oder verfälscht sein, am geeignetsten ist es, ihn auszuwaschen und nach dem Trocknen in einer neuen Schüssel zu brennen und umzuwenden, bis er zu Asche wird; dann wird er zerrieben und aufbewahrt. Einige brennen ihn in rohen Tongefäßen so lange, bis das Gefäß durch und durch erhitzt ist. Manche mischen auch männlichen Weihrauch hinzu. Der Grünspan wird aber wie der Galmei gewaschen [§ 106]. Seine Heilkraft zeigt sich besonders gut in Augensalben, und beim Tränen der Augen ist er durch seine beißende Wirkung von Nutzen; es ist aber notwendig, ihn mit warmen Schwämmen abzuwaschen, bis er zu beißen aufhört.

Hieracium nennt man eine Augensalbe, die vor allem aus Grünspan ⟨*aerugo*⟩ besteht. Man mischt vier Unzen Ammoniakharz, zwei Unzen zyprischen Grünspan, ebensoviel Schusterschwärze, die man *chalcanthum* nennt, eine Unze *misy* und sechs Unzen Safran. Alle diese Bestandteile reibt man mit Essig aus Thasos und formt daraus Kügelchen; sie sind ein ausgezeichnetes Mittel gegen beginnenden grünen Star und beginnende blutunterlaufene Stellen, gegen Augenschwäche oder rauhe Stellen, weiße Flecken und Schäden an den Augenlidern. Rohen Grünspan mischt man Wundpflastern bei. Er heilt auch ausgezeichnet Ausschläge am Mund und am Zahnfleisch und mit Öl Geschwüre an den Lippen. Wenn man auch noch Wachs hinzufügt, reinigt er und führt zur Vernarbung. Grünspan ätzt auch verhärtete Stellen an

fistularum erodit vitiorumque circa sedem sive per
se sive cum hammoniaco inlita vel collyrii modo in
fistulas adacta. eadem cum resinae terebinthinae
tertia parte subacta lepras tollit.

Est et alterum genus aeruginis, quam vocant
scoleca, in Cyprio aere trito alumine et sale aut
nitro pari pondere cum aceto albo quam acerrimo.
non fit hoc nisi aestuosissimis diebus circa canis
ortum. teritur autem, donec viride fiat contrahat-
que se vermiculorum specie, unde et nomen. quod
vitiatum ut emendetur, II partes quam fuere aceti
miscentur urinae pueri inpubis. idem autem in
medicamentis et santerna efficit, qua diximus
aurum feruminari. usus utriusque qui aeruginis.
scolex fit et per se derasus aerario lapidi, de quo
nunc dicemus.

XXVIII
116

Chalcitim vocant, ex quo et ipso aes coquitur.
distat a cadmea, quod illa super terram ex subdiali-
bus petris caeditur, haec ex obrutis, item quod
chalcitis friat se statim, mollis natura, ut videatur
lanugo concreta. est et alia distinctio, quod chalcitis tria genera continet, aeris et misyos et soreos,
de quibus singulis dicemus suis locis. habet autem
aeris venas oblongas. probatur mellei coloris, gracili venarum discursu, friabilis nec lapidosa. putant
et recentem utiliorem esse, quoniam inveterata
sori fiat. vis eius ad excrescentia in ulceribus, sanguinem sistere, gingivas, uvam, tonsillas farina

XXIX
117

118

den Fisteln und Schäden am Gesäß weg, sei es für sich allein, sei es mit Ammoniakharz aufgestrichen oder in Form von Salbe in die Fisteln gebracht. Mit dem dritten Teil Terpentinharz geknetet, bringt er den Aussatz zum Verschwinden.

Es gibt auch noch eine andere Art von Grünspan, genannt *scolex,* ⟨die entsteht⟩, wenn man in ⟨einem Mörser aus⟩ zyprischem Kupfer Alaun und Salz oder Natron von gleichem Gewicht mit möglichst scharfem weißen Essig zerreibt. Er bildet sich nur an den heißesten Tagen beim Aufgang des Hundssterns. Man reibt ihn aber so lange, bis er grün wird und sich in Form von kleinen Würmern zusammenzieht, woher auch sein Name *[scolex]* kommt. Um diesen Fehler zu verbessern, mischt man zu den zwei Teilen Essig, die man zugesetzt hatte, den Harn eines jungen Knaben. Die gleiche Wirkung ⟨wie der *scolex*⟩ hat aber in Arzneimitteln auch das Berggrün, von dem wir gesagt haben [33, 93], daß es zum Goldlöten dient. Beide verwendet man wie den Grünspan. *Scolex* bildet sich auch von allein und wird von dem Kupfererz abgeschabt, von dem wir jetzt sprechen wollen.

Man nennt es *chalcitis,* und aus ihr wird ebenfalls Kupfer geschmolzen. Sie unterscheidet sich vom Galmei dadurch, daß jener über der Erde aus oben befindlichen, diese aber aus tiefer liegenden Gesteinen gebrochen wird, ferner daß die *chalcitis* sogleich zerbröckelt und von Natur weich ist, so daß sie wie verdichtete Wolle erscheint. Es gibt noch einen weiteren Unterschied der darin besteht, daß die *chalcitis* drei Bestandteile enthält, Kupfer, *misy* und *sory,* die wir an den betreffenden Stellen [§ 120 f.] einzeln besprechen werden. Sie hat aber längliche Kupferadern. Geschätzt wird die honigfarbene, die von feinen Adern durchlaufen, zerreibbar und nicht steinig ist. Man glaubt auch, die frische sei brauchbarer, weil die alte in *sory* übergehe. Sie ist wirksam gegen Auswüchse in den Geschwüren und zum Stillen des Blutes; als Pulver bringt sie Zahnfleisch, Zäpfchen und Mandeln

compescere, volvae vitiis in vellere inponi. cum
suco vero porri verendorum additur emplastris.
maceratur autem ex aceto in fictili, circumlito fimo
diebus XL, et colorem croci trahit. tum admixto
cadmeae pari pondere medicamentum efficit pso-
ricon dictum. quod si II partes chalcitidis tertia
cadmeae temperentur, acrius hoc idem fiat; etiamnunc vehementius, si vino quam aceto temperetur;
tosta vero efficacior fit ad eadem omnia.

   Sori Aegyptium maxime laudatur, multum su-
perato Cyprio Hispaniensique et Africo, quamquam oculorum curationi quidam utilius putent
Cyprium; sed in quacumque natione optimum,
cui maximum virus olfactu, tritumque pinguiter
nigrescens et spongiosum. stomacho res contraria
in tantum, ut quibusdam olfactum modo vomitiones moveat. et Aegyptium quidem tale; alterius
nationis contritum splendescit ut misy et est lapi-
dosius. prodest autem et dentium dolori, si conti-
neatur atque colluat, et ulceribus oris gravibus
quaeque serpant. uritur carbonibus ut chalcitis.

   Misy aliqui tradiderunt fieri exusto lapide in
scrobibus, flore eius luteo miscente se ligni pineae
favillae. re vera autem e supra dicto fit lapide,
concretum natura discretumque vi, optimum in
Cypri officinis, cuius notae sunt friati aureae scin-

zum Abschwellen; in Wolle eingelegt, ist sie wirksam gegen Schäden der Gebärmutter. Mit Lauchsaft aber wird sie zu Pflastern für die Geschlechtsteile gegeben. Sie wird aber in einem mit Mist umstrichenen irdenen Topf in Essig 40 Tage lang eingeweicht und nimmt die Farbe des Safrans an. Mischt man dann das gleiche Gewicht Galmei bei, so erhält man ein Heilmittel, das als Krätzemittel *[psoricon]* bezeichnet wird. Mischt man zwei Teile *chalcitis* mit einem dritten Teil Galmei, so wird dieses Mittel schärfer; noch heftiger wird es, wenn man es statt mit Essig mit Wein mischt; geröstet aber ist die *chalcitis* für alle diese Zwecke noch wirksamer.

Das ägyptische *sory* wird am meisten geschätzt und steht weit über dem zyprischen, spanischen und afrikanischen, obgleich manche das zyprische zur Behandlung der Augen für nützlicher halten; aber in welchem Land es auch sei, dasjenige *sory* gilt als das beste, das am stärksten nach Jauche riecht und beim Zerreiben fettig schwarz und schwammig wird. Dem Magen ist es derart widerstrebend, daß es bei manchen Menschen schon durch den Geruch zum Erbrechen führt. Auch das ägyptische ist jedenfalls von solcher Beschaffenheit; das aus anderen Ländern wird beim Reiben glänzend wie *misy* und ist steinartiger. Das *sory* ist aber auch bei Zahnschmerz von Nutzen, wenn man es im Mund behält und spült, ebenso bei schweren Mundgeschwüren und bei solchen, die um sich fressen. Es wird über Kohlen gebrannt wie die *chalcitis*.

Einige haben berichtet, daß *misy* in Gruben aus dem gebrannten Stein gewonnen wird, wobei seine gelbe Blüte sich mit der Asche des Fichtenholzes mischt. In Wirklichkeit wird es aber aus dem oben genannten Stein gewonnen, ist von Natur aus ⟨mit ihm⟩ zusammengewachsen und wird mit Gewalt abgetrennt; das beste kommt aus den Werkstätten Zyperns; seine Merkmale sind goldene Funken, wenn man

tillae et, cum teratur, harenosa natura sine terra,
chalcitidi similis. hoc admiscent, qui aurum pur-
gant. utilitas eius infusi cum rosaceo auribus puru-
lentis et in lana inpositi capitis ulceribus. extenuat
et scabritias oculorum inveteratas, praecipue utile
tonsillis contraque anginas et suppurata. ratio ut
XVI drachmae in hemina aceti coquantur addito
melle, donec lentescat. sic ad supra dicta utile est.
quotiens opus sit molliri vim eius, mel adspergitur.
erodit et callum fistularum ex aceto foventium et
collyriis additur, sistit et sanguinem ulceraque,
quae serpant quaeve putrescant, absumit et excres-
centes carnes. peculiariter virilitatis vitiis utile et
feminarum profluvium sistit.

    Graeci cognationem aeris nomine fecerunt et
atramento sutorio; appellant enim chalcanthon.
nec ullius aeque mira natura est. fit in Hispaniae
puteis stagnisve id genus aquae habentibus. deco-
quitur ea admixta dulci pari mensura et in piscinas
ligneas funditur. immobilibus super has transtris
dependent restes lapillis extentae, quibus adhae-
rescens limus vitreis acinis imaginem quandam
uvae reddit. exemptum ita siccatur diebus XXX.
color est caeruleus perquam spectabili nitore, vi-
trumque esse creditur; diluendo fit atramentum
tinguendis coriis. fit et pluribus modis: genere ter-

es zerbröckelt, und, wenn man es zerreibt, seine sandige Beschaffenheit ohne Erde, ähnlich wie bei der *chalcitis*. Man setzt *misy* beim Reinigen von Gold zu. Von Nutzen ist es mit Rosenöl eingeflößt gegen eiternde Ohren und in Wolle auf Kopfgeschwüre gelegt. Es bringt auch hartnäckige rauhe Stellen an den Augen zum Verschwinden und ist besonders nützlich für die Mandeln, gegen Angina und Vereiterungen. Das Herstellungsverfahren besteht darin, daß 16 Drachmen in einer Hemina Essig unter Zusatz von Honig so lange gekocht werden, bis ⟨die Mischung⟩ zähe wird. So beschaffen ist es für ⟨alle⟩ oben genannten Fälle nützlich. Sooft es nötig ist, seine Wirkung zu mildern, setzt man Honig hinzu. Es frißt auch die Verhärtungen der Fisteln hinweg, wenn man es mit Essig zu Umschlägen verwendet; auch den Augensalben wird es zugesetzt; es stillt auch das Blut und hemmt Geschwüre, die um sich greifen oder faulen, und verzehrt Auswüchse von Fleisch. Ganz besonders nützlich ist es für Erkrankungen am männlichen Geschlechtsteil; auch den Blutfluß der Frauen stillt es.

Die Griechen haben durch den Namen eine Verwandtschaft des Kupfers auch mit der Schusterschwärze angezeigt; sie nennen diese nämlich *chalcanthon*. Nichts anderes hat eine gleich wunderbare Beschaffenheit. Sie bildet sich in Spanien in Brunnen oder Sümpfen, die Wasser dieser Art enthalten. Man kocht es ein, fügt die gleiche Menge Süßwasser hinzu und gießt es in hölzerne Behälter. Über diesen hängen an unbeweglichen Querhölzern mit kleinen Steinen angespannte Schnüre herab, an die sich die Ausscheidung ansetzt, die infolge ihrer gläsernen Beeren das Aussehen einer Traube zeigt. Nach dem Herausnehmen wird sie 30 Tage lang getrocknet. Ihre Farbe ist blau, mit einem sehr ansehnlichen Glanz, so daß man sie für Glas halten könnte; durch Auflösen erhält man die Schusterschwärze zum Färben der Häute. Sie entsteht auch auf mehrere Arten, indem

rae eo in scrobes cavato, quorum e lateribus destillantes hiberno gelu stirias stalagmian vocant, neque est purius aliud. sed ex eo, candidum colorem sentiente viola, lonchoton appellant. fit et in saxorum catinis pluvia aqua conrivato limo gelante; fit et salis modo flagrantissimo sole admissas dulces aquas cogente. ideo quidam duplici differentia fossile aut facticium appellant, hoc pallidius et quantum colore, tantum bonitate deterius. probant maxime Cyprium in medicinae usu. sumitur ad pellenda ventris animalia drachmae pondere cum melle. purgat et caput dilutum ac naribus instillatum, item stomachum cum melle aut aqua mulsa sumptum. medetur et oculorum scabritiae dolorique et caligini et oris ulceribus. sistit et sanguinem narium, item haemorrhoidum. extrahit ossa fracta cum semine hyoscyami, suspendit epiphoras penicillo fronti inpositum, efficax et in emplastris ad purganda volnera et excrescentia ulcerum. tollit et uvas, vel si decocto tangantur, cum lini quoque semine superponitur emplastris ad dolores tollendos. quod ex eo candicat, in uno usu praefertur violaceis, ut gravitati aurium per fistulas inspiretur. etiam volnera per se inlitum sanat, sed tinguit cicatrices. nuper inventum ursorum in harena et leonum ora spargere illo, tantaque est vis in adstringendo, ut non queant mordere.

man in dieser Art des Bodens Gruben aushöhlt, aus deren Seiten durch die Winterkälte Eiszapfen hervorkommen, die man *stalagmias* nennt, und kein anderes ⟨Schwarz⟩ ist reiner. Wenn es aber von Veilchenblau in eine helle Farbe spielt, nennt man es *lonchoton*. Es bildet sich auch in Felsenhöhlungen, wo der vom Regenwasser zusammengeführte Schlamm gefriert; es entsteht auch wie das Salz, wenn man unter größter Sonnenhitze zugeführtes Süßwasser zum Verdunsten bringt. Daher benennen manche die ausgegrabene oder künstlich bereitete Schusterschwärze auf zweifache Weise; letztere ist blasser, und je schlechter ihre Farbe, desto schlechter ist auch ihre Güte. Für den medizinischen Gebrauch lobt man am meisten die zyprische ⟨Schusterschwärze⟩. Man nimmt zum Vertreiben von Eingeweidewürmern die Dosis einer Drachme mit Honig. Sie reinigt, aufgelöst und in die Nase geträufelt, auch den Kopf, ebenso den Magen, mit Honig oder Wassermet genommen. Sie heilt auch Granulationen, Schmerz und Verdunkelung der Augen sowie Geschwüre im Munde. Sie stillt auch das Bluten der Nase, ebenso das der Hämorrhoiden. Mit Bilsenkrautsamen zieht sie Knochensplitter heraus und beseitigt, mit einem Schwamm auf die Stirne gestrichen, Tränenflüsse und ist auch wirksam in Pflastern zum Reinigen von Wunden und gegen Fleischauswüchse der Geschwüre. Sie heilt auch Zäpfchen, wenn man sie mit dem Absud auch nur berührt; auch mit Leinsamen legt man sie zur Schmerzlinderung auf die Pflaster. Die Art, die ins Weißliche spielt, zieht man bei einer einzigen Anwendung der veilchenblauen vor, um sie bei Schwerhörigkeit mittels Röhrchen einzublasen. Für sich allein aufgestrichen, heilt sie auch Wunden, färbt aber die Narben. Kürzlich ist man darauf gekommen, sie in der Arena ins Maul der Bären und Löwen zu streuen; denn ihre zusammenziehende Kraft ist so groß, daß ⟨die Tiere⟩ nicht beißen können.

Etiamnunc in aerariis reperiuntur, quae vocant XXXIII
pompholygem et spodon. differentia, quod pompholyx lotura separatur, spodos inlota est. aliqui,
quod sit candidum levissimumque, pompholygem
dixere et esse aeris ac cadmeae favillam; spodon
nigriorem esse ponderosioremque, derasam parie-
tibus fornacium, mixtis scintillis, aliquando et carbonibus. haec aceto accepto odorem aeris praestat
et, si tangatur lingua, saporem horridum. convenit
oculorum medicamentis, quibuscumque vitiis oc-
currens, et ad omnia quae spodos. hoc solum distat, quod huius elutior vis est. additur et in emplastra, quibus lenis refrigeratio quaeritur et sicca-
tio. utilior ad omnia, quae vino lota est.

Spodos Cypria optima. fit autem liquescentibus XXXIV
cadmea et aerario lapide. levissimum hoc est fla-
turae totius evolatque e fornacibus et tectis adhaerescit, a fuligine distans candore. quod minus
candidum ex ea, inmaturae fornacis argumentum
est; hoc quidam pompholygem vocant. quod vero
rubicundius ex iis invenitur, acriorem vim habet et
exulcerat adeo, ut, cum lavatur, si attigit oculos,
excaecet. est et mellei coloris spodos, in qua plurimum aeris intellegitur. sed quodcumque genus
lavando fit utilius; purgatur ante pinna, dein cras-
siore lotura digitis scabritiae excernuntur. eximia

In den Kupferhütten findet man noch das, was *pompholyx* und *spodos* genannt wird. Der Unterschied ist, daß *pompholyx* durch Waschen abgetrennt, *spodos* aber nicht gewaschen wird. Manche sagten, *pompholyx* sei das, was weiß und am leichtesten ist und die Flugasche des Kupfers und Galmeis darstelle; *spodos* sei schwärzer und schwerer, werde von den Ofenwänden abgeschabt und sei mit funkelnden Teilen vermengt, manchmal auch mit Kohlen. ⟨Die *pompholyx*⟩ hat, mit Essig versetzt, den Geruch von Kupfer und, wenn man sie mit der Zunge berührt, einen widerlichen Geschmack. Sie ist gut für Augenheilmittel, bei wie immer auch beschaffenen Schäden hilfreich und dient bei allen Fällen wie die *spodos*. Der einzige Unterschied besteht darin, daß die Wirkung der *pompholyx* weniger kraftvoll ist. Man gibt sie auch in Pflaster, bei denen eine leichte Kühlung und Trocknung erwünscht ist. Für alle Verwendungszwecke ist sie von größerem Nutzen, wenn sie mit Wein gewaschen ist.

Die zyprische *spodos* ist die beste. Sie bildet sich aber beim Schmelzen von Galmei und Kupfererz. Sie ist das Leichteste des ganzen Gusses, fliegt aus den Öfen und hängt sich an die Dächer, vom Ruß sich nur durch ihre weiße Färbung unterscheidend. Weniger weiße Anteile sind ein Beweis dafür, daß der Ofen noch nicht voll in Gang ist; diese nennen manche *pompholyx*. Was man aber darunter von röteren Anteilen findet, hat eine schärfere Wirkung und führt so sehr zu Geschwüren, daß es, wenn man beim Waschen die Augen damit in Berührung bringt, zur Erblindung führt. Es gibt auch eine honigfarbene *spodos*, die erkennen läßt, daß in ihr sehr viel Kupfer enthalten ist. Welche Art es aber auch sei, durch Waschen wird sie brauchbarer; sie wird vorher mit einer Feder gereinigt, dann durch intensives Waschen behandelt, wobei man mit den Fingern die rauhen Anteile aussondert. Eine vortreffliche Wirkung hat die mit Wein gewaschene *spodos*. Es ergibt sich auch durch die Beschaffenheit

vis est eius, quae vino lavatur. est aliqua et in genere vini differentia: leni enim lota collyriis oculorum minus utilis putatur, eademque efficacior ulceribus, quae manent, vel oris, quae madeant, et omnibus medicamentis, quae parentur contra gangraenas. fit et in argenti fornacibus spodos, quam vocant Lauriotim. utilissima autem oculis adfirmatur, quae fiat in aurariis, nec in alia parte magis est vitae ingenia mirari. quippe ne quaerenda essent metalla, vilissimis rebus utilitates easdem excogitavit.

Antispodon vocant cinerem fici arboris vel caprifici vel myrti foliorum cum tenerrimis ramorum partibus vel oleastri vel oleae vel cotonei mali vel lentisci, item ex moris inmaturis, id est candidis, in sole arefactis vel e buxi coma aut pseudocypiri aut rubi aut terebinthi vel oenanthes. taurini quoque glutinis aut linteorum cinerem similiter pollere inventum est. uruntur omnia ea crudo fictili in fornacibus, donec figlina percoquantur.

In aerariis officinis et smegma fit iam liquato aere ac percocto additis etiamnunc carbonibus paulatimque accensis, ac repente vehementiore flatu exspuitur aeris palea quaedam. solum, quo excipiatur, stratum esse debet marilla.

Ab ea discernitur, quam in isdem officinis diphrygem vocant Graeci ab eo, quod bis torreatur. cuius origo triplex: fieri enim traditur ex lapide pyrite cremato in caminis, donec excoquatur in rubricam. fit et in Cypro ex luto cuiusdam specus

des Weines ein gewisser Unterschied: Die in mildem Wein gewaschene *spodos* gilt nämlich als für Augensalben weniger brauchbar, doch ist sie wirksamer bei fließenden Geschwüren oder bei nässenden Mundgeschwüren und in allen Heilmitteln, die man gegen den kalten Brand zubereitet. Auch in den Silberöfen bildet sich eine *spodos*, die man *Lauriotis* nennt. Man versichert aber, daß die beste für die Augen diejenige sei, die sich in den Goldgruben bildet, und nirgends ist der menschliche Erfindungsgeist mehr zu bewundern. Ja, um nicht Metallgruben aufsuchen zu müssen, hat er aus den wertlosesten Dingen denselben Nutzen erdacht.

Antispodos nennt man die Asche vom Feigenbaum oder von der Geißfeige, von den Blättern der Myrte zusammen mit den zartesten Teilen der Zweige, vom wilden oder kultivierten Ölbaum, von der Apfelquitte oder vom Mastix; ebenso stellt man ⟨die Asche⟩ dar aus unreifen, das heißt weißen, in der Sonne getrockneten Maulbeeren oder aus dem Laub des Buxes, des falschen Zypergrases, der Brombeere, des Terpentinbaumes oder des Mädesüß. Man hat auch gefunden, daß die Asche von Stierleim oder Linnen ähnlich wirkt. Alle diese Stoffe brennt man in Öfen in einem ungebrannten Tongefäß, bis die Töpferware durch und durch erhitzt ist.

In den Kupferhütten entsteht auch das *smegma*; wenn das Kupfer schon geschmolzen und durchglüht ist, gibt man noch Kohlen hinzu, die sich allmählich entzünden; durch heftigeres Blasen wird dann plötzlich eine Art Erzschaum ausgeworfen. Der Boden, auf dem dieser aufgefangen werden soll, muß mit Kohlenstaub bestreut sein.

Davon unterscheidet sich das, was in den gleichen Werkstätten entsteht und von den Griechen *diphryges* deshalb genannt wird, weil es zweimal geröstet wird. Es hat einen dreifachen Ursprung: Es soll nämlich aus dem Stein *pyrites* entstehen, der in Essen gebrannt wird, bis er zu Rötel wird.

arefacto prius, mox paulatim circumdatis sarmentis. tertio fit modo in fornacibus aeris faece subsidente. differentia est, quod aes ipsum in catinos defluit, scoria extra fornaces, flos supernatat, diphryges remanent. quidam tradunt in fornacibus globos lapidis, qui coquatur, feruminari, circa hunc aes fervere, ipsum vero non percoqui nisi tralatum in alias fornaces, et esse nucleum quendam materiae; id, quod ex cocto supersit, diphryga vocari. ratio eius in medicina similis praedictis: siccare et excrescentia consumere ac repurgare. probatur lingua, ut eam siccet tactu statim saporemque aeris reddat.

Unum etiamnunc aeris miraculum non omittemus. Servilia familia inlustris in fastis trientem aereum pascit auro, argento, consumentem utrumque. origo atque natura eius incomperta mihi est. verba ipsa de ea re Messallae senis ponam: Serviliorum familia habet trientem sacrum, cui summa cum cura magnificentiaque sacra quotannis faciunt. quem ferunt alias crevisse, alias decrevisse videri et ex eo aut honorem aut deminutionem familiae significari.

Proxime indicari debent metalla ferri. optumo pessimoque vitae instrumento est, siquidem hoc tellurem scindimus, arbores serimus, arbusta tondemus, vites squalore deciso annis omnibus cogi-

Es bildet sich auch auf Zypern aus dem Schlamm einer gewissen Höhle, der vorher getrocknet und dann allmählich mit ⟨brennendem⟩ Reisig umgeben wird. Nach der dritten Art entsteht er aus dem Bodensatz in den Kupferöfen. Der Unterschied zeigt sich darin, daß das eigentliche Kupfer in die Tiegel fließt, die Schlacke aus dem Ofen ⟨springt⟩, die Blume oben schwimmt und der Ofenbruch *[diphryges]* zurückbleibt. Manche sagen, daß sich in den Öfen Stücke des Steines, der geglüht wird, zusammenballen und das Kupfer um diesen herum heiß sei, aber nicht durchglühe, wenn man es nicht in andere Öfen bringt, und daß sich eine Art Kern in dem Material befinde; ⟨ferner⟩ daß man das, was nach dem Schmelzen übrigbleibt, Ofenbruch *[diphryges]* nenne. In der Heilkunde verwendet man diesen ähnlich wie die vorgenannten Stoffe: zum Trocknen, zur Entfernung von Auswüchsen und zum Reinigen. Man prüft ihn auf der Zunge: er muß diese sogleich bei der Berührung trocknen und einen kupferartigen Geschmack haben.

Wir wollen nun noch eine mit dem Kupfer zusammenhängende Merkwürdigkeit nicht unerwähnt lassen. Die nach den Kalenderverzeichnissen berühmte Familie der Servilier nährt einen kupfernen Drittelas mit Gold und Silber, der beides verzehrt. Ursprung und Beschaffenheit desselben sind mir unbekannt. Ich will die Worte des älteren Messalla hierüber anführen: »Die Familie der Servilier hat einen heiligen Drittelas, dem sie jährlich mit höchster Sorgfalt und großartiger Prachtentfaltung Opfer darbringt. Man sagt, daß er bald zu-, bald abzunehmen scheine und danach das Ansehen oder den Abstieg der Familie gekennzeichnet werde.«

Als nächstes muß von den Eisenbergwerken gesprochen werden. Das Eisen ist das beste und schlimmste Werkzeug im Leben, weil wir mit ihm die Erde aufreißen, Bäume pflanzen, Baumgärten schneiden, die Weinstöcke nach dem Abschneiden ihres unnützen Teiles zwingen, sich alle Jahre

mus iuvenescere, hoc exstruimus tecta, caedimus
saxa, omnesque ad alios usus ferro utimur, sed
eodem ad bella, caedes, latrocinia, non comminus
solum, sed etiam missili volucrique, nunc tormen-
tis excusso, nunc lacertis, nunc vero pinnato,
quam sceleratissimam humani ingenii fraudem arbitror, siquidem, ut ocius mors perveniret ad hominem, alitem illam fecimus pinnasque ferro dedi-
mus; quamobrem culpa eius non naturae fiat ac-
cepta. aliquot experimentis probatum est posse
innocens esse ferrum. in foedere, quod expulsis
regibus populo Romano dedit Porsina, nominatim
comprehensum invenimus, ne ferro nisi in agri
cultu uteretur. et tum stilo osseo scribere institutum vetustissimi auctores prodiderunt. Magni
Pompei in tertio consulatu exstat edictum in tu-
multu necis Clodianae prohibentis ullum telum
esse in urbe.

Et ars antiqua ipsa non defuit honorem mitio-
rem habere ferro quoque. Aristonidas artifex, cum
exprimere vellet Athamantis furorem Learcho filio
praecipitato residentem paenitentia, aes ferrumque
miscuit, ut robigine eius per nitorem aeris relu-
cente exprimeretur verecundiae rubor. hoc signum
exstat hodie Rhodi. est in eadem urbe et ferreus
Hercules, quem fecit Alcon laborum dei patientia
inductus. videmus et Romae scyphos e ferro dica-
tos in templo Martis Ultoris. obstitit eadem naturae benignitas exigentis ab ferro ipso poenas ro-

zu verjüngen, mit ihm bauen wir Häuser, hauen Steine und bedienen uns des Eisens zu allen möglichen anderen Verwendungen, aber ebenso zum Krieg, zum Mord und Raub, und zwar nicht nur von Mann zu Mann, sondern auch im Wurf und Flug, indem es bald mit Wurfmaschinen, bald mit den Armen geschleudert wird; bald wird es sogar mit Federn versehen, meiner Meinung nach die frevelhafteste Hinterlist des menschlichen Geistes; denn wir haben, damit der Tod schneller zum Menschen gelange, ihn beflügelt und dem Eisen Schwingen gegeben; deshalb darf sein Verschulden nicht auf die Natur geschoben werden. Durch einige Erfahrungen ist es erwiesen, daß das Eisen unschädlich sein kann. In dem Vertrag, den Porsina nach der Vertreibung der Könige mit dem römischen Volk schloß, finden wir ausdrücklich aufgeführt, daß dieses das Eisen nur zum Ackerbau verwenden dürfe. Und die ältesten Gewährsmänner haben überliefert, daß es damals Sitte wurde, mit einem beinernen Griffel zu schreiben. Aus dem dritten Konsulat des Pompeius Magnus gibt es anläßlich eines Aufruhrs nach der Ermordung des Clodius noch einen Erlaß, der den Besitz jeglicher Waffe innerhalb der Stadt verbietet.

Und dennoch hat es die alte Kunst nicht unterlassen, dem Eisen auch einen friedlicheren Wert zu geben. Als der Künstler Aristonidas darstellen wollte, wie sich die Wut des Athamas, nachdem er seinen Sohn Learchos in den Tod gestürzt hatte, in Reue wandelte, vermischte er Kupfer mit Eisen, damit der durch den Glanz des Kupfers leuchtende Rost die Schamröte zum Ausdruck bringe. Dieses Bildwerk befindet sich noch heute zu Rhodos. In derselben Stadt gibt es auch einen Herakles aus Eisen, den Alkon anfertigte, durch die geduldige Ausdauer des Gottes bei seinen Arbeiten dazu veranlaßt. Wir sehen auch zu Rom Becher aus Eisen als Weihegaben im Tempel des Mars Ultor. Die gleiche Güte der Natur setzte Schranken, indem sie das Eisen

bigine eademque providentia nihil in rebus mortalius facientis, quam quod esset infestissimum mortalitati.

Ferri metalla ubique propemodum reperiuntur, quippe etiam insula Italiae Ilva gignente, minimaque difficultate adgnoscuntur colore ipso terrae manifesto. ratio eadem excoquendis venis; in Cappadocia tantum quaestio est, aquae an terrae fiat acceptum, quoniam perfusa certo fluvio terra neque aliter ferrum e fornacibus reddit. differentia ferri numerosa. prima in genere terrae caelive: aliae molle tantum plumboque vicinum subministrant, aliae fragile et aerosum rotarumque usibus et clavis maxime fugiendum, cui prior ratio convenit; aliud brevitate sola placet clavisque caligariis, aliud robiginem celerius sentit. stricturae vocantur hae omnes, quod non in aliis metallis, a stringenda acie vocabulo inposito. et fornacium magna differentia est, nucleusque quidam ferri excoquitur in iis ad indurandam aciem, alioque modo ad densandas incudes malleorumve rostra. summa autem differentia in aqua, cui subinde candens inmergitur. haec alibi atque alibi utilior nobilitavit loca gloria ferri, sicuti Bilbilim in Hispania et Turiassonem, Comum in Italia, cum ferraria metalla in iis locis non sint. ex omnibus autem generibus palma Serico ferro est; Seres hoc cum vestibus suis pellibusque mittunt; secunda Parthico. neque alia genera ferri

selbst zur Strafe dem Rost unterwarf und die gleiche Vorsicht auf der Welt nichts sterblicher machte als das, was den Sterblichen am gefährlichsten ist.

Eisenerze findet man fast überall, ja sogar Italiens Insel Elba bringt solche hervor; man erkennt sie ohne die geringste Schwierigkeit, da sie sich schon durch die Farbe der Erde anzeigen. Das Verfahren beim Schmelzen aus den Adern ist das gleiche ⟨wie beim Kupfer⟩; nur in Kappadokien besteht die Frage, ob man das Eisen dem Wasser oder der Erde zurechnen soll, da die Erde, begossen mit einem bestimmten Flußwasser und auf keine andere Weise, Eisen in den Öfen abgibt. Die verschiedenen Sorten des Eisens sind mannigfach. Der erste Unterschied bezieht sich auf die Art des Bodens oder des Klimas: einige ⟨Länder⟩ liefern nur weiches und dem Blei ähnliches Eisen, andere brüchiges und kupferähnliches, das man für Räder und Nägel, wofür sich das erste eignet, nicht verwenden sollte; wieder ein anderes ⟨Eisen⟩ ist nur in kurzen Stücken verwendbar und dient für Schuhnägel, ein weiteres rostet schneller. Alle diese Arten werden *stricturae* (»Zusammengeschweißtes« – glühende Lupen) genannt, was bei den anderen Metallen nicht üblich ist, und diesen Namen haben sie vom Verschweißen des Stahls erhalten. Auch ⟨bei der Verhüttung⟩ in den Öfen besteht ein großer Unterschied; denn es wird darin eine Art von Eisenkern zur Härtung des Stahls und in einem anderen Verfahren zum Verdichten der Ambosse und Hammerköpfe ausgeglüht. Der Hauptunterschied aber rührt vom Wasser her, in das es, sobald es glühend ist, getaucht wird. Da dieses ⟨Wasser⟩ das eine Mal hier, das andere Mal dort nützlicher ist, hat die Berühmtheit des Eisens die Orte bekanntgemacht, wie Bilbilis und Turiasso in Spanien, Comum in Italien, obwohl sich an diesen Orten keine Eisengruben befinden. Von allen Arten aber genießt das serische Eisen den Vorzug; die Serer schicken es mit ihren Stoffen und Fellen; die zweite Stelle

ex mera acie temperantur; ceteris enim admiscetur mollior complexus. in nostro orbe aliubi vena bonitatem hanc praestat, ut in Noricis, aliubi factura, ut Sulmone, aqua ubi diximus, mirumque, cum excoquatur vena, aquae modo liquari ferrum, postea in spongeas frangi. tenuiora ferramenta oleo restingui mos est, ne aqua in fragilitatem durentur, quippe cum exacuendo oleariae cotes aquariaeque differant et oleo delicatior fiat acies. a ferro sanguis humanus se ulciscitur; contactum namque eo celerius robiginem trahit.

De magnete lapide suo loco dicemus concordiaque, quam cum ferro habet. sola haec materia vires ab eo lapide accipit retinetque longo tempore, aliud adprehendens ferrum, ut anulorum catena spectetur interdum. quod volgus imperitum appellat ferrum vivum, voleneraque talia asperiora fiunt. hic lapis et in Cantabria nascitur, non ut ille magnes verus caute continua, sed sparsa bulbatione (ita appellant), nescio an vitro fundendo perinde utilis; nondum enim expertus est quisquam; ferrum utique inficit eadem vi. magnete lapide architectus Timochares Alexandriae Arsinoes templum concamarare incohaverat, ut in eo simulacrum e ferro pendere in aere videretur. intercessit ipsius mors et Ptolemaei regis, qui id sorori suae iusserat fieri.

nimmt das parthische Eisen ein. Und nur diese Eisenarten werden aus reinem Stahl zubereitet; denn allen übrigen fügt man eine weichere Umhüllung bei. In unserem Erdkreis liefert hier die Erzader diese Güte, wie im norischen Land, dort die Zubereitung, wie in Sulmo, und zwar, wie wir gesagt haben [§ 144], durch das Wasser, und es ist seltsam, daß das Eisen bei der Verhüttung flüssig wird wie Wasser und nachher zu einer schwammigen Masse zerbricht. Feinere Eisengeräte pflegt man in Öl abzulöschen, damit sie nicht durch das Wasser hart und brüchig werden, wie auch beim Schleifen ein Unterschied zwischen den Öl- und Wasserschleifsteinen besteht und durch das Öl die Schneide feiner wird. Das menschliche Blut rächt sich am Eisen; denn dieses rostet schneller, wenn es mit ihm in Berührung kommt.

Über den Magnetstein und seine Anziehungskraft, die er zum Eisen hat, werden wir an gegebener Stelle sprechen [36, 126 ff.]. Das Eisen ist das einzige Material, das von diesem Stein Kräfte erhält und lange Zeit beibehält, indem es anderes Eisen anzieht, so daß man zuweilen eine Kette von Ringen sieht. Das unerfahrene Volk nennt dies ›lebendiges Eisen‹, und Wunden, die es verursacht, werden ziemlich schmerzhaft. Dieser Stein findet sich auch in Kantabrien, nicht aber wie jener wahre Magnetstein in zusammenhängender Gesteinsmasse, sondern zerstreut in einzelnen kugelförmigen Stücken, *bulbatio* genannt; ich weiß nicht, ob er ebenfalls zum Schmelzen des Glases brauchbar ist; denn noch niemand hat den Versuch gemacht; wie es auch sei, er versieht das Eisen mit der gleichen Kraft. Der Baumeister Timochares hatte zu Alexandria begonnen, mit dem Magnetstein den Tempel der Arsinoë zu überwölben, damit darin eine Statue aus Eisen in der Luft zu schweben scheine. Sein Tod und der des Königs Ptolemaios, der diesen Tempel für seine Schwester zu bauen befohlen hatte, verhinderten das Vorhaben.

Metallorum omnium vena ferri largissima est XLIII
Cantabriae. maritima parte, qua oceanus adluit, 149
mons praealtus, incredibile dictu, totus ex ea materia est, ut in ambitu oceani diximus.

Ferrum accensum igni, nisi duretur ictibus, cor-
rumpitur. rubens non est habile tundendo neque
antequam albescere incipiat. aceto aut alumine inlitum fit aeri simile. a robigine vindicatur cerussa 150
et gypso et liquida pice. haec est ferro a Graecis
antipathia dicta. ferunt quidem et religione quadam id fieri et exstare ferream catenam apud Eu-
phraten amnem in urbe, quae Zeugma appellatur,
qua Alexander Magnus ibi iunxerit pontem, cuius
anulos, qui refecti sint, robigine infestari, carenti-
bus ea prioribus.

Medicina e ferro est et alia quam secandi. XLIV
Namque et circumscribi circulo terve circum- 151
lato mucrone et adultis et infantibus prodest contra noxia medicamenta, et praefixisse in limine
evulsos sepulcris clavos adversus nocturnas lymphationes, pungique leviter mucrone, quo percus-
sus homo sit, contra dolores laterum pectorumque
subitos, qui punctionem adferant. quaedam
ustione sanantur, privatim vero canis rabidi morsus, quippe etiam praevalente morbo expaventes-
que potum usta plaga ilico liberantur. calfit etiam

Von allen Erzgruben hat die Eisenader die weiteste Verbreitung. Im Küstenteil Kantabriens, den der Ozean bespült, besteht - unglaublich zu sagen - ein sehr hoher Berg vollständig aus diesem Material, wie wir bei der Beschreibung des Ozeans berichtet haben [4, 112].

Das im Feuer glühend gemachte Eisen verdirbt, wenn es nicht durch Schläge gehärtet wird. In rotglühendem Zustand eignet es sich nicht zum Schmieden, ⟨sondern⟩ erst dann, wenn es weiß zu glühen beginnt. Mit Essig oder Alaun bestrichen, wird es dem Kupfer ähnlich. Gegen Rost wird es mit Bleiweiß, Gips und flüssigem Pech geschützt. Der ⟨Rost⟩ wird von den Griechen *antipathia* (»Feind«) des Eisens genannt. Manche sagen auch, ⟨dieser Rostschutz⟩ könne durch eine bestimmte fromme Handlung bewirkt werden, und am Flusse Euphrat in der Stadt, die Zeugma heißt, befinde sich eine eiserne Kette, mit der Alexander der Große dort eine Brücke über den Fluß schlug und deren Ringe, die erneuert worden sind, durch Rost angegriffen wurden, während die früheren verschont blieben.

In der Heilkunde findet das Eisen auch eine andere Anwendung als zum Schneiden.

Wenn man nämlich sowohl um Erwachsene als auch um Kinder einen Kreis beschreibt oder dreimal ein Schwert um sie trägt, so hilft dies gegen schädliche Mittel, und wenn aus Grabmälern gerissene Nägel an der Türschwelle eingeschlagen werden, nützt es gegen nächtliches Irrereden; ein leichter Stich mit einem Schwert, durch das ein Mensch verwundet wurde, sei von Nutzen gegen plötzliche Seiten- und Brustschmerzen, die ein Stechen bewirken. Gewisse Übel werden durch Ausbrennen geheilt, vor allem aber die Bisse eines tollwütigen Hundes, wie ja auch Personen, bei denen die Krankheit weit fortgeschritten ist und die vor einem Trunk zurückschrecken, durch Ausbrennen der Wunde sofort geheilt werden. Auch erwärmt man bei vielen Krankhei-

ferro candente potus in multis vitiis, privatim vero dysentericis.

Est et robigo ipsa in remediis, et sic proditur Telephum sanasse Achilles, sive id aerea sive ferrea cuspide fecit; ita certe pingitur ex ea decutiens gladio. sed robigo ferri deraditur umido ferro clavis veteribus. potentia eius ligare, siccare, sistere. emendat alopecias inlita. utuntur et ad scabritias genarum pusulasque totius corporis cum cera et myrteo oleo, ad ignes vero sacros ex aceto, item ad scabiem, paronychia digitorum et pterygia in linteolis. sistit et feminarum profluvia inposita in velleribus, utilis plagis quoque recentibus vino diluta et cum murra subacta, condylomatis ex aceto. podagras quoque inlita lenit.

Squama quoque ferri in usu est ex acie aut mucronibus, maxime simili, sed acriore vi quam robigo, quamobrem et contra epiphoras oculorum adsumitur. sanguinem sistit, cum volnera ferro maxime fiant. sistit et feminarum profluvia. inponitur et contra lienium vitia, et haemorroidas compescit ulcerumque serpentia. et genis prodest farinae modo adspersa paullisper. praecipua tamen commendatio eius in hygremplastro ad purganda volnera fistulasque et omnem callum erodendum et rasis ossibus carnes recreandas. componitur hoc modo: propolis oboli VI, Cimoliae cretae drach-

ten, vor allem aber bei der Ruhr, das Getränk mit einem glühenden Eisen.

Auch der Rost selbst gehört zu den Heilmitteln, und so wird berichtet, daß Achilleus damit den Telephos heilte, mag er es nun mit einer bronzenen oder einer eisernen Lanzenspitze getan haben; jedenfalls wird er so gemalt, wie er mit seinem Schwert ⟨den Rost⟩ von ihr abklopft. Der Eisenrost wird aber mit einem nassen Eisen von alten Nägeln abgeschabt. Er hat eine bindende, trocknende und stillende Wirkung. Aufgestrichen hilft er gegen Haarausfall. Man verwendet ihn auch mit Wachs und Myrtenöl gegen Rauhheit an den Augenlidern und Bläschen am ganzen Körper, mit Essig aber gegen die Wundrose, ebenso gegen die Krätze, und in Läppchen gegen Niednägel an den Fingern und gegen Flügelfelle. In Wolle eingeführt, stillt er auch den Blutfluß der Frauen: in Wein aufgelöst und mit Myrrhe geknetet, legt man ihn auch auf frische Wunden, mit Essig auf Feigwarzen. Aufgestrichen lindert er auch die Fußgicht.

Auch der Eisenhammerschlag *[squama]* von der Schneide oder Spitze ⟨der Waffen⟩ wird verwendet; in der Wirkung sehr ähnlich wie der Rost, ist er jedoch schärfer, weshalb er gegen Tränenfluß genommen wird. Er stillt das Blut, obgleich die Wunden größtenteils durch Eisen verursacht werden. Er stillt auch den Blutfluß der Frauen. Man legt ihn auch gegen Schäden der Milz auf; Hämorrhoiden und kriechende Geschwüre hält er auch zurück. Er ist auch für die Augenlider von Nutzen, wenn man ihn wie Puder kurze Zeit aufstreut. Doch empfiehlt er sich vor allem in einem feuchten Pflaster zum Reinigen von Wunden und Fisteln, zur Entfernung von Verhärtungen jeder Art und zur Wiederherstellung des Fleisches an offen liegenden Knochen. Man setzt ⟨das Medikament⟩ auf folgende Weise zusammen: sechs Obolen Bienenharz, sechs Drachmen kimolischer Kreide, zwei Drachmen zerstoßenes Kupfer, ebensoviel Ei-

mae VI, aeris tusi drachmae II, squamae ferri totidem, cerae X, olei sextarius. his adicitur, cum sunt repurganda volnera aut replenda, ceratum.

    Sequitur natura plumbi, cuius duo genera, nigrum atque candidum. pretiosissimum in hoc candidum, Graecis appellatum cassiterum fabuloseque narratum insulas Atlantici maris peti vitilibusque navigiis corio circumsutis advehi. nunc certum est in Lusitania gigni et in Gallaecia summa tellure, harenosa et coloris nigri. pondere tantum ea deprehenditur. interveniunt et minuti calculi, maxime torrentibus siccatis. lavant eas harenas metallici et, quod subsedit, coquunt in fornacibus. invenitur et in aurariis metallis, quae alutias vocant, aqua inmissa eluente calculos nigros paullum candore variatos, quibus eadem gravitas quae auro, et ideo in calathis, quibus aurum colligitur, cum eo remanent; postea caminis separantur conflatique in plumbum album resolvuntur. non fit in Gallaecia nigrum, cum vicina Cantabria nigro tantum abundet. nec ex albo argentum, cum fiat ex nigro. iungi inter se plumbum nigrum sine albo non potest nec hoc ei sine oleo ac ne album quidem secum sine nigro. album habuit auctoritatem et Iliacis temporibus teste Homero, cassiterum ab illo dictum. plumbi nigri origo duplex est: aut enim sua provenit vena nec quicquam aliud ex sese parit aut cum argento nascitur mixtisque venis conflatur. huius qui primus fuit in fornacibus liquor, stagnum ap-

senhammerschlag, zehn Drachmen Wachs und ein Sextarius Öl. Wenn man Wunden reinigen oder schließen will, fügt man noch Wachssalbe hinzu.

Nun folgt die Eigenschaft des Bleis, von dem es zwei Arten gibt, eine schwarze und eine weiße. Am wertvollsten davon ist letztere, von den Griechen *cassiterum* genannt; der Sage nach steuerte man die Inseln des Atlantischen Ozeans an und führte ⟨das weiße Blei von dort⟩ auf geflochtenen und mit Haut vernähten Schiffen herbei. Nun ist es aber gewiß, daß ⟨diese Art⟩ in Lusitanien und Galläkien an der Erdoberfläche vorkommt, wo diese sandig und von schwarzer Farbe ist. Man erkennt sie nur an ihrem Gewicht. Eingelagert sind auch kleine Steine, am meisten in ausgetrockneten Gießbächen. Die Metallarbeiter waschen diesen Sand aus und schmelzen den Bodensatz in den Öfen. Man findet sie auch in den Goldgruben, die man *alutiae* nennt; läßt man Wasser einströmen, so spült es etwas dunkel gefärbte, weiß gefleckte Steine aus, die das gleiche Gewicht wie Gold haben; daher bleiben sie auch in den Körben, in denen das Gold gesammelt wird, mit diesem zurück; sie werden dann in den Öfen getrennt und gehen geschmolzen in weißes Blei über. In Galläkien wird kein schwarzes Blei gewonnen, während das benachbarte Kantabrien nur an diesem Überfluß hat. Aus dem weißen erhält man kein Silber, während man es aus dem schwarzen gewinnt. Schwarzes Blei kann nicht ohne weißes Blei und dieses nicht ohne Öl miteinander verlötet werden und nicht einmal das weiße mit sich selbst ohne schwarzes Blei. Das weiße hatte nach dem Zeugnis Homers, der es *cassiterum* nennt, auch schon zu Trojas Zeiten Ansehen. Das schwarze Blei hat einen doppelten Ursprung: denn es kommt entweder aus seiner eigenen Ader und bringt aus sich nichts weiter hervor oder es entsteht mit dem Silber und wird aus den gemischten Adern geschmolzen. Das erste, was aus den Öfen fließt, wird *stagnum* genannt, das zweite *ar-*

pellatur; qui secundus, argentum; quod remansit in fornacibus, galena, quae fit tertia portio additae venae; haec rursus conflata dat nigrum plumbum deductis partibus nonis II.

Stagnum inlitum aereis vasis saporem facit gratiorem ac compescit virus aeruginis, mirumque, pondus non auget. specula etiam ex eo laudatissima, ut diximus, Brundisii temperabantur, donec argenteis uti coepere et ancillae. nunc adulteratur stagnum addita aeris candidi tertia portione in plumbum album. fit et alio modo mixtis albi plumbi nigrique libris; hoc nunc aliqui argentarium appellant. iidem et tertiarium vocant, in quo duae sunt nigri portiones et tertia albi. pretium eius in libras ✳ XX. hoc fistulae solidantur. inprobiores ad tertiarium additis partibus aequis albi argentarium vocant et eo, quae volunt, incoquunt. pretium huius faciunt in p. ✳ LXX. albo per se sincero pretium sunt ✳ LXXX, nigro ✳ VII.

Albi natura plus aridi habet, contraque nigri tota umida est. ideo album nulli rei sine mixtura utile est. neque argentum ex eo plumbatur, quoniam prius liquescat argentum, confirmantque, si minus albo nigri, quam satis sit, misceatur, erodi ab eo argentum. album incoquitur aereis operibus Galliarum invento ita, ut vix discerni possit ab argento, eaque incoctilia appellant. deinde et argentum incoquere simili modo coepere equorum

gentum; was in den Öfen zurückgeblieben ist, ⟨heißt⟩ *galena,* die den dritten Teil des zugefügten Erzes ausmacht; wiederum geschmolzen, gibt diese *galena* schwarzes Blei mit einem Verlust von Zweineuntel.

Ein Überzug von *stagnum* verleiht den kupfernen Gefäßen einen angenehmeren Geschmack und verhindert ⟨das Entstehen⟩ von giftigem Grünspan; seltsamerweise vermehrt es dabei das Gewicht nicht. Auch sehr geschätzte Spiegel verfertigte man, wie wir gesagt haben [33, 130], daraus zu Brundisium, bis sogar die Mägde anfingen, solche aus Silber zu verwenden. Jetzt verfälscht man das *stagnum,* indem man zu weißem Blei ein Drittel von weißem Kupfer hinzufügt. Es geschieht auch auf andere Weise, indem man ein Pfund weißes und ein Pfund schwarzes Blei vermischt; einige nennen dies jetzt *argentarium.* Dieselben nennen *tertiarium* eine Mischung, die aus zwei Teilen schwarzem und einem Teil weißem Blei besteht. Sein Preis beträgt 20 Denare für das Pfund. Es dient zum Verlöten von Röhren. Weniger rechtschaffene Leute versetzen das *tertiarium* mit gleichen Teilen weißem Blei, nennen es *argentarium* und überziehen damit, was immer sie wollen. Sie verkaufen es zu einem Preis von 70 Denaren das Pfund. Das reine weiße Blei wird zu 80, das schwarze zu sieben Denaren verkauft.

Das weiße Blei hat eine mehr trockene Beschaffenheit, dagegen ist das schwarze ganz feucht. Das weiße ist daher ohne Mischung für nichts zu gebrauchen. Auch das Silber läßt sich mit ⟨weißem⟩ Blei nicht verlöten, weil das Silber früher schmilzt; man versichert auch, daß das weiße Blei, wenn es mit weniger schwarzem Blei gemischt wird, das Silber anfrißt. Das weiße Blei wird nach einer Erfindung der gallischen Provinzen zum Überziehen von kupfernen Gegenständen so verwendet, daß man Mühe hat, es vom Silber zu unterscheiden; man nennt diese ⟨Gegenstände⟩ *incoctilia.* Später begann man auch in der Stadt Alesia, auf ähnliche

maxime ornamentis iumentorumque ac iugorum in Alesia oppido; reliqua gloria Biturigum fuit. coepere deinde et esseda sua colisataque ac petorita exornare simili modo, quae iam luxuria ad aurea quoque, non modo argentea staticula pervenit, quaeque in scyphis cerni prodigum erat, haec in vehiculis adteri cultus vocatur. plumbi albi experimentum in charta est, ut liquefactum pondere videatur, non calore rupisse. India neque aes neque plumbum habet gemmisque ac margaritis suis haec permutat.

Nigro plumbo ad fistulas lamnasque utimur, laboriosius in Hispania eruto totasque per Gallias, sed in Brittannia summo terrae corio adeo large, ut lex ultro dicatur, ne plus certo modo fiat. nigri generibus haec sunt nomina: Iovetanum, Caprariense, Oleastrense, nec differentia ulla scoria modo excocta diligenter. mirum in his solis metallis, quod derelicta fertilius revivescunt. hoc videtur facere laxatis spiramentis ad satietatem infusus aer, aeque ut feminas quasdam fecundiores facere abortus. nuper id conpertum in Baetica Samariensi metallo, quod locari solitum ✳ CC annuis, postquam obliteratum erat, ✳ CCLV locatum est. simili modo Antonianum in eadem provincia pari locatione pervenit ad HS CCCC vectigalis. mirum

Weise mit Silber zu überziehen, vor allem die Verzierungen der Pferde und Saumtiere und der Joche; übrigens gebührt den Biturigen der Ruhm der Erfindung. Später begannen ⟨die Gallier⟩, auch ihre Streitwagen, Wagen und Kaleschen auf ähnliche Weise auszuschmücken, wobei es die Prunksucht auch bereits bis zu goldenen, nicht nur silbernen Statuetten brachte, und was man sonst an Bechern wahrnahm und als Verschwendung galt, wird ⟨heute⟩ an Fahrzeugen abgenützt und als Ausdruck einer feinen Lebensart bezeichnet. Die Prüfung des weißen Bleis geschieht mit einem Papyrusblatt; das geschmolzene ⟨Metall⟩ scheint dieses durch sein Gewicht, nicht durch die Hitze zu zerreißen. Indien besitzt weder Kupfer noch Blei und tauscht diese ⟨Metalle⟩ gegen seine Edelsteine und Perlen ein.

Schwarzes Blei verwenden wir zu Röhren und Blechen; es wird ziemlich mühevoll in Spanien und in ganz Gallien ausgegraben, in Britannien aber aus der obersten Erdschicht in solcher Menge, daß dort sogar ein Gesetz bestehen soll, wonach nicht mehr als eine bestimmte Menge gewonnen werden darf. Die ⟨verschiedenen⟩ Arten des schwarzen Bleis haben folgende Namen: Iovetanum, Blei von Capraria und von Oleastrum; es besteht unter ihnen kein Unterschied, wenn nur die Schlacke sorgfältig ausgeschmolzen wird. Merkwürdig ist allein bei diesen Gruben, daß sie sich, wenn sie aufgelassen wurden, reichlicher wieder erholen. Anscheinend wird dies von der in die erweiterten Luftlöcher bis zur Sättigung einströmenden Luft bewirkt, gleich wie auch Fehlgeburten manche Frauen fruchtbarer zu machen scheint. Kürzlich hat man dies in der Baetica in der samariensischen Grube festgestellt, die gewöhnlich zu 200 000 Denaren pro Jahr verpachtet war, nachdem sie stillgelegt war, aber zu 255 000 Denaren verpachtet wurde. Auf ähnliche Weise erreichte die antonianische Grube in derselben Provinz von einer gleichen Pacht 400 000 Sesterzen Einkünfte. Merkwür-

et addita aqua non liquescere vasa e plumbo, eadem, si in aquam addantur calculus vel aereus quadrans, peruri.

In medicina per se plumbi usus cicatrices reprimere adalligatisque lumborum et renium parti lamnis frigidiore natura inhibere inpetus veneris visaque in quiete veneria sponte naturae erumpentia usque in genus morbi; his lamnis Calvus orator cohibuisse se traditur viresque corporis studiorum labori custodisse. Nero, quoniam ita placuit dis, princeps, lamna pectori inposita sub ea cantica exclamans alendis vocibus demonstravit rationem. coquitur ad medicinae usus patinis fictilibus substrato sulpure minuto, lamnis inpositis tenuibus opertisque sulpure et veru ferreo mixtis, cum coquuntur. munienda in eo opere foramina spiritus convenit; alioqui plumbi fornacium halitus noxius sentitur. et pestilens est, canibus ocissime, omnium vero metallorum muscis et culicibus, quamobrem non sunt ea taedia in metallis. quidam in coquendo scobem plumbi lima quaesitam sulpuri miscent, alii cerussam potius quam sulpur. fit et lotura plumbi usus in medicina. cum se ipso teritur in mortariis plumbeis addita aqua caelesti, donec crassescat; postea supernatans aqua tollitur spongeis; quod crassissimum fuit, siccatum dividitur in pastillos. quidam limatum plumbum sic terunt, quidam et plumbaginem admiscent, alii vero ace-

dig ist auch, daß ein bleiernes Gefäß nach Zugabe von Wasser nicht zum Schmelzen kommt, daß es aber durchbrennt, wenn man in das Wasser ein Steinchen oder einen kupfernen Viertelas hineingibt.

In der Heilkunde dient, für sich allein angewandt, das Blei dazu, Narben zurückzudrängen und, in Plättchen auf die Gegend der Lenden und Nieren angebunden, durch seine kältere Natur den Geschlechtstrieb zu hemmen; durch diese Plättchen soll der Redner Calvus die im Schlafe von selbst auftretenden Pollutionen, die sich zu einer Art Krankheit steigerten, unterdrückt und seine Körperkräfte zu wissenschaftlichem Arbeiten bewahrt haben. Nero, weil es den Göttern so gefiel, ein Kaiser, legte sich eine Bleiplatte auf die Brust und machte, seine Gesänge darunter hervorbrüllend, auf diese Weise eine Methode zur Stärkung der Stimme bekannt. Zum Gebrauch in der Heilkunde schmilzt man das Blei in irdenen Gefäßen, streut zerkleinerten Schwefel hinzu, legt dünne Bleiplatten darauf und bedeckt diese mit einer Mischung aus Schwefel und Eisen. Während geschmolzen wird, ist es ratsam, bei dieser Arbeit die Zuglöcher zu verstopfen, sonst macht sich aus den Bleiöfen ein schädlicher Dunst bemerkbar. Er ist tödlich, besonders schnell für Hunde, ⟨wie⟩ alle Metalldämpfe für Fliegen und Schnaken, weshalb dieses Ungeziefer in Metallgruben nicht vorkommt. Manche mischen beim Schmelzen mit einer Feile hergestellte Späne von Blei unter den Schwefel, andere nehmen lieber Bleiweiß statt Schwefel. Auch durch Waschen bereitet man das Blei zur Anwendung in der Heilkunde. Man reibt es mit sich selbst in bleiernen Mörsern unter Zusatz von Regenwasser so lange, bis es dick wird; hierauf wird das oben schwimmende Wasser mit Schwämmen entfernt; was am dicksten war, wird nach dem Trocknen zu Kügelchen zerteilt. Manche reiben so gefeiltes Blei, manche mischen auch *plumbago* hinzu, andere aber Essig, wieder andere Wein,

tum, alii vinum, alii adipem, alii rosam. quidam in lapideo mortario et maxime Thebaico plumbeum pistillum terere malunt, candidiusque ita fit medicamentum. id autem, quod ustum est plumbum, lavatur ut stibis et cadmea. potest adstringere, sistere, contrahere cicatrices; usu est eodem et in oculorum medicamentis, maxime contra procidentiam eorum et inanitates ulcerum excrescentiave rimasque sedis aut haemorroidas et condylomata. ad haec maxime lotura plumbi facit, cinis autem usti ad serpentia ulcera aut sordida, eademque quae chartis ratio profectus. uritur autem in patinis per lamnas minutas cum sulpure, versatum rudibus ferreis aut ferulaceis, donec liquor mutetur in cinerem; dein refrigeratum teritur in farinam. alii elimatam scobem in fictili crudo coquunt in caminis, donec percoquatur figlinum. aliqui cerussam admiscent pari mensura aut hordeum teruntque, ut in crudo dictum est, et praeferunt sic plumbum spodio Cyprio.

Scoria quoque plumbi in usu est. optima, quae maxime ad luteum colorem accedit, sine plumbi reliquiis aut sulpuris specie et terra carens. lavatur haec in mortariis minutim fracta, donec aqua luteum colorem trahat, et transfunditur in vas purum, idque saepius, usque dum subsidat, quod utilissimum est. effectus habet eosdem quos plumbum, sed acriores. mirarique succurrit experien-

Fett oder Rosenöl. Einige wollen lieber in einem steinernen Mörser, vor allem aus thebaïschem Stein, ein Pistill aus Blei reiben, und auf diese Weise wird auch das Arzneimittel heller. Was aber das gebrannte Blei anlangt, so wäscht man es wie Grauspießglanz und Galmei. Es vermag zusammenzuziehen, zu stillen und Narben zu schließen; man verwendet es auch in Augenheilmitteln, besonders, wenn die Augen hervortreten, ferner gegen Höhlungen oder Auswüchse in Geschwüren, Schrunden am Gesäß oder Hämorrhoiden und Feigwarzen. In allen diesen Fällen wirkt am besten das gewaschene Blei, die Asche vom gebrannten Blei aber hilft gegen kriechende oder schmutzige Geschwüre und sie hat die gleiche Wirkung wie die Papyrusasche. Man brennt es in Tiegeln, in die man es in kleinen Blättchen mit Schwefel gibt, und wendet es mit Rührlöffeln aus Eisen oder Steckenkraut so lange um, bis sich das flüssige ⟨Blei⟩ in Asche verwandelt; wenn es dann abgekühlt ist, zerreibt man es zu Pulver. Andere schmelzen die Feilspäne in einem ungebrannten irdenen Gefäß so lange in Schmelzöfen, bis das Tongeschirr durchglüht ist. Einige mischen Bleiweiß in gleicher Menge oder Gerste hinzu, reiben es, wie beim rohen Blei angegeben [§ 169], und ziehen das so ⟨zubereitete⟩ Blei dem zyprischen *spodion* vor.

Auch die Bleischlacke *[scoria]* wird verwendet. Die beste ist diejenige, die am meisten einer gelben Farbe nahekommt, keine Bleirückstände hat, nicht wie Schwefel aussieht und frei von Erde ist. Man wäscht sie, nachdem man sie in Mörsern zu kleinen Stücken zerbrochen hat, so lange mit Wasser, bis dieses eine gelbe Färbung bekommt, gießt es in ein sauberes Gefäß und wiederholt diesen Vorgang öfter, bis sich das absetzt, was am brauchbarsten ist. Es hat die gleichen Wirkungen wie das Blei, ist aber stärker. Bewundernswert erscheint mir der Versuch für das ⟨menschliche⟩ Leben, auf so vielerlei Art nicht einmal den Bodensatz der Dinge

tiam vitae, ne faece quidem rerum excrementorumque foeditate intemptata tot modis.

Fit et spodium ex plumbo eodem modo quo ex Cyprio aere; lavatur in linteis raris aqua caelesti separaturque terrenum transfusione; cribratum teritur. quidam pulverem eum pinnis digerere malunt ac terere in vino odorato.

Est et molybdaena, quam alio loco galenam appellavimus, vena argenti plumbique commūnis. melior haec, quanto magis aurei coloris quantoque minus plumbosa, friabilis et modice gravis. cocta cum oleo iocineris colorem trahit. adhaerescit et auri argentique fornacibus; hanc metallicam vocant. laudatissima, quae in Zephyrio fiat; probantur minime terrenae minimeque lapidosae. coquuntur lavanturque scoriae modo. usus in lipara ad lenienda ac refrigeranda ulcera et emplastris, quae non inligantur, sed inlita ad cicatricem perducunt in teneris corporibus mollissimisque partibus. compositio eius e libris III et cerae libra, olei III heminis, quod in senili corpore cum fracibus additur. temperatur cum spuma argenti et scoria plumbi ad dysenteriam et tenesmum fovenda calida.

Psimithium quoque, hoc est cerussam, plumbariae dant officinae, laudatissimam in Rhodo. fit autem ramentis plumbi tenuissimis super vas aceti asperrimi inpositis atque ita destillantibus. quod ex eo cecidit in ipsum acetum, arefactum molitur

und das Scheußliche der Ausscheidungen ununtersucht zu lassen.

Auch aus dem Blei bereitet man eine Metallasche auf die gleiche Weise wie beim zyprischen Kupfer; man wäscht sie in weitmaschiger Leinwand mit Regenwasser und trennt den erdigen Anteil durch Übergießen ab; nach dem Sieben zerreibt man sie. Manche ziehen es vor, dieses Pulver mit Federn abzutrennen und in wohlriechendem Wein zu zerreiben.

Es gibt auch noch die *molybdaena*, die wir am anderen Ort *galena* genannt haben [33, 95; 34, 159], eine Erzader, die Silber und Blei zugleich enthält. Sie ist um so besser, je mehr sie die Farbe des Goldes hat und je weniger Blei sie enthält; sie soll zerreibbar und mäßig schwer sein. Mit Öl erhitzt, nimmt sie die Farbe der Leber an. Sie hängt sich auch in den Gold- und Silberöfen an; man nennt sie die metallische. Am meisten schätzt man die in Zephyrion hergestellte; auch die wird gelobt, welche am wenigsten Erde und am wenigsten Steine enthält. Man schmilzt und wäscht sie wie die Schlacke. Man verwendet sie in Salben zum Erweichen und Kühlen von Geschwüren und in Pflastern, die nicht aufgebunden werden, sondern, an zarten und sehr weichen Körperteilen aufgestrichen, die Vernarbung herbeiführen. Ihre Zusammensetzung besteht aus drei Pfund ⟨*molybdaena*⟩, einem Pfund Wachs und drei Heminae Öl, das bei einem alten Menschen mit der Ölhefe hinzugefügt wird. Man mischt sie mit Silberschaum und Bleischlacke gegen Ruhr und Stuhlzwang und macht mit der Mischung warme Umschläge.

Auch das Bleiweiß *[psimithium]* liefern die Bleihütten; man lobt besonders das von Rhodos. Man gewinnt es aus sehr dünnen Bleispänen, die man über ein Gefäß mit schärfstem Essig legt und so abtropfen läßt. Was davon direkt in den Essig gefallen ist, wird getrocknet, gemahlen, gesiebt

et cribratur iterumque aceto admixto in pastillos
dividitur et in sole siccatur aestate. fit et alio
modo, addito in urceos aceti plumbo opturatos
per dies X derasoque ceu situ ac rursus reiecto,
donec deficiat materia. quod derasum est, teritur 176
et cribratur et coquitur in patinis misceturque ru-
diculis, donec rufescat et simile sandaracae fiat;
dein lavatur dulci aqua, donec nubeculae omnes
eluantur; siccatur postea similiter et in pastillos
dividitur. vis eius eadem quae supra dictis, lenis-
sima tantum ex omnibus, praeterque ad candorem
feminarum. est autem letalis potu sicut spuma argenti. postea cerussa ipsa, si coquatur, rufescit.

Sandaracae quoque propemodum dicta natura LV
est. invenitur autem et in aurariis et in argentariis 177
metallis, melior quo magis rufa quoque magis virus sulpuris redolens ac pura friabilisque. valet
purgare, sistere, excalfacere, erodere, summa eius
dote septica. explet alopecias ex aceto inlita; additur oculorum medicamentis; fauces purgat cum
melle sumpta vocemque limpidam et canoram facit; suspiriosis et tussientibus iucunde medetur
cum resina terebinthina in cibo sumpta, suffita
quoque cum cedro ipso nidore isdem medetur.

Et arrhenicum ex eadem est materia. quod opti- LVI
mum, coloris etiam in auro excellentis; quod vero 178
pallidius aut sandaracae simile est, deterius iudicatur. est et tertium genus, quo miscetur aureus co-

und abermals mit Essig vermischt, in Kügelchen verteilt und im Sommer an der Sonne getrocknet. Man erhält es auch auf andere Weise, indem man Blei in Krüge mit Essig wirft, diese zehn Tage verschlossen hält, den schimmelartigen Belag abkratzt und das Blei wieder hineinwirft, bis das Material erschöpft ist. Das Abgeschabte wird zerrieben, gesiebt, in Tiegeln gekocht und mit einem Spatel durchgerührt, bis es eine rote Farbe annimmt und dem Sandarach ähnlich wird; dann wird es mit Süßwasser gewaschen, bis alle Verunreinigungen ausgewaschen sind; hierauf trocknet man es auf ähnliche Weise und teilt es in Kügelchen. Es hat die gleiche Wirkung wie die oben genannten Stoffe, nur ist es von allen das mildeste und wird außerdem von den Frauen als Schminke verwendet. Als Trank ist es aber tödlich wie der Silberschaum. Schließlich wird das Bleiweiß selbst, wenn man es erhitzt, rot.

Auch die Beschaffenheit des Sandarach haben wir schon andeutungsweise behandelt. Er findet sich wohl in Gold- als auch in Silbergruben; er ist um so besser, je röter er ist, je intensiver er nach Schwefel riecht, je reiner und zerreibbarer er ist. Er ist von Wert zum Reinigen, Stillen, Erwärmen und Ausnagen, wobei eine beizende Wirkung seine Haupteigenschaft ist. Mit Essig aufgestrichen, beseitigt er die Kahlköpfigkeit; man fügt ihn Augenmitteln bei; mit Honig genommen, reinigt er den Schlund und macht die Stimme klar und wohltönend; mit Terpentinharz in der Nahrung genommen, heilt er Atemnot und Husten auf angenehme Weise; auch als Räuchermittel mit Zedernholz heilt er die gleichen Leiden durch seinen bloßen Dunst.

Das *arrhenicum* besteht aus der gleichen Materie. Das beste ist von einer Farbe, die man sogar beim Gold als auffallend bezeichnen würde; das blassere oder dem Sandarach ähnliche wird für schlechter gehalten. Es gibt noch eine dritte Art, bei der die Farbe des Goldes mit der des Sanda-

lor sandaracae. utraque haec squamosa, illud vero
siccum purumque, gracili venarum discursu fissile.
vis eadem quae supra, sed acrior; itaque et causti-
cis additur et psilotris. tollit et pterygia digitorum
carnesque narium et condylomata et quidquid ex-
crescit. torretur, ut valdius prosit, in nova testa,
donec mutet colorem.

rachs gemischt ist. Beide Arten sind schuppig, jene aber trocken und rein, seinen feinen Adern entlang spaltbar. ⟨Das *arrhenicum*⟩ hat die gleiche Wirkung, wie oben angegeben, ist aber schärfer; deshalb gibt man es in Ätz- und Enthaarungsmittel. Es beseitigt auch Flügelfelle an Fingern, Polypen in den Nasen, Feigwarzen und was auch immer wuchert. Man röstet es, um seine Wirksamkeit zu steigern, in einem neuen irdenen Gefäß, bis es seine Farbe ändert.

ANHANG

ERLÄUTERUNGEN

1 *Kupfergruben:* Plinius bringt zunächst nur wenige technische Angaben und geht dann gleich auf die Verwendung der Bronze in der Kunst über. Erst ab § 94 nimmt er das ursprüngliche Thema wieder auf. – *korinthische ⟨Bronze⟩:* s. § 6. – *Geldwesen:* s. Plinius, nat. hist. 33, 43. 138. – *Bezeichnungen:* s. Isidorus, Orig. XV 5, 3; Festus, de verb. sign. (Lindsay): aerarii tribuni (S. 2), aerarium, ibid.; aere diruti (S. 61: dirutum aere). – *Wir haben ausgeführt:* s. Plinius, nat. hist. 33, 42 ff. – *König Numa* Pompilius: der zweite sagenhafte König Roms. Plinius, nat. hist. 35, 159, berichtet, daß Numa als siebente Zunft die der Töpfer ins Leben gerufen hat. Nach Plutarch, Numa 17, 1–4, waren aber die *Kupferarbeiter* die siebente Zunft und die Töpfer die achte; s. F. Münzer, S. 307; A. Storchi Marino; R. J. Forbes, Metallurgie I und II.

2 ... *bereits geschilderte Weise:* s. Plinius, nat. hist. 33, 95. – *Galmei (cadmea, gr. kadmeía*):* s. § *100. 117.* Galmei ist die Bezeichnung für Zinkerze, die zur Messingherstellung verwendet werden, z. B. Zinkkarbonat, $ZnCO_3$, auch Zinkspat genannt, ferner Kieselzinkerz = wasserhaltiges kieselsaures Zink, $Zn_2SiO_4 \cdot H_2O$; s. auch Dioskurides, mat. med. V 84. Galmei kann aber auch noch Beimengungen von Kupfer haben. – *Kampanien:* s. § 95; Plinius, nat. hist. 3,40. 60 ff.; 37, 202, wo der Metallreichtum Italiens gerühmt wird. – *Gebiet der Bergomaten:* in Oberitalien am Fuß der Alpen,

---

* In den Erläuterungen bringen wir – anders als in der Übersetzung – die griechische Schreibweise und verbinden sie mit Aussprachehilfen.

h. Bergamo; Plinius, nat. hist. 3, 124 f. – ... *in der Provinz Germanien:* Nach H. Blümner, IV 67, hat man »Spuren alter römischer Kupferbergwerke in Deutschland im Gebiet der Saar und sonst am Rhein nachgewiesen«. – *chalkítis:* s. § 117 ff. – *Zypern:* Die Kupferminen von Zypern, die auch dem Metall seinen Namen gegeben haben, waren besonders reichhaltig; H. Blümner, IV 60. Nach Plinius, nat. hist. 7, 195, erfand Kinyras, Sohn der Agriope, auf Zypern das Schürfen nach Erz. – *aurichalcum* (auch orichalcum), s. auch § 4. Es handelt sich um eine Legierung (»Gold-Bronze«) aus Kupfer und Zink, die aber – im Gegensatz zu der Bemerkung des Plinius – nicht in den Metallgruben vorkommt; sie entspricht etwa unserem Messing; s. die ausführliche Behandlung der Frage bei H. Blümner, IV 193 ff., ferner Isidorus, Orig. XVI 20, 3. Über die Herstellung von aurichalcum s. auch H. Michell. – ... *der Boden erschöpft ist:* vgl. Lukrez, de rer. nat. II 1150.

3 ... *das sallustianische* ⟨*Kupfer*⟩ *im Alpengebiet der Ceútronen:* benannt nach dem vertrauten *Freund des Augustus* Sallustius Crispus, einem Großneffen und Adoptivsohn des Geschichtsschreibers Sallust; s. Tacitus, Ann. III 30; Horaz, carm. II 2; RE IA Sp. 1955 f. Nr. 11 – Die *Ceutronen* lebten an den Ufern der Isère im Tal von Tarentaise; s. Plinius, nat. hist. 3, 135; RE III Sp. 2014 f. und Kl. Pauly I Sp. 1120. – ... *das livianische* ⟨*Kupfer*⟩ *in Gallien:* benannt nach Livia Drusilla, der Gemahlin des Kaisers Augustus (58 v.–29 n. Chr.). Der Standort ist unbekannt.

4 *das marianische* ⟨*Kupfer*⟩: benannt nach den marianischen Bergen in Spanien, die dem reichen Minenbesitzer Sex. Marius gehörten, h. Sierra Morena; s. RE XVI 200 s. v. Mons Mariorum; sie lagen in der Nähe von Corduba (Colonia Patricia, h. Córdoba) in der Provinz Baetica; s. Plinius, nat. hist. 3, 10. – *Galmei ... aurichalcum:* s. § 2; wahrscheinlich handelt es sich hier um weitgehend kupferfreien Galmei;

Erläuterungen   127

s. Projektgruppe Plinius »Kupfer«, Anm. 34. Zum Ganzen s. R. J. Forbes, Metallurgie II, S. 17. – *in Sesterzen und Zweiasstücken:* J. Riederer, »Kunstwerke...« S. 33 ff., gibt die Analysenresultate mehrerer römischer Sesterze an; s. insbesondere die graphische Darstellung, Abb. 4, über die Veränderung der Zusammensetzung in der römischen Kaiserzeit. Demnach enthielt ein römischer Sesterz z. Zt. des Augustus 76% Kupfer und 22,8% Zink, z. Zt. des Vespasian 81,3% Kupfer und 17,4% Zink (die restlichen Anteile beschränken sich auf kleine Mengen von Zinn, Blei, Eisen, Silber, Nickel und Antimon). Zum römischen Münzwesen s. auch Plinius, nat. hist. 33, 42 ff.

5 *Die übrigen Arten* (von Kupferlegierungen): s. § 94 ff. – *mischte man... Kupfer mit Gold und Silber:* Die chemische Untersuchung antiker Schmuckstücke hat ergeben, daß meist sehr reines Gold verwendet wurde, während der Kupfergehalt 1–6%, der Silbergehalt unter 1% betrug; s. J. Riederer, l. c. S. 15, Tab. 5 und 6. – *Götter:* Wahrscheinlich ist Hephaistos, der griechische Gott des Feuers, der Schmiede und Handwerker (in Rom: Volcanus) gemeint.

6 *... die korinthische ⟨Bronze⟩ soll durch Zufall entdeckt worden sein, als Korinth... in Brand gesteckt wurde,* wobei Gerätschaften und Statuen aus Gold, Silber und Kupfer zusammenschmolzen – zweifellos eine Fabel; s. Florus, Rer. Rom. II 16. Inzwischen ist eine große Zahl griechischer und römischer Bronzen analytisch untersucht worden, worüber J. Riederer, l. c. S. 30 ff., ausführlich berichtet; s. auch id., Ausstellungskatalog »Archäologie und Chemie« 1987/88. Die Zusammensetzung schwankt in weiten Grenzen; so haben römische Statuetten einen Gehalt von 67–86% Kupfer, 4–10% Zinn und 2–25% Blei, s. id. »Kunstwerke« S. 33, Tab. 29; s. ferner Isidorus, Orig. XVI 20, 4, der die sagenhafte Bemerkung des Plinius, ferner eine Erzählung des Petronius, Sat. 50, zusammenfaßt. – *C. Verres* (praet. 74 v.

Chr.) hatte von 73–71 v. Chr. die Verwaltung Siziliens inne, wo er durch seine rücksichtslosen Erpressungen Aufsehen erregte, weshalb er von M. Tullius *Cicero* (Reden ›in Verrem‹) angeklagt wurde. M. *Antonius*, der mächtige Triumvir, setzte ihn 43 v. Chr. auf die Liste der Proskribierten; s. H. Habermehl in RE VIII A, Sp. 1561–1633; s. ferner § 48; F. Münzer, S. 403.

7 ... *im dritten Jahr der 158. Olympiade, im 608. Jahre der Stadt* = 146 v. Chr. Einige Handschriften geben das dritte Jahr der 156. Olympiade an, was aber nicht zutrifft; s. auch § 52; ferner F. Münzer, S. 124. *Korinth* wurde im Jahre 146 v. Chr. von L. Mummius Achaicus zerstört. Auch er führte zahlreiche Kunstschätze hinweg. – *Lebensdaten der Künstler:* s. §§ 49–52.

8 ... *drei Arten...:* vgl. Isidorus, Orig. XVI 20, 4. Über die genaue Zusammensetzung dieser drei Legierungen sind wir leider nicht unterrichtet; s. H. Blümner, IV 184 f. Die Mitverwendung von Silber und Gold ist oft in Zweifel gezogen worden, darf aber nicht ausgeschlossen werden. Jedenfalls bestand bei den Erzgießern eine große Fertigkeit, der Bronze verschiedene Farbtönungen zu verleihen, wozu auch die »*Leberfarbige*« *(hēpatizon)* gehört, deren Zusammensetzung nicht bekannt ist; s. H. Blümner, IV 330, Anm. 1; J. Riederer, »Katalog«, S. 106 ff. mit zahlreichen Analysenangaben antiker Bronzen. – *aiginetische und delische:* s. § 9 f.

9 *Delos:* kleine Kykladeninsel, auf der der Sage nach Apollon geboren sein soll, s. Plinius, nat. hist. 4, 65 ff. – *Speiselager* (triclinia): s. Plinius, nat. hist. 33, 144. Über delische Luxusgegenstände aus neueren Funden berichtet G. Siebert, glaubt aber, daß sie, obwohl sehr schön gestaltet, nicht ganz den Ruhm verdienen, der ihnen von Plinius und anderen Autoren zugewiesen wird. – *Bilder der Götter:* s. § 15.

10 *aiginetische Bronze:* benannt nach Aigina, der größ-

Erläuterungen

ten Insel im Saronischen Golf (s. Plinius, nat. hist. 4, 57); s. auch § 75. Über die Zusammensetzung antiker Bronzen s. die Tabelle II bei H. Blümner, IV 188 f. und J. Riederer, »Kunstwerke«, S. 30 ff. – *Rind aus Bronze:* Es stand auf dem Rindermarkt (Forum boarium) im VIII. Bezirk der Stadt Rom; s. auch Tacitus, Ann. XII 24. F. Münzer, S. 285, vermutet, daß es von dem berühmten Tierbildner Myron (s. § 57) geschaffen war. – Das Kultbild des *Jupiter im Tempel des Iuppiter Tonans* (des donnernden Jupiter) *auf dem Kapitol* stammte von Leochares, s. § 79; s. auch Sueton, Augustus XXIX 1. – *Polykleitos:* s. § 49 f.

11/12 *Tarent* (h. Táranto): auf einer Halbinsel des Golfes von Tarent liegende Stadt, ursprünglich eine spartanische Kolonie. Über die Stadt und ihre Kunstwerke s. P. Wuilleumier; ferner RE IV A, Sp. 2302–13. Über die Arbeitsverteilung zwischen Aigina und Tarent s. A. Rehm und P. Rosumek S. 228. – *Sold der Kriegstribunen:* wahrscheinlich sprichwörtlich zu verstehen für eine hohe Summe: s. F. Münzer, S. 100 f., welcher auf eine analoge Stelle bei Juvenal, Sat. III 132, hinweist. – *vom Lichte der Kerzen:* candelabrum von candela (die Kerze); s. Varro, ling. lat. V 119; Macrobius III 4, 2; Martialis, Epigr. XIV 43; Festus, l. c. S. 40. s. v. candelabrum; Isidorus, Orig. XX 10, 3. – *Theon:* wahrscheinlich ein Freigelassener und Versteigerer aus spätrepublikanischer Zeit: s. RE V A, Sp. 2037 Nr. 3. – *Gegania*, eine reiche Frau, kaufte den *buckligen Walker Klesippos* um 50 000 *Sesterzen* (= ca. 10 000 Goldmark*; der Normalpreis

---

* Da es unmöglich ist, die jeweilige Kaufkraft des römischen As, Sesterzes, Denars usw. zu bestimmen, wird hilfsweise auf die in älteren Grammatiken übliche Umrechnung in Goldmark zurückgegriffen. Für die Umrechnung von Goldmark-Angaben in DM (1989) wäre, ausgehend von den Angaben über das attische Talent (§ 39), etwa der Faktor 2 anzusetzen. – Wir möchten den Leser auch auf die Bemerkungen zu Preisangaben im Band XXXV, S. 317 aufmerksam machen.

für einen Sklaven betrug aber nur ca. 2000 Sesterze!); sie nahm ihn zum Mann und setzte ihn als Erben ein; s. RE VII Sp. 928 Nr. 3. Die Grabinschrift ist noch erhalten (CIL I², 1004 = X, 6488 = Dessau 1924). Über die Anekdote s. auch I. Calabi-Limentani; s. auch Projektgruppe Plinius »Kupfer« Anm. 94. – L. *Mummius* Achaicus zerstörte *Korinth:* s. Plinius, nat. hist. 33, 149; 35, 24; 37, 12. Er hatte die Achaier am Isthmos besiegt; s. Projektgruppe Plinius »Kupfer« Anm. 92.

13 *Schwellen und Türflügel... aus Bronze:* s. Isidorus, Orig. XVI 20, 11, der Vergil, Aen. I 449, zitiert:

...aere trabes, foribus cardo stridebat aënis.
...aus Erz aufragten die Pfosten, es knarrte mit ehernen Flügeln die Achse.   (J. Götte)

Eherne *Schwellen* erwähnt auch Livius X 23, 12; s. auch H. Drerup. – *Cn. Octavius:* s. auch § 24, war 172 v. Chr. curulischer Aedil, 168 v. Chr. Prätor und Befehlshaber der Flotte. Er verfolgte mit seinen Schiffen den *König Perseus* nach Samothrake und zwang ihn zur bedingungslosen Kapitulation; s. Livius XLV 42, 2. Im folgenden Jahre, 167 v. Chr., feierte er seinen *Triumph.* Er baute *beim flaminischen Zirkus,* in der Nähe des späteren Pompeius-Theaters, eine *Säulenhalle* (Porticus Octavia, nicht zu verwechseln mit der Porticus Octaviae, s. § 31 und Festus, l. c. S. 188 ⟨Lindsay⟩, die nach den *bronzenen Säulenkapitälen* die *korinthische* genannt wurde. Nach einer Zerstörung wurde sie von Augustus wieder erneuert (33 v. Chr.) – *Vesta:* die Göttin des häuslichen Herdes. Ihr Heiligtum, ein Rund*tempel,* befand sich auf dem Forum. – Die *syrakusanische Bronze* ist nicht näher bekannt; s. Ovid, Fasti VI 277. – *Pantheon:* von *M.* Vipsanius *Agrippa* im Jahre 27 v. Chr. in seinem dritten Konsulat erbaut; s. Plinius, nat. hist. 36, 38; Dio Cassius LIII 27, 2. Durch Blitzschlag beschädigt, wurde es später

Erläuterungen 131

von Domitian, Hadrian und Septimius Severus wieder erneuert. Im Pantheon befanden sich viele Götterbilder, der Rundbau sollte ein Abbild des Himmels sein; s. F. Münzer, S. 310, Anm. 1. – *Quaestor Spurius Carvilius:* Zeuge im Prozeß des M. Furius *Camillus,* 391 v. Chr., sonst nicht näher bekannt, vielleicht auch nur eine erfundene Persönlichkeit: s. RE III Sp. 1629 Nr. 4. – Zum Ganzen F. Münzer, S. 224. 286 (294).

14 *L. Piso:* s. Verzeichnis der Quellenschriftsteller (und *Antias*) – *bronzene Tischbetten:* s. § 9. – *Schenktische:* s. Cato, re rust. 10, 4. *Pfeilertischchen* = Tische mit einem Fuß; s. Livius XXXIX 6. – *Cn. Manlius* Vulso, cos. 189 v. Chr., kämpfte siegreich gegen die keltischen Galater (Livius XXXVIII 12 ff.) und ordnete durch den Frieden mit Antiochus III. die Verhältnisse in Klein*a*sien. Er feierte nach mancherlei Schwierigkeiten seinen *Triumph* im Jahre 187 v. Chr. Durch Einfuhr von Luxusgegenständen soll er den Verfall der Sitten ausgelöst haben; s. F. Münzer, S. 124. 211 f. 218 f. – *der Redner L. Crassus* (140–91 v. Chr.; cos. 95 v. Chr.), wohl der bedeutendste Redner vor Cicero; s. Plinius, nat. hist. 9, 168; 33, 147; 35, 25; F. Münzer, S. 236. – *delphische Dreifüße:* s. Diodoros XVI 26, 5. – *Kronleuchter... im Tempel des Palatinischen Apollo:* Dieser von Augustus erbaute Tempel lag am Aufgang des Palatinischen Hügels in Rom; s. F. Münzer, S. 287. 368. H. Gallet de Santerre hat versucht, den Weg dieses Leuchters zu rekonstruieren. *Theben* wurde 335 v. Chr. zerstört, ausgenommen der Tempel. *Alexander der Große* begab sich dann nach Kleinasien und könnte dabei nach *Kyme* (s. Plinius, nat. hist. 5, 121) in der kleinasiatischen Aiolis gekommen sein, wo der Apollokult durch Münzfunde verbürgt ist.

15 *Ceres:* die römische Göttin des Ackerbaus, deren Tempel sich in der Nähe des Circus Maximus (im XI. Bezirk) befand und gleichzeitig den Gottheiten Liber und Li-

bera geweiht war. Der Tempel wurde im Jahre 493 v. Chr. vom Konsul *Sp. Cassius* Vecellinus geweiht, dessen hochverräterische Pläne (er strebte nach *der Königswürde*) seinen Vater veranlaßten, ihn mit dem Tode zu bestrafen; s. Livius II 41, 10; Valerius Maximus V 8, 2. Über den reichen Schmuck des Cerestempels vgl. Plinius, nat. hist. 35, 24. 99. 154; Vitruv, de arch. III 3, 5; F. Münzer, S. 265. – ... *überzogen sie mit Bitumen* (Erdpech): Plinius kommt, nat. hist. 35, 182, nochmals darauf zurück und meint, die bronzenen Gegenstände würden dadurch gegen Feuer beständiger. Es kann sich aber nur um einen Korrosionsschutz handeln, vielleicht auch, um der Bronze eine gewisse Patina zu verleihen. – *mit Gold zu bedecken:* s. auch § 63 und nat. hist. 33, 83. Über das Vergolden s. H. Blümner, IV 308 ff.; ferner F. Münzer, S. 311. Das Vergolden ist sicherlich keine *römische Erfindung.*

16 ... *zu Olympia... Standbilder:* s. § 86; vgl. Pausanias, Griech. VI 18, 7, der als erste Athleten Praxidamas von Aigina (544 v. Chr.) und Rexibios von Opus (536 v. Chr.) nennt, denen Standbilder errichtet wurden. – »*nach dem Leben dargestellt*« *(eikoniká):* Nach W. H. Groß wurde bei diesen Standbildern weniger Poträtähnlichkeit als die charakteristische Bewegung der Kämpfer dargestellt (s. dazu die Bemerkung von Sallmann 569); s. auch J. Riederer »Katalog«, S. 123, wo über die zu Olympia gefertigten lebensgroßen Statuen berichtet wird.

17 *Tyrannenmörder Harmodios und Aristogeiton:* s. auch §§ 70. 72. 86. Aus dem Geschlecht der Gephyraier stammend, ermordeten diese beiden Athener den Peisistratiden Hipparchos (514 v. Chr.). Harmodios wurde sofort von der Leibwache getötet, Aristogeiton starb auf der Folter; s. auch F. Münzer, S. 342. – *Standbilder:* Nach H. Gallet de Santerre und H. Le Bonniec handelt es sich um ein Werk des Antenor, der aber von Plinius nicht genannt wird (in § 86

wird lediglich ein Antignotos erwähnt). – *Die Könige* wurden 510 v. Chr. vertrieben.

18 *...mit der Toga bekleidete Standbilder:* s. § 23. – Achilleus, der Sohn des Peleus und der Thetis, der größte Held der Griechen im Trojanischen Krieg, genoß im alten Griechenland als Gott kultische Verehrung, weshalb man auch die *Standbilder* von *Epheben Achillensstatuen* nannte. – Über den *griechischen* und *römischen Brauch* bei der Darstellung s. F. Münzer, S. 287 f. – Die Statue des *Diktators Caesar im Panzer* wird auch von Plinius d. J., ep. VIII 6, 13, erwähnt. Sie stand auf dem Forum Iulium im VIII. Bezirk der Stadt Rom (s. dazu A. D'Acinni, die den Standort der Statue auf den Castortempel verlegt). – *Panpriester (Luperci):* Dem griechischen Pan entsprach der römische Faunus, ein altlatinischer Gott, Beschützer der Hirten, der Äkker usw. Das Hauptfest des Gottes Lupercus (»der Wolf«) waren die Lupercalia; sie wurden am 15. Februar gefeiert. Die Priester waren dabei meist nur mit dem Fell eines frisch geschlachteten Bockes bekleidet. Plinius spricht von einem *Umhang* (paenula); s. L. Urlichs, S. 304, der M. Antonius erwähnt, welcher beim Lupercalienfest 44 v. Chr. im Gewand der Wettläufer auftrat; s. auch F. Münzer, l. c. – C. Hostilius *Mancinus:* cos. 137 v. Chr., wurde in Spanien mit 30 000 Mann von den Numantinern eingeschlossen, schloß nach der Kapitulation einen Feldherrnvertrag, der aber vom Senat und Volk nicht ratifiziert wurde. Mancinus sollte den Numantinern *ausgeliefert* werden, wurde aber von diesen nicht angenommen. Die Bemerkung des Plinius, daß er sich ein *Standbild* errichten ließ, geht nach F. Münzer, S. 263, wohl auf Varro zurück; s. auch RE VIII Sp. 2508–2511 s. v. C. Hostilius Mancinus Nr. 18.

19 *L. Accius,* römischer Tragiker, 170– ca. 86 v. Chr., schrieb eine große Anzahl von Dramen, deren Stoffe er aus verschiedenen Sagenkreisen entnahm (45 Titel und ca.

700 Verse sind überliefert); s. F. Münzer, S. 75, Anm. 1 und S. 148. – *Tempel der Camenen:* Die Camenen (Camenae) sind italische Quellgottheiten, die von den Römern mit den griechischen Musen gleichgesetzt wurden. Ihr Heiligtum war in Rom bei der Porta Capena. Wie jedoch H. Cancik nachgewiesen hat, dürfte die Statue des Accius im Musentempel auf dem Marsfeld aufgestellt gewesen sein, da der Musentempel bei der Porta Capena zwischen 234 und 187 v. Chr. durch Blitzschlag zerstört worden war. – *Zwei- oder Viergespanne:* Nach Plinius, nat. hist. 7, 202, sollen zuerst die Phryger Zweigespanne benützt haben, während Erichthonios, ein sagenhafter König von Athen, zuerst Viergespanne verwendete. Jedenfalls wurde bereits in der 25. Olympiade (680 v. Chr.) in Olympia der Wettkampf mit Vierspännern eingeführt; s. RE XXIV Sp. 681 ff. Die historische Reihenfolge der bildlichen Darstellungen der Reiter dürfte mit den Angaben des Plinius nicht übereinstimmen. – *Triumphatoren* wurden meist auf dem *Wagen* stehend dargestellt; vgl. Juvenal, Sat. VIII 3 ff. – *seit... Augustus... Sechsgespanne:* Dies trifft nicht zu, denn Livius berichtet, XXXVIII 35, 4, daß P. Cornelius auf dem Kapitol einen vergoldeten sechsspännigen Wagen aufstellte, was im Jahre 189 v. Chr. stattfand. Es ist aber richtig, daß erst in der Kaiserzeit Sechsgespanne im Zirkus mehrfach auftraten; s. RE II A, Sp. 1120 s. v. Seiuges. – *Elefanten:* vgl. Plinius, nat. hist. 8, 16, wonach man in Italien zuerst im Jahre 282 v. Chr. Elefanten sah. Im Triumphzug wurden sie zu Rom zuerst 275 v. Chr. gezeigt. Plinius, nat. hist. 8, 4, berichtet ferner, daß Elefanten zuerst beim Triumph des Cn. Pompeius Magnus über Afrika (79 v. Chr.) vor den Wagen gespannt wurden. Häufiger scheint dies dann auch in der Kaiserzeit der Fall gewesen zu sein; s. auch F. Münzer, S. 288. Seit Augustus gibt es auch Münzen mit dem Bild einer Elefantenquadriga; s. F. Imhoof-Blumer und O. Keller, Tafel IV

Erläuterungen

Nr. 5: Augustus auf einem Wagen sitzend, der von vier afrikanischen Elefanten gezogen wird, ferner ibid. Tafel XIX Nr. 41 und 43; Matz.

20 *Auszeichnung mit Zweigespannen:* Hier handelt es sich um Prachtwagen, die oft mit kostbarem Schmuck versehen waren. – *C. Maenius:* cos. 338 v. Chr. mit L. Furius Camillus *(im 416. Jahre).* Die beiden Konsuln beendeten den *Latiner*krieg und wurden durch einen Triumph geehrt. Besonders bedeutsam war die Unterwerfung der mächtigen Seestadt Antium. Die *Antiaten* mußten ihre Kriegsschiffe ausliefern, deren *Schnäbel auf der Rednertribüne* in Rom angebracht wurden, s. Livius VIII 14, 12. Maenius wurde mit einer Statue auf einer *Säule* geehrt (Columna Maenia); s. Livius VIII 13, 9, der berichtet, daß den beiden Konsuln Reiterstatuen auf dem Forum errichtet wurden; s. auch Florus I 5, 10. Über die Maeniussäule s. auch Plinius, nat. hist. 7, 212; über die Vorbauten des Maenius (= Balkone) s. id. 35, 113; ferner Festus (Lindsay) s. 120 f.; Nonius p. 65 M; F. Münzer, S. 288. – *C. Duillius:* cos. 260 v. Chr., Feldherr im 1. Punischen Krieg, besiegte die karthagische Flotte bei Mylai *(Seetriumph über die Punier).* Zum Andenken an seinen Sieg wurde auf dem Forum eine ⟨Säule⟩ errichtet; s. Quintilian, inst. orat. I 7, 12.

21 *L. Minucius* Esquilinus Augurinus: cos. 458 v. Chr. Plinius, nat. hist. 18, 15, berichtet von ihm, daß er den Getreidepreis auf 1 As senkte, weshalb ihm *außerhalb der Porta Trigemina* (wahrscheinlich beim Aventin) eine Bildsäule errichtet wurde; s. Livius IV 16, 2; F. Münzer, S. 233 f.; 288 f. – *Spende von einer Unze* = 1 Zwölftel As, wobei 1 As seit 269 v. Chr. nur etwa 8, z. Zt. Ciceros etwa 5 Goldpfennige betrug. Ursprünglich galt 1 As etwa 1,50 Goldmark; über die Geldspende s. RE IIIA, Sp. 2538 ff. s. v. Stips. Zur Minuciuslegende s. auch H. Lyngby. – *Attus Navius:* berühmter Augur z. Zt. des Tarquinius Priscus; vgl. Livius I

36, 4f.; Dion Hal. III 71, 2 ff.; Plinius, nat. hist. 15, 77; F. Münzer, S. 292. – *P. Clodius* Pulcher: berüchtigter Volkstribun aus der Zeit des 1. Triumvirats, Feind Ciceros. Bei seinem *Leichenbegängnis* (52 v. Chr.) wurde die *Kurie* von der aufgebrachten Volksmenge in Brand gesteckt. – *Hermodoros aus Ephesos* wurde von seinen Landsleuten verbannt, da er ihnen zu mächtig erschien; s. Cicero, Tusc. V 105; Strabo, Geogr. XIV, 1, 25, p. 642. Er scheint den *Dezemvirn*, einer aus zehn Personen bestehenden römischen Behörde mit unbeschränkter Macht, Hilfe bei der Abfassung der Zwölftafelgesetze (Plinius: *Gesetze auslegte*) gewährt zu haben, weshalb ihm ein *Standbild auf dem Versammlungsplatz des Volkes* (comitium) errichtet wurde; s. auch Strabo, l. c. und Digesta I 2, de orig. iuris 4.

22 *M. Horatius Cocles* verteidigte die *Pfahlbrücke* (pons sublicius) am Tiberufer gegen die Etrusker unter Porsenna so lange, bis man die Brücke abgebrochen hatte, und rettete dadurch Rom. Nach Polybius, 6, 54 ff., fand er den Tod, nach Livius, II 10, 2–11, rettete er sich, obwohl verwundet, durch einen Sprung in den Tiber und wurde durch eine Schenkung von Land und Errichtung eines *Standbildes* geehrt; s. Aulus Gellius, noct. Att. IV 5, 1; 5, 4. Er gilt als Vorbild römischer Mannestugend; s. F. Münzer, S. 291. – *Sibylla:* eine weissagende Frau, die durch ihre Orakel dem Staate von großem Vorteil war, weshalb man ihr *Standbilder* setzte. Die Sibyllinischen Bücher, eine Sammlung von Orakelsprüchen, spielten im Kult eine bedeutsame Rolle. – *Sextus Pacuvius Taurus:* Volkstribun im Jahre 27 v. Chr.; s. RE XVIII Sp. 2174 Nr. 7; F. Münzer, S. 293. – *M.* Valerius *Messalla* Corvinus: cos. 31 v. Chr., ein bedeutender Feldherr, Politiker, Schriftsteller und Redner (ca. 64 v.–13 n. Chr.). – *Attus Navius:* s. § 21. Er lebte z. Zt. des fünften sagenhaften römischen Königs *Tarquinius Priscus*. Die erwähnten Sibyllinischen Bücher wurden aber erst unter dem

Erläuterungen 137

ebenso sagenhaften siebten und letzten König, Tarquinius Superbus, von der Sibylle von Cumae zum Kauf angeboten, und dann im Gewölbe des Jupitertempels auf dem Kapitol aufbewahrt. Plinius gibt den Sachverhalt nicht richtig wieder; s. auch F. Münzer, S. 127. 262. – Standbilder von den *vorhergehenden Königen:* s. Plinius, nat. hist. 33, 9 f. 24.

23 *Romulus:* der sagenhafte Gründer der Stadt Rom. – Titus *Tatius:* Sabinerkönig, der nach dem Raub der Sabinerinnen mit Romulus einen Vertrag der Doppelherrschaft schloß. Er wurde im Alter in Laurentum ermordet. – *Tunica:* das ursprünglich ärmellose Untergewand der Römer aus Wolle, später aus Leinen. Nach Aulus Gellius, noct. Att. VI 12, 3, trugen die Römer zuerst nur die Toga *ohne die Tunica.* – M. Furius *Camillus:* von Livius, V 49, 7, als Vater des Vaterlandes und zweiter Gründer der Stadt bezeichnet, nachdem er den Kelten eine Niederlage zugefügt hatte; s. Plinius, nat. hist. 33, 14. – *Tempel der Dioskuren* (Kastor/ Castor und Polydeukes/Pollux), am Forum im VIII. Bezirk der Stadt Rom. – Q. *Marcius Tremulus:* cos. 306 v. Chr., war siegreich im Kampf gegen die Herniker und *Samniten;* s. Livius, IX 42, 10; Diodoros XX 80, 1. Über das *Reiterstandbild des... Tremulus:* s. Cicero, Phil. VI 5, 13; Livius IX 43, 22; F. Münzer, S. 289. 291 und vor allem RE XIV Sp. 1596 Nr. 106, wonach das Reiterstandbild auf Münzen späterer Nachkommen des Triumphators abgebildet war; vgl. auch RE Suppl. IV Sp. 507 Nr. 41. – *Anagnia* (h. Anagni): Stadt der Herniker in Latium; s. Plinius, nat. hist. 3,63. Über die *Abgabe* sind nur Vermutungen möglich. Sie steht im Zusammenhang mit den Hernikern, die unter der Führung von Anagnia den Römern den Krieg erklärten, aber besiegt wurden. *Tullus Cloelius, L. Roscius, Sp. Nautius und C. Fulcinius* waren die römischen Gesandten, die von den *Fidenaten* (Fidenae, Stadt in Latium, s. Plinius, nat. hist. 3, 69. 107) auf Anstiften des Vejenterkönigs Lars Tolumnius im Jahre 438

v. Chr. ermordet wurden; s. Livius IV 17, 2, wo die Namen jedoch lauten: C. Fulcinius, Cloelius Tullus, Sp. Antius, L. Roscius; s. auch Cicero, Phil. IX 2, 4–5; Diodoros XII 80, 6; F. Münzer, S. 234.

24 *P. Iunius und Ti. Coruncanius* waren römische Gesandte, die an die Königin *Teuta,* Witwe des Agron, nach Scodra in Illyrien geschickt wurden, um über die Verluste römischer Kaufleute durch illyrische Piraten Klage zu erheben. Auf die Antwort der Königin, sie könne ihre Untertanen nicht von der Seeräuberei zurückhalten, soll der eine der Gesandten erwidert haben, dann werde sie Rom dazu zwingen. Daraufhin wurden die Gesandten bei der Abreise überfallen und getötet. In der Literatur bestehen jedoch Unterschiede bezüglich der Namen und der Darstellung der Vorkommnisse: Polybios, II 8, 12 ff. nennt als Namen C. und L. Coruncanius, von denen nur der jüngere getötet wurde; s. auch Livius, per. XX. Hingegen spricht Florus, II 5, von mehreren Gesandten. – *drei Fuß hohe Statuen:* Diese etwa 90 cm hohen Statuen kann man als »Halbformatstatuen« bezeichnen; s. dazu R. Carpenter; F. Münzer, S. 235. – *Cn. Octavius:* s. § 13. Die hier erzählte Anekdote bezieht sich aber nicht auf Cn. Octavius, sondern auf C. Popilius Laenas, der im Jahre 168 v. Chr. zu König Antiochos IV. Epiphanes geschickt wurde; s. F. Münzer, S. 294. Nach dem Tode des Königs wurde Cn. Octavius mit dem gleichen Auftrag zum König Antiochos V. Eupator nach Syrien geschickt (163 v. Chr.). Durch sein rücksichtsloses Auftreten fand er in Laodikeia einen gewaltsamen Tod. Ziel der Gesandtschaften war eine Schwächung des Seleukidenreiches; s. Livius XLV 12, 5; Val. Max. VI 4, 3; Cicero, Phil. VIII 8, 23; RE XVII Sp. 1813, 17 ff. s. v. Octavius; F. Münzer, S. 294.

25 *Taracia Gaia oder Fufetia:* eine *vestalische Jungfrau,* die in besonderer Weise durch ein *Standbild* geehrt wurde, weil sie der Stadt das *Feld am Tiber* (campus Tiberinus)

Erläuterungen 139

geschenkt hatte. Der Name ist wahrscheinlich etruskischen Ursprungs; s. Aulus Gellius, noct. Att. VII 7; Plutarch, Public. 8. Nach F. Münzer, S. 235, geht die Sage von Taracia Gaia auf den römischen Historiker Valerius Antias zurück (1. Jh. v. Chr.). Gellius, l. c., setzt den campus Tiberinus mit dem campus Martius gleich. Er erwähnt auch Acca Larentia, die, ähnlich wie Taracia Gaia, aber erst nach ihrem Tod, geehrt wurde. Einzelheiten s. RE VII Sp. 480 ff.

26 *Pythagoras* von Samos: der berühmte griechische Philosoph und Mathematiker des 6. Jh.s v. Chr. (ca. 570– ca. 480 v. Chr.). – *Alkibiades:* athenischer Politiker und Feldherr, ca. 450–404 v. Chr.; vgl. Plutarch, Numa 8, 12; nach F. Münzer, S. 292 f. stammt die Notiz des Plinius aus Varro. – *Volksversammlungsplatz* (comitium): am Abhang des Kapitols in der Nordwestecke des Forums. – Der erste *Samnitische Krieg* ereignete sich 343/341 v. Chr. Die Samniten, ein Volksstamm in Mittelitalien, kämpften mit Rom um die Vorherrschaft. – Der *Pythische Apollo* hatte sein Heiligtum zu Delphi (pythisch = delphisch). Auch in Rom wurde Apollo schon früh verehrt (431 v. Chr. wurde ihm am Rande des Marsfeldes ein Tempel geweiht). – Der *Diktator* L. Cornelius *Sulla* (138–78 v. Chr.) ließ u. a. auch ein Archiv (tabularium) am Forum erbauen. – *Sokrates,* der berühmte griechische Philosoph (470–399 v. Chr.); s. auch Plinius, nat. hist. 7, 118 f.; Vitruv, arch. III Praef. 1. – *Themistokles* (ca. 524– ca. 450 v. Chr.); athenischer Staatsmann, Sieger von Salamis (480 v. Chr.).

27 *Triumphbogen* (arcus): s. den ausführlichen Artikel in RE VIIA, Sp. 373–493 (bes. Sp. 492). – *Demetrios von Phaleron* (344–280 v. Chr.), athenischer Politiker und Philosoph, war 309/308 Archon. Die Zahl der ihm errichteten *Bildsäulen* (360 oder 300?) ist problematisch; s. Strabo, Geogr. IX 1, 20, p. 398; Diogenes Laert. V 75. – *... zerstörte sie:* wahrscheinlich nach der Kapitulation Athens (307 v. Chr.)

vor Demetrios I. Poliorketes (ca. 336–283 v. Chr.), der Demetrios von Phaleron zur Flucht nach Ägypten zwang. – *Marius Gratidianus:* s. Plinius, nat. hist. 33, 132 (Erläuterungen), fand unter *Sulla* (s. § 26) im Jahre 82 v. Chr. ein grauenhaftes Ende.

28 *Standbilder... zu Fuß:* s. Plutarch, Romulus 16. – *Cloelia* (s. § 29) wurde als Geisel dem Etruskerkönig Porsenna (508 v. Chr.) ausgeliefert, entkam ihm, schwamm durch den Tiber und eilte nach Rom. Abermals an Porsenna ausgeliefert, ließ sie dieser wegen ihres Mutes frei. Eine Reiterstatue an der Sacra Via auf der Velia wurde mit ihr in Verbindung gebracht. – *mit der Toga zu bekleiden,* d. h. sie mit dem männlichen Ehrenkleid auszuzeichnen; s. auch F. Münzer, S. 291. – *Lucretia,* Gattin des L. Tarquinius, von einem Sohn des letzten römischen Königs, Tarquinius Superbus, geschändet, tötete sich selbst. Ihr Gatte L. Tarquinius Collatinus war mit L. *Brutus* im Jahre 509 v. Chr. der erste Konsul der römischen Republik. Über sein Standbild s. Plinius, nat. hist. 33, 9; F. Münzer, S. 262; ferner Livius II 13, 11; Seneca, Dial. VI 16, 2; Dion. Hal. V 35.

29 *Cocles:* s. § 22. – *Attus... Sibylla... Tarquinius:* s. § 21–23. – *Piso:* s. Verz. der Quellenschriftsteller. – *Cloelia:* s. § 28. – *Annius Fetialis:* s. Verz. der Quellenschriftsteller; F. Münzer, S. 167 ff. 172. 291, behandelt ausführlich die Variante der Sage über das Denkmal der unerschrockenen Cloelia; s. dazu Plutarch, Popl. 19, 2 ff. und de virt. mul. 14; Dion. Hal. V 35. – *Iuppiter Stator:* Jupiter, »der die Flucht hemmt«; s. Plinius, nat. hist. 2, 140. Sein Tempel befand sich am Fuße des Palatinischen Hügels. – *Valeria, die Tochter des Konsuls Publicola,* wurde von ihrem Vater, einer sagenhaften Persönlichkeit aus der Frühzeit der römischen Republik (s. RE VIII A, Sp. 180 ff., Nr. 302), mit anderen Jungfrauen dem König Porsenna übergeben. Nach ihrer Flucht mit Cloelia (s. § 28) schickte sie ihr Vater wieder an Porsenna

zurück, wobei sie in einen Hinterhalt des Tarquinius kam, sich aber mit drei Begleiterinnen retten konnte (s. RE l. c. Sp. 242, Nr. 386). Wahrscheinlich handelt es sich um eine erfundene Variante zur Cloelia-Sage.

30 *Konsulat des M. Aemilius und des C. Popilius:* 158 v. Chr. – *die Zensoren P. Cornelius Scipio und M. Popilius:* 159 v. Chr.; s. auch Plinius, nat. hist. 7, 215; ferner F. Münzer, S. 205. 291. – *Tempel der Tellus,* einer römischen Göttin. Nach der Überlieferung wurde der Tempel der Tellus erst im Jahre 270 v. Chr. geweiht, nachdem er vom Konsul P. Sempronius Sophus gelobt war – erst 200 Jahre nach dem Tod des Sp. Cassius! Wahrscheinlich befand sich an den Carinae am Esquilin schon wesentlich früher ein Heiligtum der Tellus; Einzelheiten s. RE V A, Sp. 804 f. s. v. Terra Mater. – *Sp. Cassius:* s. § 15.

31 *Cato:* s. Verz. der Quellenschriftsteller; Zensor 184 v. Chr. In seinen Reden *(Klagereden)* zeigt er sich als unerbittlicher Verfechter altrömischer Sittenstrenge und Tugend. – *Cornelia, Mutter der Gracchen, Tochter* des P. Cornelius Scipio *Africanus* Maior, verheiratet mit Tib. Sempronius Gracchus, cos. 177 v. Chr. Im Jahre 1878 wurde *in der öffentlichen Säulenhalle des Metellus (Porticus Metelli,* s. unten!) die Basis einer Statue mit der Aufschrift Cornelia Africani f(ilia) Gracchorum (sc. mater) gefunden. Diese Basis wurde später für ein Werk des Bildhauers Teisikrates (s. § 67) wiederverwendet; s. auch Plutarch, C. Gracchus 4 (p. 836); F. Münzer, S. 39, Anm. 1; 196. 262. 291. Q. Caecilius *Metellus* Macedonicus ließ nach seinem Triumph über Makedonien (146 v. Chr.) die Tempel der Iuno Regina und des Iuppiter Stator beim Circus Flaminius errichten und versah sie mit einer prächtigen Säulenhalle *(Porticus Metelli).* – *Octavia,* Schwester des Augustus, ließ ebenfalls eine Säulenhalle und eine Bibliothek errichten, die sie mit wertvollen Kunstwerken schmückte (s. RE XVII Sp. 1865 ff. s. v. Octa-

via; nach F. Münzer, S. 39, Anm. 1, waren die Gebäude der Octavia »nichts als die umgebaute Halle des Metellus, aber dem Plinius war die Identität entgangen«).

32 *Volkstribun C. Aelius:* nicht näher bekannt. – *Sthennius Stallius:* Befehlshaber der *Lukaner* gegen Thurioi (Thurii), einer am Golf von Tarent 444/443 v. Chr. gegründeten panhellinischen Stadt; s. Plinius, nat. hist. 3, 97; 6, 216. Die Römer beschlossen 285 v. Chr. auf Antrag *(Gesetz)* von C. *Aelius,* der Stadt zu Hilfe zu kommen, was dann 282 v. Chr. durch C. *Fabricius* erfolgreich durchgeführt wurde. Über die von den *Thurinern* gestifteten Statuen ist nichts weiter bekannt; s. F. Münzer, S. 232 f. und id. in RE III A, Sp. 2140 Nr. 4 (der von Val. Max., I 8, 6, genannte Statius Statilius ist vielleicht mit dem oben genannten *Sthennius Stallius* identisch). – *Schutzgenossenschaft:* Völker und Städte, die in die römische Schutzgenossenschaft aufgenommen wurden, wählten unter den einflußreichen Römern Gönner, denen sie dann Standbilder weihten (z. B. Capua für Cicero). – *Hannibal:* Über diese *Statuen* ist nichts weiter bekannt; s. F. Münzer, S. 230 f. 261. 293 Anm. 1.

33 *Euander:* ursprünglich ein Dämon, der in Arkadien verehrt wurde, dann aber mit seinen Leuten nach Italien kam (60 Jahre vor dem trojanischen Krieg) und dort den Kult des Faunus begründete. Auch der Kult des *Hercules* wurde mit ihm in Verbindung gebracht. Später hat man ihn als Gründer Roms bezeichnet; s. RE VI Sp. 839–842, Nr. 1 s. v. Euandros; F. Münzer, S. 311 f. Plinius setzt den Beginn der *Bildgießerkunst* viel zu früh an, auch steht dies im Widerspruch zu § 15, wo die im Jahre 486 geweihte Statue der Ceres als älteste Bronzestatue in Rom bezeichnet wird (s. auch nat. hist. 35, 157). – *Rindermarkt:* s. § 10. – *König Numa:* s. § 1. – *der doppelköpfige Janus:* s. Plinius, nat. hist. 33, 45. Janus wurde auch als Gott des Anfangs bezeichnet. Durch die Stellung der *Finger* der beiden Hände wurden nach einer

Erläuterungen 143

besonderen Vorschrift Zahlen symbolisch bezeichnet, wie offenbar auch an der Statue des Janus; s. Macrobius I 9, 10. Zu Janus: s. RE Suppl. III Sp. 1175–1191.

34 *tuskanische Bildwerke* (tuskanisch = etruskisch); s. F. Münzer, S. 263. Da die Literatur über die Etrusker sehr umfangreich ist, seien hier nur zitiert: L. Banti; ferner der Katalog der Ausstellung »Kunst und Leben der Etrusker« Zürich 1955. – *Metrodoros aus Skepsis:* s. Verz. der Quellenschriftsteller; 2.Jh. v. Chr.; der gleichnamige Sohn dieses griechischen Philosophen und Rhetors wurde wegen seines Hasses »Römerfeind« *(mīsorhómaios)* genannt. – *Volsinii* (h. Bolsena), bedeutende Stadt der Etrusker, 265/264 v. Chr. von den Römern zerstört; s. auch Plinius, nat. hist. 2, 139; Florus I 16. – *Götterbilder aus... Ton:* vgl. Plinius, nat. hist. 35, 157; nach F. Münzer, S. 311 f., kommt wahrscheinlich Verrius als Quellenschriftsteller in Betracht; A. C. Moorhouse. – *Unterwerfung Asiens... Luxus:* vgl. Livius XXXIX 6, 7–8; Plinius, nat. hist. 33, 148.

35 *Porträtkunst:* s. Plinius, nat. hist. 35, 153. – *plastikḗ:* ibid. 151. 153.

36 *M. Aemilius Scaurus:* der von Plinius mehrfach erwähnte *Ädil* des Jahres 58 v. Chr., der durch seine mit maßloser Verschwendung ausgestatteten Spiele sein Vermögen vergeudete; s. Plinius, nat. hist. 8, 64. 96; 9, 11; 35, 127. – *Theater:* s. Plinius, nat. hist. 36, 5 ff. 50. 113. 116; F. Münzer, S. 216 f. 328. H. Drerup. – *3000 Bildwerke:* Die Zahl ist wohl übertrieben; vielleicht sind Säulen gemeint? – L. *Mummius* Achaicus: s. § 12; ferner Plinius, nat. hist. 33, 149; 35, 24; Livius, ep. LII. Im Jahre seines Konsulats, 146 v. Chr., besiegte er in Griechenland die *Achaier*, zerstörte Korinth und verschleppte zahlreiche Kunstwerke. – *Tochter... Mitgift:* s. Frontinus, strat. IV 3, 15; F. Münzer, S. 217. – *Die Luculler:* L. Licinius Lucullus, römischer Feldherr, cos. 74 v. Chr., außerordentlich reich und gebildet, Liebhaber eines

raffinierten Lebensgenusses und Sieger über Mithridates VI.; sein Bruder M. Licinius Lucullus, infolge Adoption auch M. Terentius Varro Lucullus genannt, cos. 73 v. Chr., brachte aus Apollonia eine Kolossalstatue des Apollon nach Rom, die auf dem Kapitol aufgestellt wurde; s. § 39, ferner Plinius, nat. hist. 4, 92. – *Der dreimalige Konsul Mucianus* wird von Plinius oft zitiert, s. Verz. der Quellenschriftsteller. Die Zahl *3000* dürfte ebenfalls übertrieben sein; s. F. Münzer, S. 393.

37 *Lysippos* aus Sikyon (einer Stadt an der Nordküste der Peloponnes) war ein berühmter Bronzebildner z. Zt. Alexanders d. Gr., ca. 370–310/300 v. Chr.; s. §§ 51. 61. Der Künstler war zweifellos sehr fruchtbar. Der Bericht über den zurückgelegten *Golddenar* kann wohl nur als Anekdote gewertet werden; s. RE XIV Sp. 48–64 Nr. 6.

38 *Vitellius:* römischer Kaiser, im »Dreikaiserjahr« 69 n. Chr. von Vespasian gestürzt. Seine Anhänger setzten das *Kapitol in Brand,* er selbst wurde erschlagen; s. Sueton, Vitellius 17 f.; Tacitus, Hist. I 51 ff. 86. – *die Wächter... hafteten:* s. Plinius, nat. hist. 36, 29.

39 Kolossalstatue des *Apollo... M. Lucullus:* s. § 36; ferner Strabo, Geogr. VII 6, 4 p. 319. Es handelt sich um ein Werk des Kalamis; s. § 71. – *30 Ellen* = 13,32 m. – *500 Talente:* eine genaue Umrechnung in unsere Währung ist nicht möglich. Das attische Talent entsprach ungefähr 4800 Goldmark, so daß die Statue demnach 2,4 Millionen Goldmark kostete.

40 *Kaiser Claudius:* reg. 41–54 n. Chr. – *Theater des Pompeius:* das von Pompeius während seines 2. Konsulats, 55 v. Chr., aus gehauenen Steinen errichtete Theater mit 40 000 Sitzplätzen; s. Plinius, nat. hist. 36, 115. – *Lysippos:* s. § 37. – *Tarent:* h. Táranto, bedeutende Stadt in Süditalien (s. § 11). – Der Koloß des ⟨*Jupiter*⟩ (Zeus) *von 40 Ellen Höhe* (= 17,76 m), der größte nach dem von Rhodos, wird auch von Strabo, Geogr. VI 3, 1 p. 278, erwähnt; s. auch Lucilius

Erläuterungen

ap. Nonius s. v. cubitus p. 201 M; Overbeck Nr. 1451; RE XIV Sp. 49 s. v. Lysippos. – Q. *Fabius* Maximus *Verrucosus* »Cunctator« eroberte 209 v. Chr. die Stadt Tarent wieder zurück; s. Livius XXVII 15 ff., der berichtet, daß es religiöse Bedenken waren (»die zürnenden Götter sollen den Tarentinern bleiben«), die Fabius hinderten, die Kolossalstatue fortzuschaffen. – *Hercules:* ebenfalls von Lysippos, wie Strabo, l. c. mitteilt; s. Plutarch, Fab. Max. 22; Overbeck Nr. 1454. 1468.

41 *Der Koloß des Sonnengottes ⟨Helios⟩ zu Rhodos:* von *Chares aus Lindos* in den Jahren 304–292 v. Chr. als Siegesdenkmal errichtet, *70 Ellen* (ca. 31 m) *hoch, im Jahre 227/226 (66 Jahre später) durch ein Erdbeben umgestürzt.* Die Statue gehörte zu den Sieben Weltwundern; s. Strabo, Geogr. XIV 2, 5 p. 652; Overbeck Nr. 1539. Die Angaben über die Höhe differieren bei den verschiedenen Autoren. (Nach Polybius V 88 f. soll das Erdbeben in der Olympiade 139,1 = 224 v. Chr. stattgefunden haben). – *300 Talente* = ca. 1,44 Millionen Goldmark. – *König Demetrios* I. Poliorketes (»der Städtebelagerer«) berannte 305/304 v. Chr. vergeblich *Rhodos;* Plutarch, Demetr. 20; Overbeck Nr. 1543.

42 *hundert andere Kolosse:* nicht näher bekannt, nur noch von Isidorus, Orig. XIV 6, 22, erwähnt. – *fünf Kolosse von Göttern:* vgl. Overbeck Nr. 1316. – *Bryaxis:* s. § 73.

43 *Augustustempel:* auf dem Palatium in Rom. Ob die von Sueton, Tib. 74, erwähnte Kolossalstatue des *Apollon* von Temenos (einem Stadtteil von Syrakus) mit dem von Plinius genannten Standbild identisch ist, muß dahingestellt bleiben. – *fünfzig Fuß* = 14,8 m. – *Sp. Carvilius* Maximus: cos. 293 v. Chr.; besiegte die *Samniten,* von denen er mehrere Städte eroberte; s. Livius X 39 f.; F. Münzer, S. 354 f. Aus der Beute ließ er einen Tempel der Fors Fortuna errichten; Livius, l. c. 46, 14. Über die *Jupiterstatue* und *seine eigene Statue* ist nichts Näheres bekannt. – *Iuppiter Latiaris:*

das Heiligtum der Römer und Latiner auf dem Mons Albanus (h. Monte Cavo), ca. 25 km östl. von Rom.

44 *P.* Cornelius *Lentulus* Spinther: cos. 57 v. Chr.; s. Plinius, nat. hist. 7, 54. – *Chares:* s. § 41. – Über die beiden *Köpfe* (s. Overbeck Nr. 1555) ist nichts Näheres bekannt. – *Pythodikos:* s. § 85.

45 *Zenodoros:* Bildhauer und Toreut, Zeitgenosse des Plinius; RE X A, Sp. 16–18 Nr. 2. – Kult des *Merkur:* s. Caesar, bell. Gall. VI 17, 1. – *Arverner:* ein mächtiges Volk in Gallia Celtica (h. Auvergne); Plinius, nat. hist. 4, 109. – *40 000 000 Sesterzen* = ca. 8 Millionen Goldmark (die Zahl ist fraglich). – Über die *Statue des Merkur:* s. Overbeck Nr. 2273; s. ferner P. P. Bober. – *Standbild des Nero* von *119,5 Fuß Höhe* (= 35,3 m); Sueton, Nero 31, nennt 120 Fuß (= 35,5 m); Overbeck Nr. 2274. Das Standbild wurde vielfach verändert; Vespasian stellte es 75 n. Chr. wieder her; s. Sueton, Vespasian 18; Overbeck Nr. 2275. 2276; s. ferner Martial, epigr. I 70, 7:

Nec te detineat miri radiata colossi
  Quae Rhodium moles vincere gaudet opus.
Halt dich nicht auf bei der strahlenden Macht des riesgen Kolosses,
  der das rhodische Werk noch voller Stolz überragt.

Und über Neros Palast, ep. 2, 1:

Hic ubi sidereus propius videt astra colossus...
Hier, wo der Sonnenkoloß zu den Sternen so nahe emporblickt... (R. Helm)

Das später *der Verehrung* des Sonnengottes *Sol* geweihte Standbild war offenbar mit einem Strahlenkranz versehen.

46 *Stäbchen:* es ist nicht ganz klar, ob Plinius hier die Röhren zur Kernentlüftung beim Erzguß oder die Stäbchen im Tonmodell meint; s. dazu RE X A, Sp. 17 f. Offenbar gelang es Zenodoros nicht, eine Mischung aus Bronze und Edelmetall (aes Corinthium) herzustellen, obwohl *Nero* ge-

nügend *Gold und Silber* zur Verfügung stellte. Einzelheiten s. auch RE VI Sp. 607–612 s. v. Erzguß; H. Blümner, II 116 ff.; J. M. Toynbee.

47 *Dubius Avitus* (eigentlich Duvius): Legat in Germania inferior, 57/58 n. Chr. Seine Tätigkeit in der *Provinz Aquitanien* fällt in das Jahr 54 n. Chr.; s. J. Klein. – *Arverner:* s. § 45. – *Kalamis:* Es ist nicht ganz sicher, welcher Künstler hier gemeint ist; s. Plinius, nat. hist. 33, 156; 36, 36. – *Germanicus Caesar* (15 v.–19. n. Chr.): Sohn des Drusus Germanicus, eines Bruders des Kaisers Tiberius. – *Cassius Salanus:* ein Freund Ovids, der ihn als Dichter und Redner rühmt (ex Ponto II 5).

48 *Der Redner Hortensius* (140–50 v. Chr.; cos. 69 v. Chr.): berühmter Redner und Zeitgenosse Ciceros, Inhaber verschiedener Staatsämter. – *Verres* (ca. 115–43 v. Chr.) hatte die Statthalterschaft von Sizilien inne, wo er sich durch den Raub von Kunstschätzen (z. B. einer *Sphinx*) rücksichtslos bereicherte. In dem gegen ihn angestrengten Prozeß übernahm *Hortensius* seine Verteidigung, und zwar gegen *Cicero*, jedoch mit geringem Erfolg. Verres ging nach Massilia ins Exil. Die Anekdote erzählen auch Plutarch, Cicero 7, 5; apophth. Cic. 11 und Quintilian, inst. or. VI 3, 98; s. ferner F. Münzer, S. 101. 366. Quintilian stimmt hinsichtlich des Materials mit Plinius überein, während Plutarch sagt, die Sphinx sei aus Elfenbein bzw. Silber gewesen. Das Fabelwesen *Sphinx* – Löwenleib mit Menschenkopf – steht in der griechischen Mythologie in enger Beziehung zur Lösung von *Rätseln* (vgl. die Ödipussage). – Über die *Amazone des Kaisers Nero*, ein Werk des Strongylion, s. § 82. – *Konsular C. Cestius:* cos. 35 n. Chr.; s. Plinius, nat. hist. 10, 124; Tacitus, Ann. VI 31. – *Tempel des Mars Ultor* (»Mars als Rächer«): im VIII. Bezirk der Stadt Rom auf dem Forum Augusti. – *Regia:* die Königsburg des Numa beim Vestatempel, ebenfalls im VIII. Bezirk. Sie diente später religiösen

Zwecken. Zum Ganzen s. a. F. Münzer, S. 400; W. Fröhner.
49 *83. Olympiade* = 448–445 v. Chr. – *Pheidias** aus Athen: wohl der berühmteste klassische Bildhauer, dessen Haupttätigkeit in die Jahre 460–430 v. Chr. fällt, so daß die Angabe des Plinius über seine *Blütezeit* (ca. 454 v. Chr.) zutrifft. Seine bedeutendsten Werke waren der *Zeus von Olympia* (s. Plinius, nat. hist. 36, 18) und die Athene Parthénos. – *Alkamenes*:* Bildhauer, als Schüler und Nebenbuhler des *Pheidias* bezeichnet; s. § 72; nat. hist. 36, 16. – *Kritias** (eigentlich Kritios): führender athenischer Bildhauer, meist zusammen mit dem folgenden Künstler *Nesiotes** genannt. Als Hauptwerke gelten die Statuen der Tyrannenmörder Harmodios und Aristogeiton; s. § 85. – *Nesiotes*:* Erzgießer, meist zusammen mit Kritias (s. d.) genannt. – *Hegias** (auch Hegesias?): Bildhauer aus Athen; s. § 78. –
87. Olympiade = 432–429 v. Chr. – *Hagelades** (auch Ageladas): führender Künstler der argivischen Bildhauerschule. Er lebte vom dritten Viertel des 6.Jh.s bis zum zweiten Viertel des 5.Jh.s v. Chr.; s. auch §§ 55. 57. – *Kallon*:* Bildhauer aus Aigina. – *Gorgias** wird als *Lakedaimonier* (Lacon) bezeichnet. Man hat aber auch unter *Lacon* einen eigenen Künstler sehen wollen; s. RE VII, Sp. 1619 Nr. 12 und RE XII Sp. 528 Nr. 7. Er war wohl ein Zeitgenosse des Hagelades und Kallon. –
90. Olympiade = 420–417 v. Chr. – *Polykleitos** aus Argos: Erzgießer und Toreut, etwa 450–410 v. Chr.; s. §§ 49. 53. 55 f. 58. 64. 68. 72; G. Donnay. – *Phradmon** aus Argos: Erzgießer, wohl ein Zeitgenosse des Polykleitos; s. §§ 49. 53. – *Myron** aus Eleutherai (im Nordwesten von Attika): Erzgießer, ebenfalls ein Zeitgenosse des Polykleitos; s. §§ 10. 57 f. 68. 79; Plinius, nat. hist. 36, 32. – *Pythagoras** aus

---

* Nähere Literaturangaben zu den mit * bezeichneten Künstlern s. die Tabelle S. 236 ff.

Rhegion: berühmter Bildhauer des 5. Jh.s v. Chr.; s. §§ 59 f.
68. – *Skopas** aus Paros: Bildhauer und Architekt, der den Neubau des 395 v. Chr. abgebrannten Tempels der Athene zu Tegea leitete. Die Zeitangabe des Plinius (um 420 v. Chr.) trifft also nicht zu; s. § 90; Plinius, nat. hist. 36, 25 f. 30 f. P. Mingazzini unterscheidet vier Bildhauer mit dem Namen Skopas. Der älteste ist der Zeitgenosse des Polykleitos. – *Perellos*:* Erzgießer, nicht näher bekannt. – Zum Ganzen s. W. D. E. Coulson.

50 *Schüler des Polykleitos* (s. § 49). – *Argios*:* nicht näher bekannter Bildhauer (?), s. den nächsten Künstler. – *Asopodoros*:* weitgehend unbekannt. Man hat vermutet, daß der vorher genannte Argios und Asopodoros ein und dieselbe Person seien, also Asopodoros aus Argos. Auch eine Verwechslung mit dem ferner genannten *Athenodoros* ist nicht auszuschließen. – *Alexis*:* Erzgießer, Schüler des Polykleitos. Nähere Angaben fehlen. Der gleichnamige Vater des sikyonischen Bildhauers Kantharos (s. Pausanias, VI 3, 6) kommt aus zeitlichen Gründen nicht in Betracht. – *Aristeides*:* s. § 72; Erzgießer, vielleicht mit dem von Plinius, nat. hist. 35, 98, erwähnten gleichnamigen Maler aus Theben identisch; s. Pausanias, VI 20, 14. – *Phrynon*:* Erzgießer, sonst unbekannt. – *Deinon*:* Erzgießer, ebenfalls nicht näher bekannt. Eine Verwechslung mit dem vorher genannten Phrynon ist nicht auszuschließen, ebensowenig eine Identität mit dem später genannten Erzgießer Deinomenes. – *Athenodoros*:* Erzgießer aus Kleitor (einer Stadt im Norden von Arkadien), Schöpfer von Weihegeschenken für Delphi; s. Pausanias X 4, 8; s. oben bei Asopodoros. – *Demeas* aus Kleitor:* Erzgießer, arbeitete gemeinsam mit dem vorher genannten Athenodoros an Weihegeschenken für Delphi (Statuen der Artemis, des Poseidon und des Lysander, die von den Spartanern nach dem Sieg von Aigospotamoi (405 v. Chr.) über die Athener gestiftet wurden. – *Lykios*, Schüler*

des Myron* (s. § 49, ferner § 79): Er war auch der Sohn des Myron aus Eleutherai, was Plinius offenbar unbekannt war. Über den sicher ebenfalls ausgezeichneten Erzgießer ist nur wenig bekannt. –

95. Olympiade = 400–397 v. Chr. – *Naukydes** (s. § 80) aus Argos: Es ist fraglich, ob es nicht mehrere Erzgießer dieses Namens gegeben hat (s. G. Lippold in RE XVI, Sp. 1966 Nr. 2). – *Deinomenes** (s. oben unter Deinon); § 76: Über diesen Erzgießer ist ebenfalls nur wenig bekannt. – *Kanachos** aus Sikyon: Erzgießer, ebenfalls Schüler des Polykleitos; s. Pausanias, VI 13, 7. Zu unterscheiden ist ein älterer und jüngerer Künstler dieses Namens, s. § 75. Plinius, nat. hist. 36, 42, nennt auch einen Kanachos, der Marmorbilder schuf. – *Patroklos** aus Sikyon (?): Auch bei diesem Erzgießer muß wohl zwischen einem älteren und jüngeren Künstler unterschieden werden. –

102. Olympiade = 372–369 v. Chr. – *Polykles**: Es gibt mehrere Künstler dieses Namens, was die Bestimmung außerordentlich erschwert; s. auch §§ 52. 80. – *Kephisodotos**: s. §§ 51. 87. Auch hier ist zwischen einem älteren und jüngeren Künstler zu unterscheiden. Hier ist wohl der ältere gemeint. – *Leuchares**: s. §§ 10. 79 und Plinius, nat. hist. 36, 30 f. Die Herkunft (Athen?) dieses Künstlers ist nicht sicher; s. K. Schefold. – *Hypatodoros** aus Theben: Erzgießer. –

104. Olympiade = 364–361 v. Chr. – *Praxiteles**: der berühmte athenische Bildhauer und Erzgießer – allerdings gibt es mehrere gleichnamige Künstler. – *Euphranor** aus Korinth: s. § 77; ein sehr vielseitiger Künstler (Erzgießer, Bildhauer und Maler), s. auch Plinius, nat. hist. 35, 128 ff. s. auch W. D. E. Coulson, wonach der Künstler stilistisch zwischen Polykleitos und Lysippos einzuordnen ist. –

107. Olympiade = 352–349 v. Chr. – *Aëtion**: Bildhauer und vor allem Maler; s. Plinius, nat. hist. 35, 78. – *Therimachos**: ebenfalls ein Maler, s. Plinius, nat. hist. 35, 78. (Die

Erläuterungen

beiden zuletzt genannten Künstler sind wohl nur aus Versehen in diese Aufzählung gekommen.) –

51 *113. Olympiade* = 328–325 v. Chr. – *Alexander der Große:* 356–323 v. Chr. – *Lysippos** aus Sikyon: s. §§ 37. 40f. 61ff.; nat. hist. 7, 125. – *Lysistratos*:* Erzgießer, Bruder des Lysippos; s. Plinius, nat. hist. 35, 153. Er soll u. a. als erster Gipsabgüsse vom menschlichen Gesicht gemacht haben. – *Sthennis** aus Olynth (einer Stadt auf der Chalkidike); s. § 90: Er war Mitarbeiter des Leochares, gehörte aber zu den jüngeren Künstlern, da er 287 v. Chr. tätig gewesen ist. – *Euphron*:* unbekannter Künstler. – *Eukles*:* Konjektur aus »fucles«, die aber zu keiner Identifizierung führt. – *Sostratos*:* Sohn des Euphranor, Erzgießer. Nicht zu verwechseln mit dem in § 60 genannten gleichnamigen Künstler, Schüler des Pythagoras aus Rhegion. – *Ion*:* unbekannter Erzgießer. – *Silanion*:* wahrscheinlich aus Athen; s. Pausanias, VI 4,5; 14, 11; s. auch § 81 f. Er schuf u. a. auch ein Bild des Platon. – *Zeuxiades*:* nur wenig bekannter Bronzebildner, *Schüler* des Silanion. Er schuf ein Bild des Redners Hypereides. –

121. Olympiade = 296–293 v. Chr. – *Eutychides*:* vielseitiger Künstler aus Sikyon (Erzbildner, Maler und Bildhauer); s. § 78; Plinius, nat. hist. 35, 140; 36, 34: Er war ein Schüler des Lysippos. – *Euthykrates** aus Sikyon: Sohn des Lysippos; s. §§ 66f. 83. – *Laïppos** (oder besser Daïppos?) aus Sikyon: Sohn und Schüler des Lysippos; s. § 66 und § 87 (Daïppos). – *Kephisodotos*:* Hier ist – im Gegensatz zu dem in § 50 genannten gleichnamigen Künstler – der jüngere Kephisodotos gemeint. Er war Sohn und Schüler des Praxiteles und Bruder des *Timarchos*;* s. Plinius, nat. hist. 36, 24. Die Blütezeit dieser beiden Brüder fällt in die *121. Olympiade.* – *Pyromachos** aus Athen: s. §§ 80. 84, ferner Plinius, nat. hist. 35, 146.

52 *ging die Kunst zurück* (cessavit... ars), *blühte*

152 Erläuterungen

aber... wieder auf (rursus... revixit). Dieser Satz hat die Kunsthistoriker mehrfach beschäftigt. Zunächst ergibt sich eine bedauerliche Lücke zwischen der 121. und der 156. *Olympiade* = 156–153 v. Chr. A. W. Lawrence glaubt, daß ›cessavit ars‹ dahingehend zu verstehen ist, daß im 3. und frühen 2. Jh. nur Bronzestatuen von geringerem Wert geschaffen wurden. Hingegen bringt M. Bieber das Wiederaufleben der Kunst mit einem Erdbeben in Verbindung, nach dem viele Statuen und Tempel wiederhergestellt werden mußten. Der von Plinius nicht erwähnte Damophon spielte dabei eine besondere Rolle für die Entwicklung der römischen Kunst; s. auch M. Bieber, wonach nur die Wiederherstellung beschädigter Statuen durch Damophon und andere eine Verbindung griechischer Klassik mit barocken Elementen der hellenistischen Schule stattfand, was wiederum für die Entwicklung des römischen Klassizismus bedeutungsvoll war (›revixit‹); s. ferner K. Schefold; J. J. Pollit will das Wort »Kunst« (ars) im Sinne einer »theoretischen Kunstbetrachtung« verstehen. – *Antaios**: nicht näher bekannt. – *Kallistratos**: ebenfalls nicht näher bekannt. – *Polykles aus Athen** könnte ein Nachkomme des in § 50 genannten gleichnamigen Künstlers sein; s. auch § 80. – *Kallixenos**: unbekannt, vielleicht identisch mit dem Schriftsteller Kallixeinos von Rhodos. – *Pythokles**: unbekannt. – *Pythias**: ebenfalls unbekannt, vielleicht identisch mit Pytheas aus Argos. – *Timokles**: Sohn des Polykles (s. § 50) und älterer Bruder des Timarchides (s. § 91), mit dem er mehrfach zusammen arbeitete.

53 *Polykleitos**: s. § 49. – *Pheidias**: s. § 49. – *Kresilas** aus Kydonia (einer Stadt auf Kreta; Plinius, nat. hist. 4, 59. 61): s. § 74. – *Kydon**: angeblich ein Erzgießer, über den jedoch nicht viel bekannt ist (s. weiter unten). – *Phradmon**: s. § 49. – Die Erzählung von dem *Wettstreit* der Künstler stammt von dem griechischen Historiker Duris von Samos

Erläuterungen 153

(ca. 340–270 v. Chr.); s. A. Kalkmann. Nach Auffassung von E. Hohl erfolgte die Abstimmung nach dem von Herodot, Hist. VIII 123, gegebenen Vorbild für die Auswahl des Tapfersten. Danach kämen nur drei Bewerber in Frage und Kydon-Phradmon wären zu streichen. Dagegen wendet sich G. Richter mit dem Argument, es sei ein Künstler Kydon nachweisbar. Es muß allerdings gesagt werden, daß die archäologischen Befunde nicht zu dem Bericht des Plinius passen, worauf B. S. Ridgway erneut hingewiesen hat. Der *Wettstreit* der Künstler ist demnach mit mehreren Fragezeichen versehen.

NB! Im folgenden (§§ 54–93) zählt Plinius eine Reihe von Kunstwerken auf. Angesichts der außerordentlich umfangreichen kunsthistorischen Literatur können hier nur allgemeine Hinweise, soweit sie zum Verständnis des Plinius notwendig sind, gegeben werden. Für Einzelfragen muß auf die Spezialliteratur verwiesen werden. Wichtige Hinweise geben RE, Kl. Pauly und »Lexikon der alten Welt«; s. auch die Tabelle der Künstler, S. 236 ff.

54 *Pheidias*:* s. § 49; Plinius, nat. hist. 7, 127; 36, 18; Pausanias, V 10, 2. – Der *Zeus von Olympia* und die *Athene zu Athen* sind die zwei berühmtesten Werke des Pheidias; s. Pausanias, I 24, 5 und 28, 2; Strabo, Geogr. IX 1, 16, p. 396. – *Amazone:* s. § 53. – *Athene... »die Schöne«:* wahrscheinlich die Athene Lemnia auf der Akropolis zu Athen; s. RE XIX Sp. 1930 Nr. 7; s. v. Pheidias. – *Schlüsselträgerin* (kleidúchos): vielleicht eine Athene oder eine Priesterin, die als Wächterin der Burg einen Schlüssel in der Hand trug (s. RE l. c. Sp. 1932 Nr. 20). – *eine weitere Athene:* nicht näher bekannt. – *L. Aemilius Paul(l)us,* der Sieger von Pydna (in Südmakedonien) im 3. Makedonischen Krieg über Perseus, den letzten König von Makedonien, 168 v. Chr.; s. Plinius, nat. hist. 33, 56. Damals wird er die Athenestatue aus Grie-

chenland nach Rom entführt haben. – Die *Fortuna Huiusce Diei* (Glücksgöttin des heutigen Tages) wurde in Rom in zwei *Tempeln* verehrt, und zwar zum Gedächtnis an zwei Siege; s. Cicero, leg. II 28. Der eine Tempel befand sich auf dem Marsfeld, der andere auf dem Palatin. Der letztere ist von Plinius hier gemeint. – *zwei Bildwerke:* unbekannt. – Q. Lutatius *Catulus:* cos. 102 v. Chr., gelobte vor seinem Kampf gegen die Kimbern im Jahre 101 v. Chr. der Fortuna Huiusce Diei den Tempel, der später auf dem Marsfeld errichtet wurde. – *nackte Kolossalstatue:* nicht näher bekannt. – *Toreutik* ist die Kunst der Metallbearbeitung im weitesten Sinne: Treibarbeit, Ziselierung usw.; s. auch Plinius, nat. hist. 33, 127 ff.

55 *Polykleitos* aus Sikyon:* Die Heimat des Polykleitos war jedoch Argos, s. § 49; vielleicht war der Künstler auch Bürger von Sikyon. – *Schüler des Hagelades:* s. § 49. Hier ergeben sich chronologische Schwierigkeiten. Jedenfalls wollte man Polykleitos mit dem großen argivischen Meister Hagelades nennen. Der wirkliche Lehrer des Polykleitos ist unbekannt. – *diadúmenos – doryphóros:* Die beiden Statuen sind als Gegensatz *weichlich – männlich* gedacht. – *100 Talente* = ca. 480 000 Goldmark; s. F. Münzer, S. 272. Nach Lukian, Philops. 18 gehörte der diadúmenos zum Schmuck einer Halle. Zum doryphóros s. Cicero, Brut. 86. 296; or. 2, 5; Quintilian, inst. or. V 12, 21; Plutarch, mor. 820 B. – *Grundregeln der Kunst:* Polykleitos hat u. a. einen *Kanon* verfaßt, worin er offenbar vor allem auf das Verhältnis der Teile im Kunstwerk zueinander einging (im Original nicht erhalten); s. Lukian, salt. 75. Man darf wohl annehmen, daß der doryphóros die dann als *Kanon* bezeichnete Figur darstellte und vom Künstler nicht eine eigene Figur hierfür geschaffen wurde, wie Plinius schreibt; s. R. Carpenter; ferner R. Tobin, der den Kanon des Polykleitos als ein System mathematischer Grundsätze der pythagoreischen

Geometrie zu erklären versucht; s. Diels-Kranz VS 40 A 2. – *einen sich abschabenden Mann:* Gemeint ist wohl ein Ringkämpfer, der sich Öl und Staub abwischt (apoxyómenos). – *einen nackten Mann...:* Der Text bereitet hier Schwierigkeiten. Bei C. Mayhoff und H. Rackham steht: nudum telo incessentem = einen nackten, mit einem Speer angreifenden Mann. Hingegen ist in Handschriften und H. Le Bonniec das Wort ›telo‹ durch ›talo‹ ersetzt = einen nackten Mann, der jemandem ein Bein stellt; s. F. Hauser; O. Benndorf; H. Blümner; H. Le Bonniec, Comm. S. 219 f.; zum Ganzen, auch für die folgenden §§ S. Ferri, ferner RE XXI Sp. 1708 ff. s. v. Polykleitos. – *die mit Knöcheln spielenden Knaben* (astragalízontes) *im Atrium des Kaisers Titus* (39–81, seit 73 n. Chr. Mitregent seines Vaters Vespasian): Das Haus des Titus war wohl ein Teil der Domus Aurea des Nero; s. auch Imhoof-Blumer.

56 *Hermes* (Mercurius): Nähere Angaben über diese Statue fehlen. – *Lysimacheia:* Es gibt mehrere Städte dieses Namens: 1. eine Stadt auf dem Isthmos der thrakischen Chersonnes (s. Pausanias I 9, 9; Plinius, nat. hist. 4, 47); 2. eine Stadt in Aitolien an dem gleichnamigen See; 3. eine Stadt in der Aiolis (nat. hist. 5, 122). – *Herakles:* Die Statue befand sich offenbar z. Zt. des Plinius *in Rom.* – Der *Anführer (hāgētḗr)* hat mit dem vorher genannten Herakles nichts zu tun; s. dazu L. Urlichs; S. Ferri; V. Ussani. – *Artemon, »der Herumgetragene« (periphorētós):* wahrscheinlich der griechische Maschinenbauer aus Klazomenai, Zeitgenosse des Perikles, dem er im Jahre 440/439 v. Chr. bei der Belagerung von Samos wertvolle Dienste leistete; s. Plinius, nat. hist. 7, 201. Nicht zu verwechseln mit dem gleichnamigen Nebenbuhler des Anakreon. Er liebte es offenbar, getragen zu werden, war aber vielleicht auch gelähmt; s. RE II Sp. 1445 f. Nr. 1 und 15 s. v. Artemon. – *Pheidias:* s. §§ 49. 54. – *Statuen auf einem Bein* sind in dem Sinne zu verstehen, daß

das Spielbein wie beim Gehen zurückgebogen ist, aber nicht in der Luft schwebt, während das Standbein die Hauptlast trägt. – *Varro:* s. das Verz. d. Quellenschriftsteller. – *wohlgebaut* (quadrata): Die Statuen des Polykleitos zeigten in den Proportionen offenbar ein Durchschnittsmaß, während bei anderen Künstlern, z. B. Myron, Lysippos, mehrere Typen zu finden sind; s. S. Ferri »Signa quadrata«.

57 *Myron*, zu Eleutherai* (im Nordwesten von Attika) *geboren:* Ob *Hagelades* sein Lehrer war, ist aus zeitlichen Gründen fraglich – immerhin wird er als Mitschüler des Polykleitos bezeichnet. – *Werke: 1. Die Kuh* gehörte zu seinen berühmtesten Werken. Sie stand ursprünglich auf der Akropolis zu Athen (Cicero, Verr. IV 60, 135) und kam später nach Rom. In zahlreichen Epigrammen wurde sie gefeiert; s. Overbeck Nr. 533; 550–591. – 2. *Hund:* nicht näher bekannt. – 3. *Diskuswerfer* (diskobólos): wahrscheinlich zu den Hauptwerken des Myron gehörend; s. Quintilian, inst. or. II 13, 8; Lukian., philops. 18. – 4. *Perseus:* dargestellt nach der Tötung der Medusa; die Statue befand sich auf der Akropolis zu Athen. – 5. *Holzsäger* (prístai): Einzelheiten über dieses Werk sind nicht bekannt; s. G. Loeschke. – 6. *Satyr, der die Flöten bewundert,* und 7. *Athene:* wahrscheinlich eine zusammengehörende Gruppe: Athene schlägt den Marsyas (einen Satyr), der die von ihr weggeworfenen Flöten aufheben will – ein Symbol für die damalige Feindschaft zwischen Athen und Boiotien (457–447 v. Chr.), wo das Flötenspiel in hohem Ansehen stand; s. Pausanias I 24, 1; E. Petersen. – 8. *delphische Fünfkämpfer* und 9. *Pankratiasten* (Gesamtkämpfer): Einzelheiten über diese Werke sind nicht bekannt. – 10. *Herakles:* wahrscheinlich von Cn. Pompeius Magnus (106–48 v. Chr.), den man oft schmeichlerisch mit Herakles verglich (s. Plinius, nat. hist. 7, 95), nach Rom gebracht und in dem von ihm erbauten (oder wiederhergestellten?) *Tempel beim Cir-*

Erläuterungen 157

cus maximus (beim Forum Boarium im XI. Bezirk) aufgestellt. – 11. *Denkmal für eine Grille und eine Heuschrecke:* Die griechische Dichterin *Erinna* lebte im 4. Jh. v. Chr. Wahrscheinlich hat Plinius ein Gedicht der Anyte (um 300 v. Chr.) mißverstanden (s. Anthol. Pal. VII 190), worin ein Mädchen Myro ein Grabmal für eine Grille und für eine Heuschrecke errichtet. Weitere Einzelheiten sind unbekannt.

58 12. *Apollon* in Ephesos (in Ionien, Plinius, nat. hist. 5, 114 ff.): vom *Triumvir Antonius* (ca. 82–30 v. Chr.) im Jahre 32 v. Chr. entführte Kolossalstatue, die der *Divus Augustus* aufgrund eines *Traumes* wieder zurückgab; s. auch Vitruv, arch. X 2, 13. – Die folgenden Ausführungen über Myrons Kunststil basieren auf Varro bzw. Xenokrates. Myron hat gegenüber *Polykleitos* viele verschiedenartige Gestalten geschaffen, zeigte größere *Harmonie* und war *sorgfältiger im Ebenmaß*, gab aber die *Empfindungen der Seele* nicht wieder. Auch die Behandlung des *Haares* war unvollkommen; s. S. Ferri; J. J. Pollitt.

59 *Pythagoras** aus Rhegion (h. Reggio di Calabria), einer griechischen Kolonie in Unteritalien; Plinius, nat. hist. 3,43: bedeutender Bildhauer des 5. Jh.s v. Chr. – Werke: 1. *Pankratiast zu Delphi*, mit dem Pythagoras den Myron überwand; nicht näher bekannt. – 2. *Leontiskos*, ein Werk, das Pythagoras mit seinem Pankratiasten noch übertraf, stellte einen Ringkämpfer aus Messana in Sizilien dar (Pausanias VI 4,3), der in den Olympiaden 81 und 82 (456 bzw. 452 v. Chr.) siegte. Aus Mißverständnis hat man ihn als Rivalen des Pythagoras bezeichnet; s. RE XII Sp. 2051 f. Nr. 2 und 4. – 3. Der *Wettläufer Astylos* siegte in den Olympiaden 73, 74 und 75 (488, 484 und 480 v. Chr.); s. Pausanias, VI 13, 1; RE II Sp. 1869 Nr. 3. – 4. *ein Libyer:* Gemeint ist wohl der Wettkämpfer Mnaseas aus Kyrene, mit dem Beinamen Libys; s. Pausanias, VI 13, 7; 18, 1; RE XV Sp. 2249 f. Nr. 2. – 5. *ein Knabe* mit einer *Tafel* und 6. *ein nackter (Mann)* mit

158   Erläuterungen

Äpfeln: Über diese beiden Werke ist wiederum nichts Näheres bekannt. – 7. *ein Hinkender zu Syrakus:* Bereits Lessing hat in seinem »Laokoon« in dieser Statue den durch einen Schlangenbiß verwundeten Bogenschützen Philoktet sehen wollen, was jedoch nicht erwiesen ist; s. Overbeck Nr. 505. – 8. *Apollon und die ⟨Python-⟩schlange:* Auf Münzen von Kroton in Unteritalien hat man Darstellungen von Apollon, der den Drachen Python durch Pfeilschüsse tötet, gefunden. Es ist aber fraglich, ob hier eine Verbindung zum Werk des Pythagoras besteht. – 9. *der Kitharaspieler, Dikaios* (der Gerechte) *genannt:* Er hieß Kleon der Gerechte (s. Athenaios I 34 p. 19 b–c), weil, nach Polemon, ein Thebaner nach der Zerstörung der Stadt durch Alexander d. Gr. (335 v. Chr.) sein in dieser Statue verstecktes Gold wieder fand.

60 *Pythagoras* aus Samos* (s. auch Plinius, nat. hist. 5, 135 f.): Bildhauer, soll ursprünglich auch Maler gewesen sein, wie Pheidias und Mikon. Die Vermutung, der vorher genannte Pythagoras von Rhegion sei mit Pythagoras von Samos identisch, trifft nicht zu; s. auch Diog. Laert. VIII 47. – Werke: 1. *sieben nackte Standbilder.* – 2. *ein alter Mann* – beide beim *Tempel der Fortuna Huiusce Diei* (s. § 54). Es ist nicht auszuschließen, daß das eine oder andere Werk des Pythagoras von Rhegion mit Pythagoras von Samos in Verbindung steht. Über beide Künstler und über ihren Kunststil ist sehr wenig bekannt. – *Sostratos** aus Chios: Erzgießer um 450 v. Chr., wahrscheinlich von Plinius hier gemeint; genauere Angaben fehlen. Er darf nicht verwechselt werden mit dem in § 51 genannten gleichnamigen Künstler.

61 *Duris:* s. Verz. der Quellenschriftsteller. – *Lysippos* aus Sikyon:* s. §§ 37. 40 f. Die Bemerkung des Duris über den Werdegang des *Lysippos* darf nicht allzu ernst genommen werden und ist wohl nur eine Anekdote. – *Eupompos*:* ein Maler, s. Plinius, nat. hist. 35, 64. 75. Zum Ganzen: s. J. Bialostocki.

Erläuterungen 159

62 Werke des *Lysippos** (von Plinius erwähnt): 1. *ein sich abschabender Mann* (apoxyómenos), von *M. Vipsanius Agrippa* (63–12 v. Chr.), einem vertrauten Freund des Augustus und erfolgreichen Feldherrn, vor seinen *Thermen* auf dem Marsfeld in der Nähe des Pantheons (im IX. Bezirk) aufgestellt. *Kaiser Tiberius* (reg. 14–37 n. Chr.) – Zum Bericht des Plinius s. G. Oehmichen S. 123 Nr. 14; F. Münzer, S. 400; G. Kleiner.

63 2. *eine trunkene Flötenspielerin:* Vielleicht war die ebenfalls aus Sikyon stammende Dichterin von Trinkliedern Praxilla, die etwa 100 Jahre vor Lysippos gelebt hat, dargestellt; s. Overbeck Nr. 1494. – 3. *Hunde* und 4. *Jagd* – wahrscheinlich eine zusammengehörende Gruppe (s. auch § 64 *die Jagd Alexanders*). – 5. *Viergespann mit dem Sonnengott* (Helios) *der Rhodier,* nach Plinius das bedeutendste Werk des Lysippos. Vielleicht steht das Viergespann mit dem »Goldenen Wagen«, den die Rhodier nach Delphi gestiftet haben, in Verbindung. – 6. *Bildwerke von Alexander dem Großen,* der sogar einen Befehl erlassen haben soll, daß ihn niemand außer Lysippos, Apelles und Pyrgoteles darstellen dürfe; s. Plinius, nat. hist. 7, 125. Dazu gehört auch das Standbild, das Nero (54–68 n. Chr.) *vergolden ließ;* Schriftquellen über die Alexanderporträts s. Overbeck Nr. 1479–1484. Über die Darstellung Alexanders in seiner *Kindheit* ist nichts Näheres bekannt.

64 7. *Hephaistion* aus Pella: gleichaltriger Jugendfreund Alexanders d. Gr., der seinen Tod (324 v. Chr.) tief betrauerte. Die Statue wurde wahrscheinlich im Auftrag Alexanders ausgeführt. Plinius nennt nur den älteren *Polykleitos* (s. § 49), dem er diese Statue abspricht, die vielleicht dem jüngeren gleichnamigen Künstler zuzuschreiben wäre. – 8. *die Jagd Alexanders, zu Delphi geweiht:* Es handelt sich um eine Löwenjagd, die Lysippos gemeinsam mit Leochares geschaffen hat; s. Plutarch, Alex. 40. Die Gruppe wurde von Krate-

ros, der an einer Löwenjagd Alexanders in Syrien teilgenommen hatte, nach Delphi gestiftet. Aus einem Weiheepigramm geht hervor, daß die Gruppe erst nach dem Tod von Krateros (321 v. Chr.) geweiht wurde. – 9. *ein Satyr in Athen*, nicht näher bekannt. – 10. *dem Stab Alexanders*, wahrscheinlich die bei der Schlacht am Granikos (in Kleinasien) im Jahre 334 v. Chr. gefallenen Offiziere, deren Zahl (25?) verschieden angegeben wird; s. Arrian, Anab. I 16, 7; Aristobulos in Plutarch, Alex. 40.16; Iustin. XI 6, 13. Q. Caecilius *Metellus* Macedonicus: s. § 31; er brachte *nach der Unterwerfung Makedoniens* (148 v. Chr.) die Statue nach Rom und stellte sie in seiner Porticus auf dem Marsfeld, der späteren Porticus Octaviae (s. § 31) auf. Die Porträtähnlichkeit der Statuen wird mit Recht bezweifelt; s. Velleius Paterc. I 11, 3. – 11. *Viergespanne:* nicht näher bekannt, wahrscheinlich von Siegern im Wagenrennen.

65 *Für die Bildhauerkunst...:* Plinius würdigt hier die Verdienste des Lysippos um die Plastik, die dieser zur Vollendung geführt hat, und zwar in ähnlicher Weise, wie dies bereits bei Myron (§ 58) und Pythagoras (§ 59) geschehen ist. Lysippos scheint nicht wie Polykleitos über Kunst geschrieben zu haben. Plinius hatte als Quellenschriftsteller wiederum Varro, der seinerseits auf Xenokrates, einen Schüler des Lysippos, zurückging. Anstelle der quadratae staturae (s. § 56), die ein Durchschnittsmaß verkörperten, schuf er feinere Proportionen, ohne dabei die Verdienste der *Alten* zu schmälern, von denen er gerne lernte; s. Varro, ling. lat. IX 18. – *...gewöhnlich sagte...:* s. Quintilian, inst. or. XII 10, 9, ferner S. Ferri; B. S. Ridgway; R. G. Austin. – Zur *Symmetrie* s. P. Moreno.

66 *Laïppos*:* s. §§ 51. 87. – *Boëdas*:* s. § 73. – *Euthykrates*:* s. § 51. Das Urteil über den Kunststil des Euthykrates (constantia: *Regelmäßigkeit;* elegantia: *Feinheit*) stammt wohl wieder aus Xenokrates. – Von Plinius erwähnte

Erläuterungen 161

Werke: 1. *Herakles zu Delphi:* nicht näher bekannt. – 2. *Alexander als Jäger zu Thespiai* (einer alten Stadt in Boiotien): Dieses Werk erinnert an den Jagdzug Alexanders, den Lysippos, Vater des Euthykrates, geschaffen hatte; s. § 64 Nr. 8 – 3. *Reiterkampf:* Auch dieses Werk erinnert an den Stab *Alexanders* von Lysippos; s. § 64 Nr. 10. – 4. *Statue des Trophonios bei dessen Orakel:* Trophonios war eine alte Gottheit Boiotiens, in deren Höhle bei Lebadeia mit besonderen Riten *Orakel* gegeben wurden; s. Pausanias IX 39, 4. Einzelheiten über die Statue sind nicht bekannt. – 5. *mehrere Viergespanne:* nicht näher bekannte Werke. – 6. *ein Pferd mit Körben* (cum fiscinis). – 7. *Jagdhunde:* Vielleicht gehörten das Pferd und die Hunde zu einer Jagdgruppe Alexanders (Nr. 2)?

67 *Teisikrates* aus Sikyon:* Sohn des Thoinias; s. §§ 83. 89. Werke: 1. *ein thebanischer Greis:* unbekanntes Werk, vielleicht ein Porträt oder eine mythische Persönlichkeit? – 2. *König Demetrios* I. Poliorketes (»der Städtebelagerer«): Er nahm nach seinem Seesieg über Ptolemaios I. den Königstitel an (307/6 v. Chr.). In einer Herme von Herculaneum glaubt man eine Kopie dieses Porträts zu sehen (Einzelheiten s. RE V A Sp. 149 f.) – 3. *Peukestes, der Retter Alexanders d. Gr.:* Peukestes, ein vornehmer Makedone, rettete im Jahre 326 v. Chr. Alexander das Leben beim Übersteigen der Mauer einer Stadt im Pandschab, indem er den heiligen Schild aus dem Athenetempel von Ilion über den verwundeten König hielt; s. Arrian, anab. VI 10, 1 f.; Diod. XVII 99, 4; Plutarch, Alex. 63; Curtius, Hist. IX 5, 14 ff.

68 *Die Künstler...:* wahrscheinlich Xenokrates und Antigonos. – *Telephanes* aus Phokaia:* weitgehend unbekannter Künstler. Phokaia ist eine in Ionien liegende Seestadt. In Betracht gezogen wurde aber auch Phokis, eine Landschaft in Mittelgriechenland. – *Polykleitos, Myron und Pythagoras:*

162   Erläuterungen

s. § 49. – Werke des Telephanes: 1. *Larisa* (auch Larissa): bedeutende Stadt Thessaliens in der Landschaft Pelasgiotis. Pelasgos war der Sage nach ein Sohn des Poseidon und der Larisa. Er kam aus der Peloponnes nach Thessalien. Nach seiner Tochter Larisa wurden mehrere Städte benannt; s. E. Langlotz. – 2. *Fünfkämpfer Spintharos* (s. auch § 57 Nr. 7): unbekannt. – 3. *Apollon:* ebenfalls unbekanntes Werk. – *Könige Xerxes und Dareios:* Gemeint sind wohl Dareios I. (522–486 v. Chr.) und sein Sohn Xerxes I. (485–465 v. Chr.). Die Bemerkung des Plinius, daß die Werke des Telephanes *unbekannt geblieben* sind, kann vielleicht damit zusammenhängen, daß dieser für die Perserkönige, also für die Landesfeinde, arbeitete und deshalb ignoriert wurde.

69 *Praxiteles*:* s. § 50. Plinius nennt folgende *Werke:* 1. *Raub der Persephone* (Proserpina), Tochter des Zeus und Gemahlin des Hades. Das nicht näher bekannte Werk stand wohl in Athen. – 2. *Katágūsa* (»die Hinabführende«): Demeter, die Persephone zu Hades führt; eine andere Deutung (s. RE XXII Sp. 1802 Nr. 61) lautet »die Spinnende«. Es müßte sich dann um eine der drei Moiren oder um ein Porträt handeln. – 3. *Dionysos* (Vater Liber) gehörte wahrscheinlich mit 4. der personifizierten *Trunkenheit* und 5. dem *Satyr peribóētos* (»der Berühmte«) zu einer Gruppe. Das Wort peribóētos kann aber auch im Sinne von »berüchtigt« verstanden werden, da die Gruppe vielleicht einen lasziven Charakter hatte (s. RE l. c. Sp. 1793 Nr. 21. 22). – 6. *Bildwerke vor dem Tempel der Felicitas:* unbekannt. Der Tempel der Felicitas, der Göttin des glücklichen Gelingens, stand am Velabrum westl. des Palatin (von L. Licinius Lucullus 146 v. Chr. geweiht, von L. Mummius mit griechischen Kunstwerken bereichert). Caesar begann an der Stelle der abgerissenen Curia Hostilia einen weiteren Tempel der Felicitas. – 7. *Aphrodite* (Venus), die beim *Brand des Tempels* unter *Claudius* (41–54 n. Chr.) zugrunde ging und der

weltberühmten *Aphrodite aus Marmor* gleichkam: gemeint ist das bedeutendste Werk des Praxiteles, die Aphrodite von Knidos; s. Plinius, nat. hist. 7, 127; 36, 20f.

70   8. *Kranzwinderin (stephanúsa):* unbekannt; vielleicht eine Nike, die einen Kranz hält? – 9. *pseliuménē:* eine Frau, die einen Armreif anlegt, vielleicht eine Göttin (Aphrodite?); s. Tatian, ad Graec. 56 p. 122. – 10. *Opora:* Göttin des Erntesegens, vor allem der Weinernte. Über die Statue ist nichts weiteres bekannt. – 11. *die Tyrannenmörder Harmodios und Aristogeiton:* s. § 17. Diese Gruppe stammt nicht von Praxiteles, sondern von einem von Plinius nicht genannten athenischen Bildhauer und Erzgießer Antenor aus der 2. Hälfte des 6. Jh.s v. Chr. Sie wurde von *Xerxes* 480 v. Chr. entführt und später von *Alexander d. Gr.* oder einem seiner Nachfolger den Athenern zurückgegeben; s. Gallet de Santerre und H. Le Bonniec; H. Rackham, Vol. IX, Anm. S. 256f. – 12. *Apollon... Eidechsentöter (sauroktónos):* vgl. Martial, epigr. XIV 172:

Ad te reptanti, puer insidiose, lacertae
   parce: cupit digitis illa perire tuis.

Schone, du listiger Knabe, die zu dir kriecht, die Lazerte;
   grade von deiner Hand wünscht sie sich selber den Tod.
                                                                 (R. Helm)

Der Standort dieser Statue, die Apollon als Knaben darstellt, ist unbekannt. Es gibt zahlreiche Nachbildungen. – 13. und 14. *Zwei Bildwerke... eine weinende Frau und eine sich freuende Hetäre,* die man für *Phryne,* Modell und Geliebte des Praxiteles, hielt. Plinius erwähnt jedoch nicht die berühmten Statuen der Phryne zu Thespiai und Delphi; s. Overbeck Nr. 1246. 1251. 1269ff.

71   *Kalamis*:* Bildhauer, dessen Pferdebilder besonders berühmt waren; s. Properz III 9, 10; Ovid, Pont. IV 1, 33. Er lebte im 5. Jh. v. Chr. und muß von dem in § 47 genannten caelator unterschieden werden; s. auch Plinius, nat. hist.

33, 156; 36, 36; RE X Sp. 1532–1536 Nr. 1. – *andere Vier- und Zweigespanne:* Pausanias, VI 12, 1, berichtet von einem Bronzebildwerk, an dem Kalamis die Pferde, Onatas den Wagen verfertigte. – *Alkmene:* die Mutter des Herakles. Da der Text (Alcumena?) verdorben ist, sind alle Deutungsversuche fragwürdig.

72 Plinius beginnt im folgenden mit der Liste der Künstler, meist in alphabetischer Reihenfolge.

Alkamenes*, Schüler des Pheidias: s. § 49. – *Marmorbildwerke:* s. Plinius, nat. hist. 36, 16 f. – Siegerstatue eines *Fünfkämpfers, der enkrīnómenos* (»der unter die Zahl der Athleten Aufgenommene«) genannt wird. Diese Bezeichnung kann sich auf den Fünfkämpfer selbst, aber auch auf die Statue beziehen; s. W. Klein. – *Aristeides*, Schüler des Polykleitos:* s. § 50. Über seine *Vier- und Zweigespanne* ist nichts Näheres bekannt. – *Amphikrates*:* Die Anekdote über das Bild der *Leaina* (»Löwin«) wird auch von anderen Autoren berichtet: Pausanias I 23, 1 f. Polyaen., strat. VIII 45; s. auch Plinius, nat. hist. 7, 87; F. Münzer, S. 116. – *Harmodios und Aristogeiton:* s. § 17.

73 *Bryaxis*:* s. § 42. Der Künstler war auch beteiligt an der Ausschmückung des Mausoleums von Halikarnassos; s. Plinius, nat. hist. 36, 22. 30 f. Außer den bereits genannten fünf Kolossen (1.) schuf er nach Plinius noch 2. einen *Asklepios* und 3. einen *Seleukos:* Gemeint ist Seleukos I. Nikator (358/354–281 v. Chr.), der am Alexanderzug nach Asien beteiligt war und später große Teile Kleinasiens beherrschte. Bei dem Bild des Asklepios (2.) könnte es sich um die von Pausanias, I 40, 6, erwähnte Götterstatue zu Megara handeln. – *Boëdas:* s. § 66. Er war der Sohn und der Schüler des Lysippos. Als einziges Werk von ihm nennt Plinius *einen Betenden.* Ob der von Vitruv, arch. III praef. 2, genannte Boëdas mit unserem Künstler identisch ist, kann nicht mit Sicherheit gesagt werden. – *Baton*:* aus Herakleia s. auch

§ 91, in Attika tätig, wahrscheinlich Ende des 3. Jh.s v. Chr. Plinius nennt folgende Werke: 1. *Apollon;* 2. *Hera* (Iuno): beide Werke sind unbekannt; sie befanden sich zu *Rom im Tempel der Concordia* (»Eintracht«), der 367 v. Chr. von Camillus nach Beendigung des Kampfes zwischen Patriziern und Plebejern auf dem Forum erbaut worden war. Zahlreiche Kunstwerke schmückten ihn.

74 *Kresilas** aus Kydonia: s. § 53. Werke: 1. ein *Verwundeter.* Nach Pausanias, I 23, 3, befand sich auf der Akropolis eine eherne Statue Dieitréphēs, die mit diesem Bild in Verbindung gebracht wird. Über die Problematik dieser Zuschreibung s. RE XI Sp. 1715 s. v. Kresilas. – 2. *der »Olympier« Perikles* (495/490–429 v. Chr.); vgl. Pausanias I 25, 1; 28, 2; Val. Max. V 10. Das Bild wird in die Zeit um 430 v. Chr. datiert; s. A. Raubitschek. – *Kephisodoros*:* Es gibt mehrere Künstler mit diesem Namen; nicht zu verwechseln mit Kephisodotos, s. § 50. 51. Hier ist der Erzgießer gemeint, dessen Werke sich im *Hafen der Athener* (Peiraieús) befanden und von Pausanias, I 1, 3, erwähnt werden: 1. *eine wunderbare Athene* (Minerva mirabilis) und 2. *ein Altar beim Tempel des Zeus Sōtḗr* (Iuppiter Servator); s. RE XI Sp. 229 Nr. 8.

75 *Kanachos*:* s. § 50. Werke: 1. *Apollon Philḗsios* (»*der Liebenswürdige«*) *im Tempel zu Didyma* (Heiligtum südlich von Milet in Kleinasien; s. Plinius, nat. hist. 5, 112). Das aus *aiginetischer Bronze* (s. § 8 f.) gefertigte Werk muß vor 494 v. Chr. entstanden sein; s. Pausanias, II 10, 4; VIII 46, 3; IX 10, 2. Zu dem Bild gehörte noch ein *Hirsch,* der offenbar bewegt werden konnte, wobei aber nicht zu ersehen ist, wie der Mechanismus im einzelnen beschaffen war; s. E. Petersen; R. Ghirshman. – 2. *auf Pferden reitende Knaben:* unbekanntes, nicht zu lokalisierendes Werk. – *Chaireas*:* wohl ein Zeitgenosse *Alexanders d. Gr.* (356–323 v. Chr.) und seines *Vaters Philippos* II. (ca. 382–336 v. Chr.), deren Sta-

tuen er verfertigte. Über den Künstler fehlen weitere Nachrichten. – *Ktesilaos** (nicht zu verwechseln mit Kresilas, s. §§ 53. 74): unbekannter Künstler, der 1. einen *Speerträger* (doryphóros) und 2. eine *verwundete Amazone* schuf.

76 *Demetrios*:* attischer Erzgießer aus Alopeke (5./4. Jh. v. Chr.). Werke: 1. *Lysimache,* langjährige *Priesterin der Athene* (Minerva). – 2. *Athena myctica* (myktiké): Die Gorgonen haben nach der Fabel Schlangenhaare. Perseus schlägt der Gorgone Medusa das Haupt ab, schenkt es der Athene, die es dann in ihrem Schild führt. Es ist unbekannt, wie das Bild des Demetrios im einzelnen beschaffen war, ebenso ist das Wort *myctica* (»die Stöhnende«, oder musica?) nicht mit Sicherheit zu deuten. – *Reiter Simon:* ein attischer Tierarzt und zugleich ältester griechischer Prosaschriftsteller (5. Jh.); s. RE III A, Sp. 180 Nr. 16. Über das Bronzeporträt ist nichts Näheres bekannt. – *Daidalos** aus Sikyon: Sohn und Schüler des Patroklos (s. auch § 50) und vielleicht Enkel des berühmten Polykleitos (s. § 49). Er lebte im 4. Jh. v. Chr. Bei seinem Werk – *zwei Knaben, die sich abreiben* – handelt es sich wahrscheinlich um Sieger in einem Wettkampf. Einzelheiten sind unbekannt. – *Deinomenes*:* s. § 50. – *Protesilaos:* griechischer Heros, der 40 Schiffe gegen Troja führt, als erster ans Land springt und dabei von Hektor getötet wird (Homer, Il. 2, 695 ff.). Über den Standort dieser Statue ist nichts bekannt. – *Pythodemos:* ein Ringkämpfer, unbekannt. – W. Fröhner.

77 *Euphranor*:* s. § 50, ferner Plinius, nat. hist. 35, 128 f. Werke: 1. *Alexander Paris:* Sohn des Priamos und der Hekabe. Aufgrund eines Traumes seiner Mutter wird er auf dem Berg Ida ausgesetzt, wo ihn drei *Göttinnen* (Hera-Iuno, Athene-Minerva, Aphrodite-Venus) besuchen: Er soll sich für die Schönste entscheiden und wählt Aphrodite, mit deren Hilfe er *Helena,* die Frau des Menelaos, entführt und dadurch den trojanischen Krieg entfacht. Bei der Belagerung

Erläuterungen 167

Trojas tötet ein Pfeil des Paris den *Achilleus;* s. U. Jantzen. – 2. *Athene* (Minerva): von Q. *Lutatius* Catulus, cos. 78 v. Chr., *unterhalb* der südlichen Kuppe *des Kapitols* aufgestellt und *Minerva Catuliana* genannt. – 3. *Statue des Bonus Eventus:* wahrscheinlich auf diesen Namen (»Statue des guten Erfolgs«) umbenannter griechischer Gott, vielleicht Triptolemos (»Dreimalpflüger«), der von Demeter *Ähren* erhält, deren Körner er auf der ganzen Erde zur Aussaat bringen soll; s. Ovid, Met. 5, 645 ff. – 4. *Leto* (Latona) im *Concordia-Tempel* (am Abhang des Kapitols in Rom; s. § 73) mit ihren göttlichen, von Zeus empfangenen Zwillingen *Apollon* und *Artemis* (Diana).

78   5. *Vier- und Zweigespanne:* vgl. § 71. – 6. *Schlüsselträger (kleidúchos):* s. die Statue des Pheidias § 54. – 7. *Areté* (Virtus – Mannhaftigkeit) und 8. *Hellás* (Graecia), eine Personifikation Griechenlands. Von beiden *Kolossalstatuen* ist nichts Näheres bekannt. – 9. *eine bewundernde und anbetende Frau:* ebenfalls nicht näher bekannt. – 10. *Alexander und Philippos auf Viergespannen:* unbekannt; vgl. § 75 Chaireas. – *Eutychides*:* s. § 51. Er schuf eine Personifikation des Flusses *Eurotas* (in Lakonien; s. Plinius, nat. hist. 4, 16). – *Hegias*:* s. § 49. Bei diesem Künstler ergeben sich erhebliche chronologische Schwierigkeiten; wahrscheinlich liegt auch ein Irrtum des Plinius vor, so daß als 1. Werk nicht eine *Athene* und ein *König Pyrrhos* von Epeiros in Betracht kommt, sondern daß es (s. § 80) richtig heißen muß: Pyrrhos schuf eine Hygíeia und eine Athene. Hegias könnte auch mit dem von Quintilian, inst. or. XII 10, 7, genannten Künstler Hegesias identisch sein. Zum ganzen Fragenkomplex s. RE l. c. – 2. *reitende Knaben (kelētízontes):* ähnlich wie die von Kanachos (§ 75) geschaffenen. – 3. *Kastor* (Castor) *und Polydeukes* (Pollux) – die Dioskuren – vor dem Tempel des *Iuppiter Tonans* (im VIII. Bezirk von Rom), von Augustus im Jahre 22 v. Chr. erbaut; s. § 10. – *Hagesias*:* wahrschein-

lich identisch mit dem vorher genannten Hegias (= Hagesias oder Hegesias). Die Statue des *Herakles* ist unbekannt. – *Koloniestadt Parion* (h. Kemér) an der Propontis-Küste Mysiens: s. Plinius, nat. hist. 5, 141. – *Isidotos*:* Erzgießer unbestimmter Zeit, auch sein *Mann, der ein Rind opfert (būthýtēs),* ist unbekannt.

79 *Lykios*,* Schüler des Myron: s. § 50. Werke: 1. *ein Feuer anblasender Knabe* und 2. (s. weiter unten) *ein Räucherwerk verbrennender Knabe.* Es ist möglich, daß es sich bei diesen beiden Statuen um dasselbe Werk handelt, nur nach verschiedenen Quellen zitiert. – 3. *die Argonauten:* unbekannte Gruppe. – *Leochares*:* s. § 50. Werke: 1. *Adler... mit Ganymedes:* Zeus (vielleicht in Gestalt eines Adlers? s. Ovid, Met. X 155 ff.) raubt Ganymedes, den Sohn des Tros, eines Königs von Ilion, wegen seiner außerordentlichen Schönheit und macht ihn zum Mundschenk der Götter im Olymp. Näheres ist über dieses berühmte Bildwerk des Leochares nicht bekannt; s. auch Martial, epigr. I 6. – 2. *Autolykos:* ein schöner Knabe, Liebling des reichen Kallias, der nach dem Siege des Jungen im Allkampf bei den Panathenäen im Jahre 422 v. Chr. ein Festmahl veranstaltete, das von *Xenophon* in seinem *Gastmahl* (Symposion) beschrieben wird; s. Xenophon, Symp. 1 ff.; zur Statue (ohne Nennung des Künstlernamens) s. Pausanias I 18, 3; IX 32, 8. – 3. eine auf dem *Kapitol* befindliche Statue des *Iuppiter Tonans* (s. § 10), nach Plinius das bedeutendste Werk des Leochares; s. F. Münzer, S. 285, Anm. 1. – 4. *mit einer Kopfbinde geschmückter Apollon* (Apollo diadematus): Nach Pausanias, I 3, 4, stand ein Apollon vor dem Tempel des Apollōn patróos zu Athen, der wahrscheinlich hier gemeint ist. Eine weitere Apollonstatue, jedoch ohne Künstlernamen, in Athen erwähnt Pausanias, I 8, 4. – 5. *den Sklavenhändler Lykiskos:* Über die hier bestehenden Textschwierigkeiten vgl. H. Gallet de Santerre und H. Le Bonniec B) – *Lykios*:* s. oben.

Erläuterungen 169

80 *Menaichmos*:* Er schuf ein Stierkalb, das wahrscheinlich geopfert werden sollte. Sonst ist über den Künstler nichts Näheres bekannt, auch von seinen Schriften über die Toreutik ist nichts überliefert. Plinius nennt ihn im Index der Autoren zu Buch 33 und 34. – *Naukydes*:* s. § 50. Werke: 1. *Hermes* (Merkur). – 2. *Diskuswerfer.* Beide Werke sind nicht näher bekannt. – 3. *Mann, der einen Widder opfert:* vielleicht identisch mit einer Statue des Pheidias auf der Akropolis zu Athen; s. Pausanias I 24, 2. – *Naukeros*:* unbekannter Erzgießer, von dessen *keuchendem Ringer* ebenfalls nichts bekannt ist. – *Nikeratos*:* s. auch § 88: für Pergamon tätiger Künstler, von dem jedoch nur wenig bekannt ist. In seinem Werk: *Asklepios und Hygieia* war offenbar der Gott der Heilkunde mit seiner Tochter, der Göttin der Gesundheit, dargestellt. – *Tempel der Concordia:* s. § 73. – *Pyromachos*:* s. §§ 51. 84. Einen *Alkibiades auf einem Viergespann* hat auch der vorher genannte Nikeratos geschaffen. – *Polykles*:* s. §§ 50. 52; wahrscheinlich ein Nachkomme des in § 50 genannten Künstlers. Sein *Hermaphrodit,* ein göttliches Zwitterwesen, Sohn des Hermes und der Aphrodite, ist öfters kopiert worden. – *Pyrrhos*:* ein Bronzegießer aus Athen des 5. Jh.s v. Chr., von dem jedoch weitere Nachrichten fehlen. Über seine Werke *Hygieia* und *Athene* s. Pausanias I 23, 4 (ohne Nennung des Künstlers). – *Phanis*, Schüler des Lysippos:* nicht näher bekannt. Über sein Werk, *eine opfernde Frau (epithýusa),* ist ebenfalls nichts überliefert, obwohl es mehrere Darstellungen dieser Art in der Antike gibt.

81 *Styppax* aus Zypern:* ein nur von Plinius erwähnter Erzgießer. Über den *splanchnóptēs (einen Mann, der Eingeweide brät)* vgl. auch Plinius, nat. hist. 22, 44 und Plutarch, Perikles XIII 5, wonach ein *Sklave des Perikles* beim Bau auf der Akropolis verunglückte und durch das Kraut parthénion geheilt wurde, das Athene dem Perikles im Traum genannt

hatte. Diese Legende trägt jedoch wenig zu dem angeblich berühmten Werk des Styppax bei; s. auch G. Rizza. – *Silanion**: s. § 51. Werke: 1. eine Statue des *Apollodoros* (s. § 86), der ebenfalls Erzgießer war, aber in strenger Selbstkritik viele seiner Werke wieder zerstörte und deshalb »der Wahnsinnige« (insanus) genannt wurde; vgl. RE I Sp. 2896 f. Nr. 75. Er ist wahrscheinlich identisch mit dem gleichnamigen Sokratesschüler; vgl. RE I Sp. 2849 Nr. 15. In der Statue versuchte Silanion offenbar *den Zorn* zu personifizieren.

82 2. *Achilleus:* Der Standort dieser offenbar *berühmten* Statue ist nicht bekannt. – 3. *Kampfrichter, der Wettkämpfer einübt:* Nach Plutarch, Theseus 4, (s. Overbeck Nr. 1352), handelt es sich vielleicht um Konnidas, den Lehrer des Theseus. – *Strongylion**: wahrscheinlich aus Athen. Werke: 1. *Amazone*, die »*Schönbeinige*« (eúknēmos) genannt, vielleicht eine Statuette, die *im Gefolge des Kaisers Nero* (reg. 54–68 n. Chr.) mitgetragen wurde; s. F. Münzer, S. 400. – 2. *Knabe* des *Brutus* (vgl. Martial, epigr. II 77, 4; IX 50, 5; XIV 171): Der Caesarmörder Brutus wurde im Jahre 42 v. Chr. bei Philippi (in Makedonien) von Antonius und Octavianus besiegt. Er nahm sich daraufhin das Leben. Einzelheiten über das Werk sind nicht bekannt.

83 *Theodoros**: Erzgießer und Architekt aus Samos (s. Plinius, nat. hist. 7, 198), wo er das *Labyrinth* geschaffen haben soll. Gemeint ist jedoch das Heiligtum der Hera, Heraion genannt, an dem Theodoros zusammen mit Rhoikos arbeitete; s. Plinius, nat. hist. 36, 86. 90, wo fälschlich Lemnos statt Samos steht; s. ferner nat. hist. 35, 152, wo Theodoros und Rhoikos als Erfinder des Erzgusses genannt werden. Das Selbstporträt des Theodoros wurde wegen der *Porträtähnlichkeit ⟨seines Werkes⟩* und der *großen Feinheit* sehr gelobt. Erstaunlich ist die Präzisionsarbeit mit dem *Viergespann*, das sich später in Praeneste (h. Palestrina, s. Plinius, nat. hist. 3, 64) im Tempel der Fortuna Primigenia

Erläuterungen 171

befand. Plinius berichtet, nat. hist. 7, 85; 36, 43, von einem ähnlichen Kunstwerk des Myrmekides; s. auch F. Münzer, S. 173; V. Zinserling. – *Xenokrates*: Schüler des Teisikrates* (s. §§ 67. 89) oder *des Euthykrates* (s. § 66). Der Künstler soll sehr viele Werke geschaffen haben, doch wissen wir kaum etwas über ihn. Von seinen theoretischen Schriften (s. auch Plinius, nat. hist. 35, 68) ist nichts erhalten.

84 *Kämpfe des Attalos und Eumenes:* Gemeint sind wahrscheinlich Attalos I., der erste König von Pergamon (241–197 v. Chr.), und Eumenes II., sein Nachfolger auf den Thron von Pergamon (197–159 v. Chr.), die beide gegen die *Gallier* (Gálater) kämpften. Zu dem etwas widersprüchlichen Bericht des Plinius über die pergamenische Kunst s. A. Schober; B. Schweitzer. – *Isigonos*:* unbekannter Erzgießer, wahrscheinlich des 2. Jh.s v. Chr. – *Pyromachos*:* s. §§ 51. 80. – *Stratonikos*:* s. §§ 85. 90; Plinius, nat. hist. 33, 156; aus Kyzikos. – *Antigonos*:* weitgehend unbekannt. Es wurde vermutet, daß der Erzgießer und Schriftsteller Antigonos aus Karystos aus dem 3. Jh. v. Chr. gemeint ist. – *Boëthos*:* s. auch Plinius, nat. hist. 33, 155. Es gibt mehrere Künstler dieses Namens. Wahrscheinlich ist der Erzbildner und Toreut aus Kalchedon gemeint, der die Bronzearbeit *des eine Gans würgenden Knaben* geschaffen haben soll. Einige Werke von anderen Künstlern mit einem ähnlichen Thema lassen einen Rückschluß auf die Feinheit der Arbeit des Boëthos zu. – *Kaiser Vespasian* (reg. 69–79 n. Chr.) errichtete zu Rom im VIII. Bezirk einen *Tempel* und ein Forum *des Friedens,* das im Jahre 75 n. Chr. geweiht wurde; s. Plinius, nat. hist. 36, 102. Dort wurden die *berühmtesten* Kunstwerke aufgestellt. – *Domus Aurea* (das Goldene Haus Neros): s. Sueton, Nero 31; Plinius, nat. hist. 36, 111.

85 Plinius zählt nun mehrere *Künstler* auf, die durch *gleiche Leistungen* bekannt wurden, aber nicht so berühmt sind wie die vorher genannten.

Ariston*: aus Mytilene; s. auch Plinius, nat. hist. 33, 156. – *Kallides**: unbekannt. – *Ktesias**: ebenfalls unbekannt. – *Kantharos* aus Sikyon:* nach Pausanias, VI 3, 6, Sohn des Alexis und Schüler des Eutychides. Er schuf Statuen zu Olympia. – *Diodoros**: s. auch Plinius, nat. hist. 33, 156. Es gibt mehrere Künstler dieses Namens, aber von keinem ist bekannt, ob er ein *Schüler des Kritias* (s. § 49) war. – *Deliades**: unbekannt. – *Euphorion**: unbekannt. – *Eunikos** aus Mytilene; s. auch Plinius, nat. hist. 33, 156. Als Toreut offenbar berühmt, sonst nicht weiter bekannt. – *Hekataios**: offenbar als Toreut ebenso berühmt wie Eunikos, aber sonst nicht näher bekannt. – *Lesbokles**: vielleicht aus Lesbos, sonst unbekannt. – *Prodoros**: unbekannt. – *Pythodikos**: ebenfalls unbekannt. – *Polygnotos**: *einer der berühmtesten Maler;* s. Plinius, nat. hist. 35, 58 ff. Über seine Tätigkeit als Toreut ist nichts bekannt. – *Stratonikos**: s. §§ 84. 90. – *Skymnos**, ein *Schüler des Kritias* (s. § 49): nicht näher bekannt.

86 Es folgt eine Liste von Künstlern, die Werke *der gleichen Art* geschaffen haben.

Thema: *Philosophen:*

Apollodoros*: wahrscheinlich identisch mit dem § 81 genannten Künstler. – *Androbulos**: unbekannt. – *Asklepiodoros**: vielleicht identisch mit dem von Plinius, nat. hist. 35, 80. 107, genannten Maler. – *Aleuas**: unbekannt.

Thema: *Frauen, die sich schmücken:*

Apellas*: Sohn des Kallikles (s. § 87) und Enkel des Theokosmos von Megara.

Thema: *perixyómenos; die Tyrannenmörder:*

Antignotos*: vielleicht der Bildhauer, der z. Zt. des Augustus in Athen tätig war. Plinius nennt von ihm folgende Werke, von denen jedoch sonst jede Nachricht fehlt: 1. *einen sich abschabenden Mann (perixyómenos);* 2. *die Tyrannenmörder* (s. §§ 17. 71); s. H. Gallet de Santerre und H. Le Bonniec A).

Thema: *berühmte Frauen:*
Antimachos*: unbekannt. − *Athenodoros*:* Es gibt drei Künstler dieses Namens: a) A. aus Achaia, der am Weihgeschenk des Praxiteles für Olympia mitgearbeitet hat (6.Jh. v. Chr.); b) A. aus Kleitor: s. § 50; c) A. aus Rhodos, einer der Künstler der Laokoongruppe; s. Plinius, nat. hist. 36, 37. Er ist vielleicht hier gemeint, obwohl man nicht weiß, ob er auch als Erzgießer tätig war; s. RE II Sp. 2046, Nr. 24−26.
Thema: *Ringer, Zweigespanne etc.:*
Aristodemos*: Erzbildner aus dem Ende des 4.Jh.s v. Chr. − *König Seleukos:* s. §73. − *Speerträger:* doryphóros.
87 Thema: *Hermes... Philosophen:*
Kephisodotos*, zwei Künstler dieses Namens: s. § 50 und § 51. Werke: *Hermes mit dem Dionysosknaben* und ein *Volksredner* müssen dem in § 50 genannten Kephisodotos zugeschrieben werden (s. W. Klein), während die *Philosophen* dem Künstler von § 51 zugehören. Welche Philosophen dargestellt wurden, ist allerdings unbekannt; s. Pausanias IX 16, 2; Plinius, nat. hist. 36, 24. − *Kolotes*:* vgl. Plinius, nat. hist. 35, 54, wo ebenfalls berichtet wird, daß der Künstler ein Gehilfe des *Pheidias* bei der Arbeit am *Zeus von Olympia* war. Über seine Bilder von *Philosophen* ist nichts Näheres bekannt. − *Kleon*:* aus Sikyon, Schüler des Antiphanes. Über seine Statuen von Philosophen ist nichts bekannt; s. Pausanias V 17, 3 f. − *Kenchramis*:* nicht näher bekannter Bildhauer. − *Kallikles*:* Es gibt zwei Künstler dieses Namens: a) Kallikles, Sohn des Theokosmos von Megara, der wahrscheinlich hier gemeint ist, und b) Kallikles, Sohn des Eunikos (s. oben § 86 unter Apelles). Über die Porträtstatuen des unter a) genannten Kallikles ist nichts Näheres bekannt. − *Kepis*:* unbekannt. − *Chalkosthenes** (Kaikosthenes?): vielleicht identisch mit dem von Plinius, nat. hist. 35, 155 genannten Künstler. Über seine Statuen (*Komödienschauspieler und Wettkämpfer*) ist wiederum

nichts Näheres bekannt. – *Daïppos*:* wahrscheinlich identisch mit dem in §§ 51. 66 genannten Laïppos; s. Pausanias, VI 12, 6; 16, 5. Über seine Statue eines *sich abschabenden Mannes (perixyómenos)* ist nichts bekannt. – *Daïphron*:* unbekannt. – *Damokritos*:* aus Sikyon; s. Pausanias, VI 3, 5; Diogenes Laert. IX 49. – *Daimon*:* unbekannt.

88 *Epigonos*:* Erzgießer aus hellenistischer Zeit. Werke: 1. *Porträtstatuen;* 2. *Trompetenbläser;* 3. Gruppe einer *getöteten Mutter,* die von ihrem *Kind* liebkost wird. Dieses Thema wurde auch von dem Maler Aristeides dargestellt; s. Plinius, nat. hist. 35, 98. – *Eubulos*:* unbekannt. – *Eubulides*:* Der Künstler wird stets zusammen mit Eucheir (s. § 91) genannt. Es handelt sich offenbar um eine Künstlerfamilie, deren vermutlicher Stammbaum in RE VI Sp. 871–875 Nr. 10/11, mitgeteilt ist. Wahrscheinlich wurde von Eubulides II. (um 204 v. Chr.) der *Mann, der mit den Fingern rechnet,* geschaffen. Möglicherweise handelt es sich um ein Sitzbild des stoischen Philosophen Chrysippos von Soloi (280–207 v. Chr.); s. Cicero, fin. I 39; Pausanias, I 17, 2; Diogenes Laert. VII 182. – *Mikon*:* Es gibt drei Künstler dieses Namens. Vielleicht kommt für die Statuen der *Wettkämpfer* Mikon, Sohn des Phanomachos, in Betracht. Plinius, nat. hist. 35, 59, nennt noch einen Maler Mikon, während Pausanias, VI 12, 4, einen Bildhauer Mikon aus Syrakus, Sohn des Nikeratos, erwähnt, der hier ebenfalls nicht auszuschließen ist. – *Menogenes*:* unbekannt. – *Nikeratos*:* s. § 80. Die *Mutter* des berühmten athenischen Politikers und Feldherrn *Alkibiades* (ca. 450–404 v. Chr.) hieß jedoch nicht *Demarate* sondern Deinomache. A. Mahler hat deshalb vorgeschlagen, den Text in ›matrem et Demaratum‹ zu ändern, wonach Nikeratos zwei Bildwerke geschaffen hätte: 1. Alkibiades; 2. den König Demaratos von Sparta, der seine Mutter über seine Echtbürtigkeit befragt; s. Herodot., Hist. VI 67 ff.

Erläuterungen

89 *Teisikrates**: s. §§ 67. 83. – *Piston**: Erzgießer, dessen Herkunft unbekannt ist. Werke: 1. eine *Frau* (Nike?) auf einem *Zweigespann des Teisikrates;* 2. *Ares* (Mars) und 3. *Hermes* (Merkur) im *Tempel der Concordia zu Rom* (s. § 73). – *Perillos** (auch Perilaos): Er schuf um 560 v. Chr. für den *Tyrannen Phalaris* von Akragas den berüchtigten ehernen Stier, in dem Gefangene verbrannt wurden. Der Künstler war das erste Opfer dieser *Grausamkeit*. Der Stier wird im antiken Schrifttum öfters erwähnt; s. Ovid, trist. III 11, 39 ff.; Val. Max. IX 2; Cicero, Verr. IV 33. 73; Lukian, Phalaris I 12; Diodoros IX 19; XIII 90.

90 *Sthennis**: s. § 51. Werke: 1. *Demeter* (Ceres); 2. *Zeus* (Iuppiter); 3. *Athene* (Minerva); 4. *weinende... Frauen:* wahrscheinlich handelt es sich um Grab- und Votivstatuen. Die Werke 1.–3. standen wiederum im *Tempel der Concordia* zu Rom (s. § 73); s. auch Pausanias VI 16, 8; 17, 5. – *Simon**: aus Aigina; s. Pausanias V 27, 1. Vielleicht handelt es sich bei dem *Hund* und dem *Bogenschützen* um eine Gruppe, wie bereits A. Furtwängler vermutet hat. – *Stratonikos**: s. § 84 f. Der Künstler und seine Werke *(Philosophen)* sind nicht näher bekannt. – *die beiden Skopas...:* Die Textlücke hat zu verschiedenen Deutungen geführt, indem man u. a. glaubte, Skopas sei die Bezeichnung für eine Gattung von Werken des Simon und Stratonikos. Gemeint sind aber wohl die beiden Künstler Skopas, die als der ältere und jüngere bekannt sind.

91 Thema: *Wettkämpfer, Bewaffnete...:*
Baton*: s. § 73. – *Eucheir**: wahrscheinlich ein Sohn des Eubulides II. (s. § 88) aus der ersten Hälfte des 2. Jh.s v. Chr., und zwar Eucheir II.; s. Pausanias VIII 14, 10. – *Glaukides**: unbekannt. Die Vermutung, daß Glaukides mit einem Erzgießer Glaukias aus Aigina identisch sei, dürfte nicht zutreffen. – *Heliodoros**: Es gibt mehrere Künstler dieses Namens, aber es kann nicht entschieden werden, wen

Plinius hier meint. Plinius, nat. hist. 36, 35, erwähnt noch einen Bildhauer Heliodoros, Pausanias, I 37, 1, einen Maler. – *Hikanos*:* unbekannt. – *Iophon*:* ein Künstler, dessen Name ungewiß ist (Olophon, Leophon, Lophon?); unbekannt. – *Lyson*:* wahrscheinlich identisch mit dem von Pausanias, I 3, 5, erwähnten Künstler, der eine Statue des Demos im Buleuterion von Athen schuf. – *Leon*:* Es sind wiederum mehrere Künstler dieses Namens bekannt. Plinius, nat. hist. 35, 141, nennt einen Maler Leon. Welcher Künstler aber hier gemeint ist, kann nicht entschieden werden. – *Menodoros*:* nicht bestimmbar, da es mehrere Künstler dieses Namens gibt; vgl. Pausanias, IX 27, 4. – *Myagros*:* aus Phokaia, auch von Vitruv, arch. III praef. 2, erwähnt. – *Polykrates*:* nicht näher bekannt. – *Polyïdos*:* unbekannt. – *Pythokritos*:* Sohn des Timocharis aus Rhodos, sehr fruchtbarer Porträtbildner aus der ersten Hälfte des 2. Jh.s v. Chr. Zahlreiche von ihm signierte Sockel sind erhalten. – *Protogenes*:* aus Kaunos in Karien, vor allem als *Maler* bekannt; s. Plinius, nat. hist. 35, 80–83. 101–106. Daß er auch als Erzbildner tätig war, ist nur durch Plinius bekannt. – *Patrokles*:* s. Pausanias, VI 19, 6. – *Pollis*:* vielleicht identisch mit dem von Vitruv, arch. VII praef. 14, genannten Künstler des 4. Jh.s v. Chr. Sonst nicht weiter bekannt. – *Poseidonios* aus Ephesos:* von Plinius, nat. hist. 33, 156, auch als Toreut genannt, sonst nicht weiter bekannt. – *Periklymenos*:* s. Tatian, ad Gr. p. 35, 28, und Plinius, nat. hist. 7, 34, wonach der Künstler die Statue der Eutychis geschaffen hat, die 30 Kinder geboren hatte. Pompeius stellte die Statue in seinem Theater auf. – *Philon*:* Er schuf, nach Tatian, ad Gr. p. 36, 16, ein Porträt des Hephaistion, eines Jugendfreundes Alexanders d. Gr. – *Symenos** (um 350 v. Chr.): vielleicht ein Schüler des Demetrios (s. § 76). – *Timotheos** (um 370/ 350 v. Chr.): Er hat vor allem Werke in Marmor geschaffen, z. B. am Mausoleion von Halikarnassos; s. Plinius, nat. hist.

Erläuterungen 177

36, 30. – *Theomnestos**: s. auch Pausanias, VI 15, 2. Der Künstler war der Sohn des Theotimos aus Sardes. Plinius, nat. hist. 35, 107, nennt auch einen gleichnamigen Maler, der jedoch von dem hier genannten Künstler getrennt werden muß. – *Timarchides**: Sohn des Polykles (s. § 50), aus Thorikos, der mehrfach mit seinem Bruder Timokles (s. § 52) zusammenarbeitete. Es gibt aber auch weitere Künstler gleichen Namens, so daß nicht gesagt werden kann, wen Plinius hier meint. – *Timon**: wahrscheinlich aus Athen. – *Teisias**: unbekannt. – *Thrason**: Strabo, Geogr. XIV 1, 23 p. 641, erwähnt einige Werke des Künstlers im Artemision zu Ephesos, darunter eine Hekate, die wahrscheinlich von Thrason gefertigt wurde; s. Plinius, nat. hist. 36, 32.

92 *Kallimachos**: Nach Vitruv, arch. IV 1, 10, soll Kallimachos der Erfinder des korinthischen Kapitells gewesen sein. Er wurde *katatēxítechnos* wegen seiner »geschmackvollen und schönen Marmorarbeiten« (C. Fensterbusch) genannt, nicht aber, wie Plinius sagt, wegen seiner übergroßen *Gewissenhaftigkeit;* s. auch Pausanias, I 26, 7. Das Wort *katatēxítechnos* erklärt Georges als »der durch übermäßige Feile die Kunst Entkräftende«, der »*Tüftler*«; das dürfte sinngemäß heißen, daß Kallimachos die Kunst außerordentlich verfeinerte und sein Thema erschöpfte. Es ist aber auch an die Herleitung aus gr. tékein »schmelzen« zu denken, wodurch Kallimachos als ein Mann bezeichnet würde, der seine Werke immer wieder einschmilzt. Der Text ist im übrigen umstritten. – Die *tanzenden Lakedaimonierinnen* waren wahrscheinlich Karyatiden, die durch Zierlichkeit auffielen. Daß ihre *Anmut durch Genauigkeit verlorenging,* dürfte ein etwas zu hartes Urteil des Plinius sein. Über die Tätigkeit des Kallimachos als *Maler* ist nichts bekannt; s. auch S. Ferri. – M. Porcius *Cato* Uticensis (95–46 v. Chr.) wurde 58 v. Chr. beauftragt, *Zypern* für Rom in Besitz zu nehmen, was er auch mit größter Uneigennützigkeit tat.

Seine Lebenshaltung war durch die Stoa geprägt; so veranlaßte er z. B. den Stoiker Athenodoros Kordylion aus Tarsos, nach Rom zu kommen; s. Plinius, nat. hist. 7, 113. – *Zenon:* wahrscheinlich Zenon von Kition (ca. 333/332– ca. 264 v. Chr.), der Begründer der Stoa, der in der griechischen Welt großes Ansehen genoß; s. auch F. Münzer, S. 148.

93 *Herakles... das Todbringende des Chitons fühlend:* Herakles wurde gewöhnlich mit dem Löwenfell dargestellt. Hier ist jedoch das Nessosgewand gemeint, das er von seiner Gattin, der Königstochter Deianeira, erhalten hatte. Es war in das vergiftete Blut des Kentauren Nessos getaucht worden, den Herakles getötet hatte. Deianeira wollte das Gewand als Liebeszauber verwenden. Herakles wurde durch das Kleid jedoch von brennenden Schmerzen so sehr gepeinigt, daß er sich auf einem Scheiterhaufen verbrennen ließ; Deianeira gab sich daraufhin den Tod. – *Drei Inschriften:* 1. Feldherr *L.* Licinius *Lucullus,* cos. 74 v. Chr., kämpfte erfolgreich gegen Mithridates VI. Eupator Dionysos, König von Pontos. Lucullus feierte 63 v. Chr. seinen Triumph, war sehr vermögend, gebildet und ein Freund raffinierten Lebensgenusses; s. auch Plinius, nat. hist. 25, 25; RE XIII Sp. 376–414 Nr. 104. – 2. M. Licinius *Lucullus* ist um 64 v. Chr. geboren und war beim Tode seines Vaters (Nr. 1) etwa acht Jahre alt *(der unmündige Sohn).* Er starb bereits 42 v. Chr.; RE XIII Sp. 418f. Nr. 110. – 3. *Der kurulische Ädil T. Septimius Sabinus,* wohl z. Zt. des Augustus. Die Statue war offenbar in *Privatbesitz* gekommen und gelangte durch Septimius wieder in *öffentlichen Besitz.* Einzelheiten sind nicht bekannt; s. RE II A Sp. 1573 Nr. 50; s. F. Münzer, S. 399 Anm. 1; A. C. Moorhouse.

94 Nach diesen ausführlichen Beiträgen zur Kunstgeschichte kehrt Plinius nun zum eigentlichen Thema dieses Buches zurück (s. §§ 1. 5). Außer den bereits angegebenen Literaturstellen sei besonders hingewiesen auf J. Riederer

»Archäologie und Chemie« (s. Literaturverzeichnis): über Kupfer und seine Legierungen S. 99–130. – *Das zyprische Kupfer:* Die reichhaltigen Minen der Insel Zypern haben dem Kupfer in den neueren Sprachen den Namen gegeben. Aes bedeutet im Lateinischen sowohl Erz (Bronze) als auch Kupfer (Metall). Plinius unterscheidet zunächst das *Kranzkupfer (coronarium)* und das *Stangenkupfer (regulare),* eigentlich das zu Schienen formbare Kupfer. H. Le Bonniec übersetzt mit cuivre en barre, H. Rackham mit bar copper (Barrenkupfer). Eine interdisziplinäre Projektgruppe »Plinius« hat die folgenden metallurgischen Fragen genau untersucht (s. Literaturverzeichnis); hier Projektgruppe Kupfer, Anm. 122, wonach man in regulare ein Kupfer bestimmter Qualität zu erblicken glaubt und das Wort unübersetzt läßt. Die beiden Kupferarten sind *hämmerbar,* d. h. zum Treiben geeignet. *Kranzkupfer* wurde zu dünnen Blechen *(Blättchen)* verarbeitet und diente vor allem für die billigen Kränze der Schauspieler. Durch Behandlung mit *Ochsengalle* sollen sie das *Aussehen von Gold* bekommen, was jedoch, wie neuere Versuche zeigten (s. K. C. Bailey), nicht ganz zutrifft; s. auch Isidorus, Orig. XVI 20, 5 ff. Es wird deshalb vermutet, daß diese wie Gold aussehenden Kränze aus Messing bestanden (zum Ganzen s. H. Blümner, IV 166 ff.; H. O. Lenz, Mineralogie Anm. 392). Offenbar hat man aber auch dem Kupfer Gold zugesetzt, und zwar wurden *6 Skrupel Gold* (= 6,82 g) auf *1 Unze Kupfer* (= 27,28 g) gegeben. Diese Mischung nannte man *pyropus* (pyrōpós: *»wie flammendes Feuer«*); vgl. Ovid, Met. II 2; Properz IV 10, 21; Lukrez II 803. – Vom *Stangenkupfer,* das auch anderswo gewonnen wurde, unterschied man das aes *caldarium,* das sich nur warm *(Hitze)* bearbeiten läßt, aber *unter dem Hammer* zerbricht und sich deshalb nicht zum Treiben eignet. Es war offenbar weniger rein als das Stangenkupfer und enthielt noch sulfidische Bestandteile oder andere Verunreinigungen.

95 Der folgende Bericht über die Herstellung der *kampanischen Bronze* ist ungenau und mißverständlich; s. auch Cato, agric. 135; Isidoros, Orig. XVI 20, 9. Zu *Capua*, einst Hauptstadt des kampanischen Binnenlandes, wurde das Kupfer über *Holzfeuer* geschmolzen, nicht über *Kohlenfeuer* (unter Kohle ist in der Antike meist Holzkohle zu verstehen). – *eichenes Sieb:* völlig unklar, worauf schon H. Blümner, IV 168, hingewiesen hat; s. auch H. O. Lenz, Anm. 395. Nach K. C. Bailey, l. c. könnte das Wort ›cribro‹ vielleicht durch ›ligno‹ ersetzt werden: durch Zusatz von frischem Holz sollte vielleicht eine Reinigung des geschmolzenen Kupfers erzielt werden (?). Beim Eingießen in *kaltes Wasser* haben sich wahrscheinlich bereits einige Verunreinigungen ausgeschieden. Dann wurden *10 Pfund* (= 3,275 kg) *spanisches Silberhüttenblei* auf *100 Pfund* (= 32,75 kg) *Kupfer* zugegeben, und man erhielt ein *zähes* Material von *angenehmer Farbe*. Zweifellos diente der Zusatz von Silberhüttenblei zur Reinigung des Kupfers. Über das Silberhüttenblei *(plumbum argentarium)* ist vielfach diskutiert worden. So hat z. B. S. Boucher vermutet, daß es sich um silberfarbenes Zinn handeln müsse, was jedoch nicht zutrifft; s. dazu die ausführliche Stellungnahme der Projektgruppe »Plinius« (Kupfer) Anm. 145. Ältere Stellungnahme s. H. Blümner, IV 180 ff. und H. O. Lenz, Anm. 396. plumbum argentarium ist somit reines Blei aus den Silberhütten. J. Riederer, »Kunstwerke...«, S. 33, Tab. 29, gibt einige Analysenresultate römischer Statuetten, die zum Teil neben Zinn erhebliche Mengen an Blei aufweisen. Zum Ganzen s. auch R. J. Forbes. – *Öl* auf reinem oder legiertem Kupfer begünstigt die Bildung von Grünspan (»Patina«). Unklar ist die Verwendung von *Salz*, vielleicht in Analogie zu Plinius, nat. hist. 33, 65, wo es heißt, daß geglühtes Kupfer mit Salz... gelöscht wird; s. Anm. 148 der Projektgruppe.

96 *acht Pfund Blei* = 2,62 kg. – *mangelhafte Eigenschaft*

Erläuterungen 181

des Holzes wegen der durch Kohle erzielbaren höheren Temperatur; auch läßt sich Holzkohle leichter transportieren als Holz (nach K. C. Bailey). – *glühend gemachte Steine:* Diese Angabe ist leider sehr unklar. Man hat u. a. an Steinkohle gedacht, was aber ziemlich unwahrscheinlich ist; s. Projektgruppe ›Kupfer‹, Anm. 154. – Durch *verbrennendes Schmelzen* bildet sich *schwarzes* Kupferoxid, CuO. – *bei großer Kälte:* s. auch Isidorus, Orig. XVI 20, 10. Eine rasche Abkühlung ist für den Guß günstiger.

97 Auch hier bestehen Unklarheiten: Man setzt dem geschmolzenen Kupfer *ein Drittel aufgekauftes Altkupfer* bei und fügt dann noch *zwölfeinhalb Pfund Silberhüttenblei* (= 4,1 kg) hinzu. Die Analysen römischer Statuetten (s. oben) scheinen in diese Richtung zu deuten. – *durch Reiben:* Gemeint ist vielleicht, daß das Altkupfer durch den *Gebrauch* abgenützt ist.

98 *für Modellformen geeignete Bronze* (temperatura formalis), durch die die sog. *griechische Farbe* (color Graecanicus) erzielt wird, wenn man *den zehnten Teil von schwarzem Blei und den zwanzigsten Teil Silberhüttenblei* hinzufügt. Es läßt sich jedoch nicht sagen, was unter *griechischer Farbe* zu verstehen ist. – Bei der *Topfbronze* (ollaria) werden auf *100 Pfund Kupfer* (= 32,75 kg) *drei oder vier Pfund* (= 0,98 bzw. 1,3 kg) Silberhüttenblei hinzugefügt. – Eine Mischung aus *kyprischem Kupfer* – hier handelt es sich wahrscheinlich um das reine Metall – mit *Blei*, wobei das Mischungsverhältnis von Plinius leider nicht angegeben wird, soll die *Purpurfarbe an der verbrämten Toga der Standbilder* wiedergeben, was durchaus möglich erscheint, wenn der Bleigehalt nicht zu hoch ist. Zum Ganzen: s. H. Blümner, l. c.; H. O. Lenz, Anm. 402, vermutet jedoch eine Legierung aus Kupfer, Zink und Zinn (?). Zum heutigen Wissensstand s. J. Riederer, »Archäologie und Chemie«, S. 120 ff.

99 *Grünspan:* s. auch § 110. Plinius schreibt robigo, was

eigentlich ›Rost‹ heißt, während aerugo der eigentliche Grünspan ist. Durch das *Abreiben* wird das Metall blank, so daß die feuchte Luft leicht hinzutreten und »Grünspan« bilden kann. Plinius meint wahrscheinlich die Patina, die aus basischen Kupfersalzen (vor allem Karbonaten) besteht. J. Riederer, l. c. S. 129 erwähnt den Malachit $Cu_2(OH)_2CO_3$, ein grünes basisches Kupferkarbonat. *Öl* bietet natürlich einen Schutz gegen den Zutritt feuchter Luft (s. auch Plinius, nat. hist. 15, 34, wo Ölschaum empfohlen wird). Eine ähnliche Wirkung hat *flüssiges Pech* (Bitumen); s. J. Riederer, l. c. S. 127 ff. – *Bronzene Tafeln:* im alten Rom wurden die *Staatsgesetze* auf ehernen *Tafeln eingraviert* und öffentlich aufgestellt (z. B. die berühmten Zwölftafelgesetze).

100 *Kupferminen... Heilkunst:* Kupfersalze dienen u. a. als Ätz- und Desinfektionsmittel. Schon in geringen Mengen (10–15 mg) bewirkt Kupfer Erbrechen und Durchfälle. Trotzdem ist Kupfer ein wichtiges Spurenelement für den Aufbau von Blut; s. auch W. Schneider, VI S. 83 ff. – *Galmei (cadmea,* gr. kadmeía): s. § 2; ferner W. Schneider, VI, S. 207 ff.; zum Namen s. H. Lüschen, S. 222 f. s. v. Galmei. Es handelt sich um Zinkverbindungen und zwar ist zu unterscheiden: 1. natürlicher Galmei, vor allem Zinkspat oder Smithsonit = Zinkkarbonat, $ZnCO_3$, und Zinksilikat oder Kieselzinkerz, $Zn_4[(OH)_2Si_2O_7]$. H_2O, auch Hemimorphit genannt. 2. künstlicher Galmei: vorwiegend Zinkoxid, ZnO, das bei der Verhüttung von Kupfer aus zinkhaltigen Erzen gewonnen wurde; s. Dioskurides, mat. med. V 84; H. Blümner, IV, S. 159 f. Plinius spricht sich leider nicht klar aus, meint aber offenbar die beiden genannten Galmeiarten; s. auch Isidorus, Orig. XVI 20. 12; ferner U. Täckholm; J. Riederer, l. c. S. 150.

101 Plinius beschreibt hier die Gewinnung von mehr oder weniger verunreinigtem Zinkoxid, ZnO. *kapnítis* = Rauchgalmei ist der *feinste Teil des Materials* und der *Flug-*

asche ähnlich. Der beste Galmei heißt *botryítis* = traubenförmiger Galmei, der von den *Wölbungen* des Ofens herabhängt; s. auch § 128; R.J. Forbes IX.

102 Die *Farben* sind wohl durch Verunreinigungen, besonders Kupfer, bedingt. Dies gilt auch für die *dritte Art*, die sich *an den Seiten der Öfen* ansetzt und *plakítis* = Blättergalmei genannt wird. Plinius stimmt weitgehend mit Dioskurides, mat. med. V 84 f. überein, der jedoch ausführlicher ist und dem offenbar nur der künstliche Galmei (ZnO), der bei der Verhüttung des Kupfers gewonnen wird, bekannt war. – *Räude* (psora): Es sind wohl gewisse Hauterkrankungen gemeint.

103 Aus der zuletzt genannten Sorte erhält man die *onychítis*, weil sie ähnlich wie der *Onyx* – eine schwarz-weiße Abart des Quarzes (s. Plinius, nat. hist. 37, 90) – aussieht. Die *ostrakítis* ist *schwarz* und »hat ein erdiges oder scherbenartiges Aussehen« (Dioskurides, mat. med. V 84; J. Berendes); s. auch Plinius, nat. hist. 37, 151. 177. – *am besten aus den Öfen Zyperns*: analog bei Dioskurides, l. c. – Welchen Zweck das Brennen mit *reiner Kohle* hat, ist nicht einzusehen: es könnte dabei aus dem ZnO durch Reduktion metallisches Zink entstehen. – *amminäischer Wein*: aus Kampanien, s. Plinius, nat. hist. 14, 21.

104 *Nymphodoros*: s. Verz. der Quellenschriftsteller; ferner RE Suppl. XI Sp. 1020 ff. – Der *schwere Stein* ist der natürliche Galmei. – *Wein von Chios*, einer Insel im Ägäischen Meer; s. Plinius, nat. hist. 14, 25. – *Bleiweiß*: s. § 175. – *Iollas*: s. Verz. der Quellenschriftsteller; s. auch F. Münzer, S. 254 Anm.

105 Über die *Wirkung des Galmei* berichtet analog Dioskurides, l. c.; s. auch Celsus, Med. VI 6, 5 f. 21; Scribonius Largus, Comp. 23; 27; 33 f. (für Augensalben); 220 (gegen Krebsgeschwüre); 242 (narbenbildendes Pflaster). – *Flügelfell*: vgl. Plinius, nat. hist. 20, 243. – *Körnchenbildung*

(Granulation); s. Celsus, Med. VI 6, 31. – *Blei:* s. § 166. – *Kupfer... gebrannt:* s. § 106; ferner Dioskurides, mat. med. V 87; Celsus, Med. VI 6, 6. 20. 22. 24; Scribonius Largus, Comp. 21; 23; 26; 28; 36 (für Augensalben) 203 f. 206 (für Pflaster). – *ägyptische Augensalbe* (collyrium): Die Zusammensetzung ist unbekannt. – *Erbrechen:* s. auch Dioskurides, l. c.

106 Beim Erhitzen von *zyprischem,* d. h. reinem *Kupfer* mit den von Plinius angegebenen Substanzen – es besteht weitgehende Übereinstimmung mit Dioskurides, mat. med. V 87 – entstehen verschiedenartige Verbindungen. Zu beachten ist, daß das Erhitzen in geschlossenen Gefäßen, d. h. unter weitgehendem Ausschluß von Luft, vorgenommen wird. So können, je nach den Bedingungen, Verbindungen des ein- oder zweiwertigen Kupfers entstehen: z. B. *Schwefel* kann Kupfer(I)sulfid, Cu_2S bilden, während mit *Salz,* NaCl, Kupfer(I)chlorid, CuCl, entsteht. *Alaun* (s. Plinius, nat. hist. 35, 183) kann zur Bildung von Kupfervitriol, $CuSO_4$, führen, *Essig* zu grünspanähnlichen Verbindungen (basische Kupferacetate). Die Angaben bei Plinius und Dioskurides sind leider zu ungenau, um Aussagen über die erhaltenen Produkte machen zu können. Dioskurides spricht von zwei Arten gebranntem Kupfer, einem roten, bei dem es sich um Kupfer(I)oxid, Cu_2O, und einem schwarzen, bei dem es sich um Kupfer(II)oxid, CuO, handelt. – *thebaïscher Mörser* aus thebaischem Stein, einem roten Granit, s. § 169 und Plinius, nat. hist. 36, 63. – *Zinnober* = Quecksilbersulfid, HgS; s. Plinius, nat. hist. 33, 111.

107 Die *Kupferschlacke* (scoria aeris) enthält vor allem Verunreinigungen, die bei der Kupfergewinnung im Schmelzofen anfallen; s. auch Plinius, nat. hist. 33, 69. Sie ist *weniger wirksam als Kupfer,* da ihr Metallgehalt sehr gering ist. – *Kupferblüte* (aeris flos) ist kupferhaltiges Kupfer(I)oxid, Cu_2O; s. auch Dioskurides, mat. med. V 88, der die

Herstellung ähnlich wie Plinius beschreibt. Geschmolzenes Kupfer wird mit Wasser abgekühlt, wobei sich die »Blüte« abscheidet; s. auch Isidorus, Orig. XVI 20, 13. Nach Plinius besteht der Unterschied zwischen dem *Kupferhammerschlag* (lepis) und der *Kupferblüte* (aeris flos) nur darin, daß letztere *von selbst abfällt,* während erstere durch *Schläge* vom *brotähnlichen Kupfer* abspringt; der Hammerschlag dürfte auch etwas mehr Kupfer als die Blüte enthalten; s. Dioskurides, mat. med. V 89, der den dicken Hammerschlag »von den Nägeln aus den kyprischen Werkstätten, die sog. Helitis« (J. Berendes) als gut bezeichnet. Über die Verwendung von Kupfer in der Heilkunde s. W. Schneider VI, S. 83 ff.

108 *stómōma* (s. Celsus, Med. VI 6, 5) ist eine *feinere Art von Schuppen,* also ebenfalls identisch mit dem Hammerschlag. Bei Dioskurides, mat. med. V 90, wird das Wort allerdings nur für den Eisenhammerschlag verwendet; s. auch H. Blümner, IV 343 f., wo das Wort stomoma vor allem mit der Stahlbereitung in Verbindung gebracht wird.

Ärzte: Plinius erwähnt öfters die Unwissenheit der Ärzte, z. B. nat. hist. 13, 125; 29, 23 ff. – *Seplasiastraße:* eine Straße in Capua, wo vor allem die Parfümeriehändler ihre Läden hatten und große Gewinne erzielten. Auch *Betrügereien,* besonders mit Arzneimitteln, scheinen dort zu Hause gewesen zu sein; s. Plinius, nat. hist. 16, 40; 33, 164.

109 *Schuppe... Blüte... werden gebrannt:* Hierbei entsteht, in Gegenwart von Luft aus roten Kupfer(I)oxid, Cu_2O, das schwarze Kupfer(II)oxid, CuO. – ⟨*heilen sie*⟩: Scribonius Largus, Comp., verwendet oft Kupferblüte und Kupferhammerschlag, wie auch geglühtes Kupfer, z. B.: 50 f. *(fleischige Auswüchse der Nase);* 227 *(Hämorrhoiden);* 45 *(Ohrgeschwüre);* 71 f. *(Zäpfchen);* s. auch Dioskurides, mat. med. V 88 f.; eupor. I 64. 85 f. – *Mehl:* Hier könnte auch sehr fein pulverisierte Kupferblüte gemeint sein. – *weißes Kupfer* = Messing, eine Kupfer-Zinklegierung. Auch Dioskurides,

mat. med. V 89, sagt, daß der Hammerschlag aus Messing schlechter sei als der aus *zyprischem* Kupfer. – Was der *Knabenharn* bewirken soll, ist nicht einzusehen. – *Wassersüchtige:* vgl. Scribonius Largus, Comp. 133. – *2 Drachmen* = 6,82 g. – *1 Hemina* = 0,2729 Liter. – *Mehl:* s. Dioskurides, mat. med. V 89.

110 *Grünspan:* s. auch § 99. Plinius erwähnt zunächst den Grünspan, der durch Abschaben von kupferhaltigen Mineralien gewonnen wird. Es handelt sich um basische Kupferkarbonate, die durch Einwirkung von feuchter Luft entstehen, z. B. Malachit, $Cu_2(OH)_2CO_3$, oder Azurit, $Cu_3((OH)CO_3)_2$; s. auch Dioskurides, mat. med. V 91. Dann folgt der eigentliche Grünspan, der aus weißem Kupfer (Messing) oder *viel besser aus Schuppen* (Kupferoxid) hergestellt wird. Es handelt sich um ein Gemisch aus basischen Kupfer(II)acetaten, von denen, je nach den Arbeitsbedingungen, sog. grüner oder blauer Grünspan erhalten wird; s. Theophrastos, de lap. 57 (aus Kupfer und *Weintrestern*); Vitruv, arch. VII 12, 1 (aus Kupfer und Essig); analog Dioskurides, mat. med. l. c.; Isidorus, Orig. XVI 20, 14.

111 s. den vorigen §. *Abschnitte der Kranzhersteller:* s. § 94.

112 *Man verfälscht...:* Auch Dioskurides, l. c., erwähnt *Bimsstein, Marmor* und *Kupfervitriol.* – *Pflanzengummi:* über verschiedene Gummiarten vgl. Plinius, nat. hist. 13, 66 f. – *Schusterschwärze:* s. § 123. – *Knirschen der Zähne:* analog bei Dioskurides, l. c. – *Man macht die Probe...:* Es ist richtig, daß mit Schusterschwärze, die Eisenvitriol ($FeSO_4$) enthält, versetzter Grünspan beim Glühen *rot* wird (Bildung von rotem Eisenoxid, Fe_2O_3). Was aber sicherlich nur bedingt zutrifft, ist beim echten Grünspan (= basisches Kupferacetat) nur dann der Fall, wenn sich durch mäßiges Erhitzen rotes Kupfer(I)oxid, Cu_2O, bildet. Stärkeres Erhitzen führt zu schwarzem Kupfer(II)oxid, CuO; s. auch Dios-

Erläuterungen 187

kurides, l. c. – *Galläpfel* (vgl. Plinius, nat. hist. 16, 26 f.) enthalten Gallussäure (eine aromatische Trioxykarbonsäure), die mit Eisensalzen sofort eine *schwarze* Färbung gibt, wie Plinius richtig schreibt (s. auch H.O. Lenz, Anm. 412). – *schlechte grüne Farbe* ist bedingt durch das Eisenvitriol in der Schusterschwärze, die den Grünspan unschön verändert.

113 *zu Asche wird:* Bei Dioskurides, mat. med. V 92, heißt es »eine aschgraue Farbe angenommen hat« (J. Berendes). Das durch Erhitzen gewonnene Produkt ist natürlich kein Grünspan mehr, sondern besteht vorwiegend aus Kupferoxiden. – *männlicher Weihrauch:* s. Plinius, nat. hist. 12, 61; vielleicht benannt nach seiner hodenähnlichen Gestalt; s. ferner Dioskurides, mat. med. I 81. – *wie der Galmei gewaschen:* s. § 104. – *Augensalben:* s. Dioskurides, l. c. und Scribonius Largus, Comp. 34–36. – *beim Tränen… mit Schwämmen:* Bei Dioskurides, l. c., heißt es, daß der Grünspan gut sei bei geschwollenen Augenlidern, »Man muß sie aber nach dem Einschmieren mit einem Schwamm aus warmem Wasser bähen« (J. Berendes). Offenbar bewirkt der Grünspan das Aufhören der Tränen (delacrimatio).

114 *hierákion:* entweder nach einem sonst unbekannten Hierax (s. Celsus, Med. VI 6, 28) oder nach dem Vogel Habicht (hiérāx), der bekanntlich hervorragend sieht, benannt. Das bei Celsus, l. c., angegebene Rezept für die *Augensalben* ist anders als das von Plinius angegebene. Über ein als Hieracium bezeichnetes Kraut, s. W. Schneider, V/2, 171 f. – *4 Unzen Ammoniakharz* = 109,2 g von dem aus der Ammoniakpflanze, Dorema ammoniacum D. Don (Umbelliferae – Apiaceae) gewonnenen Harz; s. Plinius, nat. hist. 12, 107. – *2 Unzen zyprischer Grünspan* = 54,6 g. – *Schusterschwärze:* s. § 123. – *chálkanthon* = Kupfervitriol. – *eine Unze misy* = 27,3 g, wahrscheinlich Schwefelkies, FeS_2; s. §§ 117. 120. – *sechs Unzen Safran* = 163,73 g aus Crocus

sativus L. (Iridaceae); s. Plinius, nat. hist. 13, 5; 21, 31 ff. – *Thasos:* Insel im Ägäischen Meer vor der Küste von Thrakien; s. Plinius, nat. hist. 4, 73. – Die Wirkung dieser *Augensalbe* bei verschiedenen Augenleiden wird im wesentlichen von Dioskurides, mat. med. V 92, bestätigt.

115 *Wundpflaster:* vgl. Celsus, Med. V 19, 8; Scribonius Largus, Comp. 203–209. – *Ausschläge... Geschwüre:* nach Celsus, Med. V 9, führt Grünspan u. a. zur Schorfbildung von Geschwüren; s. auch Dioskurides, Eupor. I 183. 185. – *Grünspan ätzt:* vgl. Celsus, l. c. V 5–7; Dioskurides, Eupor. I 207. – *Ammoniakharz:* s. § 114. – *Terpentinharz:* s. Plinius, nat. hist. 16, 55.

116 *Grünspan... skōlēx* (= Wurm): Die Angaben bei Dioskurides, mat. med. V 92, sind korrekter als bei Plinius. Wohl bildet sich beim Verreiben in einem Gefäß aus *Kupfer* von *Alaun und Salz oder Natron mit scharfem Essig* Grünspan, der sich aber nicht *in Form von kleinen Würmern* zusammenzieht, sondern den man, wie Dioskurides, l. c., schreibt, »in wurmartige Formen« bringt; s. auch K. C. Bailey. – *Aufgang des Hundsterns* (Sirius): ca. 18. Juli. – *Fehler:* der Text ist nicht einwandfrei überliefert. – *Harn eines Knaben:* als Arzneimittel in der Antike viel verwendet; s. Plinius, nat. hist. 28, 65. Es ist nicht einzusehen, welche Wirkung er hier haben soll. – *Berggrün... zum Goldlöten:* s. Plinius, nat. hist. 33, 93. – *bildet sich allein:* s. Dioskurides, l. c.

117 *chalkĩtis:* s. § 2. Eine exakte Bestimmung dieses Kupferminerals ist schwer, da die Beschreibung zu ungenau ist. Wichtige Kupfererze sind Kupferglanz, Cu_2S und vor allem Kupferkies = Chalkopyrit, $CuFeS_2$. Durch teilweise Verwitterung, d. h. Einwirkung von Luft und Feuchtigkeit, können sich Sulfate bilden, z. B. Kupfervitriol, $CuSO_4 \cdot 5 H_2O$, und Eisenvitriol, $FeSO_4 \cdot 7 H_2O$. Man darf deshalb annehmen, daß es sich bei chalkĩtis um teilweise verwitterten Kupferkies handelt, was auch mit der Beschreibung bei

Erläuterungen

Plinius übereinstimmt *(zerbröckelt... weich)*. Analoges gilt auch für die weiter unten zu beschreibenden Bestandteile *mísy* und *sóry*; s. Dioskurides, mat. med. V 115; K. C. Bailey; ferner W. Schneider, VI 105 f. s. v. Ferrum sulfuricum. – *Galmei:* s. § 100 ff.

118 *sóry:* s. § 120. Über die medizinischen Eigenschaften der chalkítis berichtet Dioskurides, mat. med. V 115, im gleichen Sinne; s. auch Scribonius Largus, Comp. 47. 239 f.; Celsus, Med. V 1.6–9. – *Lauchsaft:* wahrscheinlich aus dem Porree, Allium porrum L. (Liliaceae), bereitet; s. Plinius, nat. hist. 19, 108 ff.

119 *Krätzemittel (psōrikón):* analoge Beschreibung bei Dioskurides, mat. med. V 116. – *Galmei:* s. § 100 ff. – Zu dem *Krätzemittel* s. auch Celsus, Med. VI 6, 31; Scribonius Largus, Comp. 32; Marcellus, Med. VIII 69, 125. – *geröstet...:* s. Celsus, Med. V 9.

120 *sóry:* vgl. Dioskurides, mat. med. V 118 (119). Auch hier handelt es sich um ein Verwitterungsprodukt der Kupfergruben, vor allem von Markasit, FeS_2. Der *Geruch nach Jauche* ist auf kleine Mengen von Schwefelwasserstoff, H_2S, zurückzuführen, der bei der Verwitterung der schwefelhaltigen Erze entstehen kann. – *Zahnschmerz:* s. Dioskurides, l. c.; Eupor. I 71. 73. 77; Celsus, Med. VI 9.

121 *mísy:* sehr wahrscheinlich Kupferkies = Chalkopyrit, $CuFeS_2$. Die *gelbe Blüte* läßt auf die Anwesenheit von Pyrit oder Markasit, FeS_2, schließen; s. Dioskurides, mat. med. V 116 (117), der vor allem auch das kyprische *mísy* lobt. Die mangelhafte Beschreibung dieser Mineralien läßt eine genaue Identifizierung nicht zu und hat auch zu verschiedenen Deutungsversuchen geführt; s. H. Blümner, IV 94 ff.; H. O. Lenz, Anm. 413. – *chalkítis:* s. § 117. – *mísy beim Reinigen von Gold:* s. H. Blümner, S. 133; Plinius, nat. hist. 33, 84. – *Rosenöl:* id. 13, 2. – *rauhe Stellen an den Augen:* s. Marcellus, Med. XV 4.

122 *16 Drachmen* = 54,56 g; *1 Hemina* = 0,2729 Liter. – *Verhärtungen der Fisteln:* vgl. Scribonius Largus, Comp. 223. 227; Marcellus, Med. XXXI 2. 6. 8. – *Augensalben:* s. Scribonius Largus, l. c. 34, 37; Marcellus, l. c. VIII passim; Celsus, Med. VI 6, 22. – *stillt das Blut:* Celsus, Med. V 1. – *hemmt Geschwüre:* id. V 9; *verzehrt Auswüchse:* id., V 6 f.; Scribonius Largus, Comp. 42. 240. – *Geschlechtsteil:* Celsus, l. c. VI 18; Dioskurides, Eupor. I 196. – Zu *mísy:* In der lat.-engl. Ausgabe der Medicina des Celsus von W. G. Spencer, London 1961, II S. 55 wird mísy mit Antimonsulfid gleichgesetzt, was aber für Plinius sicherlich nicht zutrifft.

123 *Schusterschwärze (atramentum):* s. Plinius, nat. hist. 35, 41. Darunter ist, wie auch unter *chálkanthon,* s. Dioskurides, mat. med. V 114, das Kupfervitriol, $CuSO_4 \cdot 5\ H_2O$, zu verstehen; s. auch Celsus, Med. V 1; Isidorus, Orig. XVI 2, 9. Über die Entstehung sagt Dioskurides, l. c., genauer: »entsteht durch Tröpfeln der in bestimmte Gänge durchdringenden Flüssigkeit« (J. Berendes). Natürlich vorkommendes Kupfervitriol heißt Chalkanthit. Die von Plinius gegebene Darstellung durch Kristallisation aus der konzentrierten Mutterlauge, in die man *mit Steinen angespannte Schnüre* gehängt hat, ist durchaus korrekt. Die *blauen* Kristalle, die dem triklinen System angehören, haben das *Aussehen einer Traube* und sind durchsichtig wie *Glas.* Durch Erhitzen wird allmählich das Kristallwasser abgespalten und es hinterbleibt ein weißes Pulver. Kupfervitriol färbt die *Häute* erst, wenn es mit dem in ihnen enthaltenen Gerbstoff in Reaktion getreten ist; s. auch P. Rosumek, Diss. S. 49.

124 *stalagmías:* Es handelt sich um tropfsteinähnlich gebildetes Kupfervitriol, das von Dioskurides, mat. med. V 114, als stalaktis, pinarion oder stalaktikon bezeichnet wird. Es darf aber nicht vergessen werden, daß das in der Antike erhaltene Kupfervitriol auch Eisenvitriol, $FeSO_4 \cdot 7H_2O$, enthielt – aus dem Kupferkies, $CuFeS_2$, durch Verwitterung

Erläuterungen

entstanden –, woraus sich die Veränderung des Farbtons *(veilchenblau – helle Farbe)* erklären ließe. Das Wort *lonchōtón* = zugespitzt, bezieht sich auf die Form des als *stalagmías* = stalaktis bezeichneten Kupfervitriols. Kupfervitriol, $CuSO_4 \cdot 5\ H_2O$, bildet triklin-pinakoidale Kristalle.

125 *entsteht... wie das Salz:* vgl. Plinius, nat. hist. 31, 81. *gefriert* bedeutet hier: kristallisiert.

126 Über die Anwendung vgl. Dioskurides, l. c., der wieder mit Plinius weitgehend übereinstimmt. – *1 Drachme* = 3,41 g. – *Schmerzen... der Augen:* s. Marcellus, VIII 25. – *stillt das Bluten...:* Celsus, Med. V 1. – *Hämorrhoiden:* s. Scribonius Largus, Comp. 230. – *Bilsenkrautsamen:* aus Hyoscyamus niger L. (Solanaceae); s. Plinius, nat. hist. 15, 30; 20, 25. – *Knochensplitter:* s. Dioskurides, Eupor. I 166. – *Tränenflüsse:* s. Marcellus, Med. VIII 20. – *Reinigen von Wunden:* s. Dioskurides, Eupor. I 189. – *Fleischauswüchse:* s. Scribonius Largus, Comp. 228.

127 *...ins Weißliche spielt:* Gemeint ist wohl die als lonchōtón (§ 124) bezeichnete Varietät. – *ins Maul der Bären... zu streuen:* s. auch Isidorus, Orig. XVI 2, 10. Die adstringierende Eigenschaft des Kupfervitriols mag vielleicht momentan eine gewisse Wirkung gehabt haben.

128 *pomphólyx* (Hüttenrauch) und *spodós* (Ofenbruch) »unterscheiden sich nur durch die Form« (J. Berendes), wie Dioskurides, mat. med. V 85, der die beiden Substanzen ausführlich beschreibt, sagt. Es handelt sich um mehr oder weniger stark verunreinigtes Zinkoxid, ZnO. – *am leichtesten:* s. den Widerspruch zu dem in § 130 Gesagten! – *Galmei:* s. § 100. In den *Kupferhütten* wurde Galmei dem Kupfer zugesetzt, um es leichter gießbar zu machen, wobei man u. a. Messing und Zinkoxid erhielt. Über die Frage, ob metallisches Zink in der Antike bekannt war, vgl. H. Blümner, IV S. 91 ff.

129 *mit Essig versetzt:* vgl. Dioskurides, l. c.: »hat einen

erzartigen Geruch« (J. Berendes). Reines Kupfer ist jedoch geruchlos. – *Augenheilmittel:* s. Scribonius Largus, Comp. 26; *Schäden:* id. 49; *Pflaster:* id. 220.

130 Plinius beschreibt hier ziemlich genau die Gewinnung von *spodós* bzw. *pomphólyx.* – *rötere Anteile:* vielleicht bedingt durch rotes Kupfer(I)oxid, Cu_2O; s. auch § 128.

131 *honigfarbene spodós:* Durch starkes Erhitzen erhält Zinkoxid eine gelbliche Färbung. – *mit einer Feder:* s. Zur Textgestaltung! – *Augensalbe:* vgl. Celsus, Med. VI 6, 12; Dioskurides, Eupor. I 48. – *Geschwüre:* id. I 32 f. – *kalter Brand* (gangraena): s. Plinius, nat. hist. 20, 243.

132 *Silberöfen... Goldgruben:* vgl. Dioskurides, mat. med. V 85: »Zu bemerken ist..., daß aus Gold und Silber, wie auch aus Blei(-Erzen) Ofenbruch gemacht wird; nächst dem kyprischen ist der aus Blei der beste« (J. Berendes). – *Lauriōtis:* benannt nach Laurion, einem Gebiet im Süden von Attika, wo Silber aus silberhaltigem Bleiglanz gewonnen wurde. – *Goldgruben (auraria):* Es sind wohl Goldöfen gemeint.

133 *antíspodos* = Ersatz für spodós. Vgl. Dioskurides, mat. med. V 86, der ebenfalls mehrere Pflanzen benennt, deren Asche als Ersatz für spodós dienen kann. – *Feigenbaum:* s. Plinius, nat. hist. 12, 22; *Geißfeige:* id. 15, 79; *Myrte:* id. 15, 118; *Ölbaum:* id. 15, 1 ff.; *Apfelquitte:* id. 15, 37; *Mastix:* id. 12, 71; *Maulbeeren:* id. 12, 25; *Bux:* id. 35, 77; *falsches Zypergras:* id. 17, 95; *Brombeere:* id. 15, 97; *Terpentinbaum:* id. 12, 25; *Oenanthe:* id. 21, 65. 167 (Mädesüß = Filipendula vulgaris Moench = Spiraea filipendula L. ⟨Rosaceae⟩). – *Stierleim:* id. 11, 231.

134 *smégma* (»Schmiere«): wahrscheinlich sehr feine Teilchen, die sich *beim heftigen Blasen von geschmolzenem Kupfer* als *eine Art Erzschaum* abscheiden und Verunreinigungen enthalten. (smégma als Reinigungsmittel s. Plinius, nat. hist. 20, 12). – *Kohlenstaub (marilla):* Er soll offenbar

Erläuterungen

verhindern, daß die glühenden Teilchen mit dem *Boden* in direkte Berührung kommen. (s. auch Projektgruppe Plinius »Kupfer« Anm. 401).

135 *diphrygés* (»zweimal geröstet«). Dioskurides, mat. med. V 119 (120) berichtet ebenfalls von drei Arten *(dreifacher Ursprung),* aber in anderer Reihenfolge. 1. Art (des Plinius): aus dem *Stein pyrítēs* (= 3. Art des Dioskurides): beim Rösten von Schwefelkies = Pyrit, FeS_2, bildet sich *Rötel* = Eisenoxid. 2. Art: *auf Zypern aus dem Schlamm einer gewissen Höhle* (= 1. Art des Dioskurides): nicht bestimmbar; nach J. Berendes handelt es sich um einen Ton, der zuerst an der Luft getrocknet und dann nach Art der Backsteine gebrannt wird (daher der Name diphrygés). 3. Art: *aus dem Bodensatz in den Kupferöfen* (= 2. Art des Dioskurides): Es handelt sich um die Schlacke aus den Kupferöfen, wahrscheinlich noch etwas Kupfer und Eisen enthaltend. Die Übereinstimmung zwischen Plinius und Dioskurides läßt auf dieselbe Quelle schließen.

136 Verwendung von diphrygés in der *Heilkunde:* s. Dioskurides, l. c. ferner Celsus, Med. V 7 f.; Scribonius Largus, Comp. 227. 247; Dioskurides, Eupor. I 79. 125. 183. 189.

137 *Kalenderverzeichnisse (fasti):* Aufzeichnungen der Fest- und Gerichtstage, der öffentlichen Spiele usw., also ein Kalender, dann aber auch ein Verzeichnis der Amtspersonen. Die *Familie der Servilier* stammte aus Alba Longa, einer Stadt in den Albanerbergen, zog dann nach Rom und spielte vor allem in der republikanischen Zeit eine wichtige Rolle. – *Drittelas (triens):* Der Wert des As betrug ursprünglich etwa 1,50 Goldmark, sank aber dann bis auf ca. 10 Goldpfennige. – Der *ältere Messalla:* M. Valerius Messalla Rufus, cos. 53 v. Chr., der eine Schrift »de familiis« verfaßte, aus der wahrscheinlich diese Erzählung stammt; s. RE VIII A, Sp. 169,8 ff.; s. auch Plinius, nat. hist. 35, 8; F. Münzer, S. 352; J. R. Jones, der die Geschichte begreiflicherweise unglaub-

würdig findet und ›trientem‹ in ›serpentem‹ (?) ändern möchte.

138 *beflügelt:* Gemeint sind befiederte Pfeile; s. Plinius, nat. hist. 16, 159.

139 *Porsina* (Porsenna): s. § 29. König von Clusium (h. Chiusi), eroberte 507 v. Chr. Rom und gestattete die Verwendung von Eisen nur für *Acker*geräte. Die Geschichte dieses Krieges in der römischen Version wird als »Musterbeispiel nationalrömischer Fälschung« bezeichnet (RE XXII Sp. 315–322); s. auch Tacitus, Hist. III 72, 1. – *mit einem beinernen Griffel:* s. Isidorus, Orig. VI 9, 2, wonach früher Griechen und Etrusker mit Eisengriffeln auf Wachstafeln schrieben, während in Rom verordnet war, nur mit beinernen Griffeln zu schreiben. – *drittes Konsulat des Pompeius Magnus:* 52 v. Chr. – *Clodius*, Volkstribun 58 v. Chr., schuf durch ehrgeizige Umtriebe gewaltige Unruhe in Rom und wurde 52 v. Chr. von den Banden des Annius Milo erschlagen; s. auch § 21. Über den *Erlaß* des Pompeius ist nichts Näheres bekannt; s. F. Münzer, S. 231 f.

140 *Aristonidas*:* Erzgießer aus Rhodos, wahrscheinlich der Vater des von Plinius, nat. hist. 35, 146, erwähnten Malers Mnasitimos; s. J. Keil. – *Athamas*, König von Orchomenos; in zweiter Ehe mit Ino, Tochter des Kadmos, verheiratet, wird er Vater des *Learchos*. Nach der Sage wurde er von Hera wahnsinnig gemacht und zerschmetterte seinen Sohn Learchos an einem Felsen; s. Ovid, Met. IV 512 ff.

141 *Alkon*:* unbekannter Bildgießer, der für *Rhodos* eine eiserne Statue des *Herakles* schuf; s. RE I Sp. 1579 Nr. 15. – *Tempel des Mars Ultor:* s. § 48; ferner Sueton, Augustus 29.

142 *Eisenerze:* s. Isidorus, Orig. XVI 21, 1; H. Blümner, IV 67 ff.; RE V Sp. 2142–2149; J. Riederer, Archäologie und Chemie, S. 142–149. – *Insel Elba (Ilva):* vgl. Plinius, nat. hist. 3, 81. Die Insel ist auch heute noch bedeutsam durch ihr

Eisenvorkommen. – *Kappadokien:* Landschaft in Kleinasien, s. Plinius, ibid. 5, 146. Die Ausdrucksweise des Plinius ist ziemlich unklar, offenbar handelt es sich um das Auswaschen von Eisenerzen (s. Aristoteles, de mirab. ausc. 48, wo das Eisen aus dem von Flüssen angeschwemmten Sand bei den Chalyben gewonnen wird). Welches *Flußwasser* gemeint ist, läßt sich nicht sagen. Die Lesart certo fluvio einiger Handschriften hat Urlichs (Vindiciae Plinianae II 755) durch Ceraso (Name einer Stadt in Kappadokien, s. Plinius, nat. hist. 6, 11) ersetzt, was auch von Mayhoff übernommen wurde. Ein Fluß Cerasus ist aber nicht bekannt; s. auch Servius, ad Verg. Aen. V 174.

143 Über die *verschiedenen Sorten des Eisens* vgl. H. Blümner, IV 212. – *nur in kurzen Stücken verwendbar;* vgl. Isidorus, Orig. XVI 21, 3. – *stricturae:* Nach H. Vetters sind darunter »glühende Luppen« (»Zusammengeschweißtes«) zu verstehen. Ebenso bedeutet *a stringenda acie* = vom Verschweißen des Stahls; s. auch H. Blümner IV 218; ferner Servius, ad. Verg. Aen. VIII 421; Varro ap. Serv. ad Aen. X 174; Projektgruppe Plinius »Eisen«, Anm. 26 und VI; O. Schaaber, »Diskussion...« und id. »Metallkundliche Untersuchungen...«.

144 *Eisenkern* (auch Kerneisen genannt): Nach H. Vetters (s. § 143) ist darunter »die Verhüttung der Hartluppe als Amboßstahl« zu verstehen; s. auch H. Blümner, IV 218. Plinius behandelt – leider nur kurz – die Gewinnung von Stahl durch Abschrecken von *glühendem* Eisen mit *Wasser;* s. auch H. O. Lenz, Anm. 416 b. Allgemein ist zu sagen, daß Schmiedeeisen höchstens 0,5% Kohlenstoff enthält, während Stahl etwas mehr hat (0,5–1%). Durch das Abschrecken treten Umwandlungen im Feinbau der Eisen-Kohlenstofflegierungen auf. Es muß hier auf die Speziallliteratur verwiesen werden; s. auch RE III A, Sp. 2126–2133 s. v. Stahl, ebenso RE V Sp. 2142–2149 s. v. Eisen. – *Bilbilis* (h. Bambola) und

Turiasso (h. Tarazona): in Hispania Tarraconensis gelegene Städte; s. Plinius, nat. hist. 3, 24; vgl. auch Martial, epigr. IV 55, 11:

...saevo Bilbilin optimam metallo...
...unser Bilbilis, reich an grimmem Eisen... (R. Helm)

Comum (h. Como): Stadt in Gallia Cisalpina (h. Lombardei), Geburtsort des Plinius; s. Isidorus, Orig. XVI 21, 3.

145 das *serische Eisen*... *Serer:* die »Seidenleute« (Chinesen) im östlichen Asien; s. Plinius, nat. hist. 6, 54. Das dort hergestellte Eisen (bzw. Stahl) stammte vielleicht aus dem Bergland Fergana, nördlich von Indien, das reich an Erzen ist. – das *parthische Eisen:* die Parther am Kaspischen Meer, und später die Perser galten als hervorragende Bearbeiter des Eisens. – *eine weichere Umhüllung* (wörtliche Übersetzung!): gemeint ist nach H. Vetters (s. § 143) die Herstellung eines Verbundwerkstoffes, d. h. Eisen mit einem Stahlkern, also keine Legierung. – *im norischen Land* (h. Kärnten): das ferrum Noricum bedeutet soviel wie ›Stahl‹; s. Ovid, Met. XIV 712:

...Durior et ferro, quod Noricus excoquit ignis...
...härter als Eisen, wie das norische Feuer es auskocht...
(E. Rösch)

Sulmo: Stadt in Latium; Plinius, nat. hist. 3, 68. – *Öl:* Die Angaben sind reichlich ungenau; offenbar meint Plinius, daß man anstelle von Wasser zum Abschrecken des glühenden Eisens Öl für die Stahlbereitung verwendete (s. auch den folgenden §). – Über *Schleifsteine:* vgl. Plinius, nat. hist. 18, 261; 36, 164.

146 Das Roheisen (auch Gußeisen genannt; Plinius: *bei der Verhüttung flüssig... wie Wasser*) enthält noch bis zu 10% fremde Beimengungen, darunter 2–5% Kohlenstoff. Die erkaltete, auch als Luppe (s. oben) bezeichnete Masse ist nicht schmiedbar; sie ist offenbar das, was Plinius *schwam-*

mige Masse nennt; s. auch Blümner, IV 220f. Über das *Ablöschen mit Öl* (s. § 145) s. H. Blümner, IV 347. – *rächt sich am Eisen:* vgl. Plinius, nat. hist. 7, 64: »Eisen befällt sogleich der Rost«, wenn es mit dem Menstrualblut der Frauen in Berührung kommt.

147 *Magnetstein:* s. Plinius, nat. hist. 20, 2 und vor allem 36, 126–130. Es handelt sich um das Magneteisenerz, Fe_3O_4; s. auch Isidorus, Orig. XVI 21, 4. Die Erscheinung des Magnetismus *(Kette von Ringen)* wurde in der Antike als Naturwunder betrachtet *(›lebendiges Eisen‹)* und oft beschrieben, z. B. Lukrez, de nat. rer. VI 910ff. Zum Text: ›virus‹ oder ›vires‹ s. Projektgruppe Plinius »Eisen«, Anm. 46. Daß magnetisiertes Eisen *ziemlich schmerzhafte Wunden* verursachen soll, trifft natürlich nicht zu.

148 *Kantabrien:* Gebiet im Norden Spaniens; s. Plinius, nat. hist. 3, 21. – *jener wahre Magnetstein:* eigentlich richtiger ›Magnesischer Stein‹, nach Magnesia (Name einer thessalischen Landschaft und mehrerer Städte in Griechenland und Kleinasien) genannt; s. auch Plinius, nat. hist. 36, 128, Lukrez, l. c. – *bulbatio* (auch bullatio): eigentlich ein Blasenwerfen; hier sind jedoch *kugelförmige Stücke* oder Knollen gemeint. – *Schmelzen des Glases:* vgl. Plinius, nat. hist. 36, 192. – *Timochares*:* Der Name ist ungewiß. Wahrscheinlich ist Deinochares aus der 1. Hälfte des 3. Jh.s v. Chr. gemeint. – *Arsinoë:* Schwester und Frau des *Königs Ptolemaios* II. Philadelphos (ca. 278 v. Chr.); s. auch Plinius, l. c. 36, 68; 37, 108. Diese *schwebende eiserne Statue* wäre natürlich nicht realisierbar gewesen (s. auch Ausonius, Mos. 311 ff.; H. O. Lenz, Anm. 423). Der *Tod des Künstlers und des Königs* dürfte um 247 v. Chr. zu datieren sein; s. L. Sprague de Camp., S. 177.

149 *Kantabrien:* s. § 148. Plinius, nat. hist. 4, 112, berichtet, daß Spanien reich an Gold, Silber, Eisen, Blei und Zinn sei, sagt aber nirgends etwas von einem ganz aus Eisen-

erz bestehenden Berg. – *durch Schläge:* Gemeint ist das Schmieden, wobei das glühende Eisen durch Hämmern die gewünschte Form erhält. Der Kohlenstoffgehalt des schmiedbaren Eisens ist wesentlich geringer (ca. 1% und weniger) als der des Roheisens (s. § 146). Die Angaben des Plinius über die richtige Temperatur des Eisens (*»weiß«*) sind korrekt; s. auch H. Blümner, IV 340 ff.; s. aber auch Projektgruppe Plinius »Eisen« Anm. XIV. – *dem Kupfer ähnlich: Essig* und *Alaun* können lediglich zu einer dünnen Rostschicht führen, die eine gewisse Ähnlichkeit im Farbton mit dem *Kupfer* aufweist; s. H. O. Lenz, Anm. 426. – Zum Ganzen s. Isidorus, Orig. XVI 21, 4.

150 *Rostschutz: Bleiweiß*, 2 $PbCO_3 \cdot Pb(OH)_2$; s. § 175, ist ein Weißpigment, das man auch heute noch auf einem Grundanstrich aus Mennige als wetterfeste Rostschutzdeckfarbe verwendet. Auch für sich allein, in Form einer Ölfarbe, hat es ebenfalls eine gewisse Schutzwirkung; s. Plinius, nat. hist. 35, 37. – *Gips*, $CaSO_4 \cdot 2\,H_2O$, kann ebenfalls als Weißpigment Verwendung finden, ist aber kein Rostschutzpigment; s. Plinius, nat. hist. 36, 182 f. Leider fehlen bei Plinius genauere Angaben über die Anwendung. – *Flüssiges Pech:* s. auch § 15; ferner Plinius, nat. hist. 35, 182. Zum Ganzen: Isidorus, Orig. XVI 21, 7. – Über *antipathia* (gr. antipátheia) vgl. Plinius, nat. hist. 20, 1. – *Zeugma:* Stadt am westlichen Ufer des *Euphrat*, wo *Alexander der Große* auf seinem Marsch nach Osten eine *Brücke* schlagen ließ (um 331 v. Chr.); s. Plinius, nat. hist. 5, 86; RE X A, Sp. 251 f. Nr. 1. – *Ringe... Rost:* Leider sagt Plinius nicht, warum die *Ringe erneuert* wurden, wenn sie doch rostbeständig waren. Es ist aber richtig, daß sehr reines Eisen, wie es aus Indien kam, gegen die Bildung von Rost wesentlich weniger empfindlich ist; s. die berühmte Eisensäule von Delhi (um 300 n. Chr.). Welche *fromme Handlung* notwendig ist, kann nicht gesagt werden; s. K. C. Bailey.

Erläuterungen 199

151 *Heilkunde:* Die folgenden Ausführungen gehören in das Gebiet des Aberglaubens; s. RE I 50f. s. v. Aberglaube. Über Eisen in der Heilkunde vgl. aber W. Schneider, VI 96 ff. − Über die magische Wirkung von *Nägeln:* s. Plinius, nat. hist. 28, 46. 48. 63. − *Bisse eines tollwütigen Hundes:* vgl. Celsus, Med. V 27, 2. − *mit einem glühenden Eisen:* ibid. IV 16; Scribonius Largus, Comp. 132. 146, empfiehlt dieses »Stahlwasser« bei Milzsucht und Blasenleiden.

152 *Rost: Telephos,* Sohn des Herakles, wird in einem Gefecht mit den Griechen, die auf ihrer Fahrt gegen Troja irrtümlich in Mysien gelandet sind, von *Achilleus* verwundet. Nach einem Orakelspruch (»Wer die Wunde schlug, wird sie heilen«) wird Telephos mit dem Rost des Speeres, der die Wunde verursachte, von Achilleus geheilt. Wenn der Speer aus Bronze war, so war der »Rost« natürlich Grünspan; vgl. Plinius, nat. hist. 25, 42; 35, 71.

153 Über die Verwendung des *Eisenrostes* in der Heilkunde s. Dioskurides, mat. med. V 93; Eupor. I 46. 48. 95. 162. 168. 190. 219. 235; II 83.

154 *Eisenhammerschlag (squama ferri = Eisenschuppe)* fällt beim Schmieden ab und besteht im wesentlichen aus Eisen (II, III)-oxid, Fe_3O_4, einem schwarzen Pulver. Über die Heilwirkung vgl. Dioskurides, mat. med. V 90; Eupor. I 209. 212; II 61, s. auch Celsus, Med. V 1.

155 *Pflaster:* Der Text ist verdorben. P. Rosumek hat folgende Textkorrektur vorgeschlagen: componitur hoc liparae modo ex Cimoliae cretae drachmis VI, aeris usti II, squamae ferri totidem, cerae X, olei sextario. Nach dem bisherigen Text bedeuten: *6 Obolen* = 3,408 g; *6 Drachmen* = 20,46 g; *kimolische Kreide* = ein tonähnliches Material, s. Plinius, nat. hist. 35, 36. 194 f.; *2 Drachmen* = 6,82 g; *10 Drachmen* = 34,1 g; *1 Sextarius* = 0,546 Liter.

156 *Zwei Arten... des Bleis:* Das schwarze Blei (plumbum nigrum) ist das Blei, das weiße Blei (plumbum album)

hingegen das Zinn, das man in der Antike nur für eine besondere Art des Bleis gehalten hat. – *cassíterum* (gr. kassíteros) ... *Inseln:* Gemeint sind die sog. Zinninseln = Kassiteriden im Nordmeer (Scilly-Inseln?), deren Lokalisierung nicht möglich ist. (s. Plinius, nat. hist. 7, 198, wonach zuerst Midakritos Zinn von der Insel Kassiteris geholt haben soll; ferner nat. hist. 4, 104, wo eine Insel Iktis erwähnt wird, auf der Zinn vorkommen soll; s. auch ibid. 4, 119; RE X Sp. 2328–2332; H. Blümner, IV 81 ff.): Wichtig ist das Zinnvorkommen in Britannien (Cornwall und Devonshire), woher man das meiste Zinn bezog, bis die reichen Vorkommen in Spanien entdeckt und ausgebeutet wurden. – *mit Haut* (= Leder) *vernähten Schiffen:* vgl. Plinius, nat. hist. 4, 104; 7, 206. – *Lusitanien:* h. Portugal; ibid. 3, 6; 4, 112. – *Galläkien* (auch Callaecia, h. Galicia in Nordwestspanien); Plinius, nat. hist. 4, 112, schreibt, daß der ganze Landstrich reich an Gold-, Silber-, Eisen-, Blei- und Zinngruben sei; s. auch Diodoros V 38; Strabo, Geogr. III 2, 9 p. 147; Isidorus, Orig. XVI 22, 1. Zum Ganzen: R.J. Forbes, IX S.127; F. Münzer, S. 390 Anm. 1; J. Riederer, »Archäologie und Chemie«, S. 131–138 (Blei) und S. 139–141 (Zinn).

157 *Gewicht:* Dichte = spezifisches Gewicht von Blei = 11,34; von Zinn = 7,28. – Zinn kommt in der Natur vor allem als Zinnstein = Kassiterit, SnO_2, vor und zwar in Granit eingesprengt (»Bergzinn«) als auch auf sekundärer Lagerstätte (»Seifenzinn«) in kleinen, mit Sand oder Ton vermischten Körnern (Plinius: *kleine Steine*). – *alutiae:* wahrscheinlich ein iberisches Wort; s. auch Plinius, nat. hist. 33, 67, wo talutium als goldhaltige Schicht erwähnt wird. – *das gleiche Gewicht wie Gold:* Das spezifische Gewicht des Goldes beträgt 19,3, während das von Zinnstein bei 7 liegt. – *Körbe,* auch Fallen genannt; s. Projektgruppe Plinius »Blei und Zinn«, Anm. 16. – *in den Öfen* wird der Zinnstein in Gegenwart von Kohle reduziert und liefert das metallische

Zinn (Plinius: *geht in weißes Blei über*):

$$SnO_2 + 2\ C = Sn + 2\ CO$$

Der Schmelzpunkt des Zinns beträgt 231,8°, der des Goldes 1063°. Nach P. Rosumek, Diss. S. 48 f., muß die Frage, ob es im antiken Bergwesen nasse mechanische Prozesse im Bereiche des Tiefbaues gegeben habe, offen bleiben; s. auch Projektgruppe, l. c. Anm. 17.

158 *Galläkien:* s. § 156. – *Kantabrien:* s. § 148. – *schwarzes Blei:* Hier ist aber nicht das Metall Blei, sondern das wichtige Bleierz, Bleisulfid, PbS, auch Bleiglanz oder Galenit genannt, gemeint, das ein bleiähnliches Aussehen und Metallglanz aufweist. Bleiglanz enthält meist *Silber* (ca. 1%) als Silbersulfid in isomorpher Beimengung. Es ist richtig, daß der Zinnstein (»*weißes Blei*«) *kein Silber* enthält. – *löten:* mit Zinn und Blei, bzw. deren Legierungen, kann man bei Temperaturen bis etwa 300°C löten (Schmelzpunkt des Bleis: 327,4°). Man spricht von »Weichlötung« im Gegensatz zur »Hartlötung« mit einem Lot von höherem Schmelzpunkt. Unter Löten versteht man »das Zusammenfügen zweier Metallteile unter Zugabe eines flüssigen dritten Metalles mit niedrigerem Schmelzpunkt. Dieses dritte Metall, das ›Lot‹, muß mit den zu verbindenden Metallen mindestens oberflächlich eine Legierung bilden können, damit eine feste, durchgehend metallische und dauerhafte Verbindung hergestellt werden kann« (H. Moesta, S. 120 ff.). – *Öl* diente wahrscheinlich dazu, eine Oxidation der Metalle beim Löten zu verhindern; vgl. Plinius, nat. hist. 33, 94; H. Blümner, IV, S. 300. – *ohne schwarzes Blei:* Diese Bemerkung trifft nicht zu, da der Schmelzpunkt des Zinns (s. oben) tiefer liegt als der des Bleis. Wahrscheinlich denkt Plinius an eine Blei-Zinn-Legierung, die leichter schmilzt als reines Zinn; s. H. Blümner IV, S. 301 Anm. 1; H. O. Lenz, Anm. 431. – *kassiteros:* s. *Homer,* Ilias XI 25; XXIII 561.

159 Wichtigstes Bleierz ist der meist silberhaltige Bleiglanz, PbS (s. § 158 und Plinius, nat. hist. 33, 95). – *eigene Ader:* Gemeint sind die Bleierzgänge. – *gemischte Ader:* Gemeint sind vor allem silberhaltige Bleierze. – *stagnum* = das sog. Werkblei, das vorwiegend aus Blei und Silber und weiteren Verunreinigungen besteht. – *argentum:* Hier ist nicht reines Silber, sondern silberhaltiges Blei, jedoch anderer Zusammensetzung als beim stagnum, gemeint; s. Plinius, nat. hist. 33, 95. – *galena:* ist hier das Rohblei, aus dem das eigentliche Blei gewonnen wird. Leider sind die Angaben des Plinius recht ungenau; s. auch Isidorus, Orig. XVI 22, 2. Läßt man geschmolzenes, silberhaltiges Blei langsam erkalten (Verfahren von Pattinson, 1833), so scheidet sich zunächst Blei aus, das sich abschöpfen läßt. Die zurückbleibende Schmelze reichert sich mit Silber an (bis zu 2%) und kann dann auf dem Treibherd geschmolzen werden, wobei sich das Blei zu Bleiglätte, PbO, oxidiert, die man von der Oberfläche entfernen kann. Zurückbleibt dann das Silber. Plinius geht es aber hier in erster Linie um die Gewinnung von Blei. Wenn also das Rohblei *(galena)* nochmals geschmolzen wird, so scheiden sich die Verunreinigungen (vorwiegend Kupfer und Antimon) mit etwas Blei als Schlacke aus und zurückbleibt *Blei mit einem Verlust von Zweineuntel*, d. h. Siebenneuntel reines Blei werden schließlich erhalten. Gewisse Unklarheiten bei Plinius bleiben leider bestehen; s. R. Halleux; J. Ramin; S. Boucher; H. Moesta, S. 76 ff.; J. Riederer, l. c. S. 131 ff.

160 *stagnum:* abermals eine Unklarheit! stagnum ist nach § 159 das Werkblei, das aber kaum zum Überzug *kupferner Gefäße* verwendet werden konnte (Giftigkeit des Bleis!), jedenfalls nicht für Gefäße, in denen Lebensmittel aufbewahrt werden. Es liegt deshalb nahe, an die Verwendung von plumbum album = Zinn zu denken (s. § 156). Zum ganzen Fragenkomplex s. H. Blümner, IV S. 80,

Anm. 6; s. auch Isidorus, Orig. XVI 23, 2. – *vermehrt das Gewicht nicht:* Diese Bemerkung ist unverständlich, da jeder Überzug das Gewicht vermehrt. Oder war der Überzug so dünn, daß er zu vernachlässigen war? – *Spiegel:* vgl. Plinius, nat. hist. 33, 130, wonach diese Spiegel zu *Brundisium* (h. Brindisi) aus Werkblei und Kupfer hergestellt wurden, bis man anfing, sie aus *Silber* zu fertigen; s. H.O. Lenz, Anm. 433. – *weißes Kupfer* = Messing, s. § 109. – *argentarium:* eine Legierung aus gleichen Teilen Blei und Zinn. – *tertiarium* ist die zum *Löten* verwendete Mischung aus zwei Teilen Blei und einem Teil Zinn. – *20 Denare für das Pfund* = 48,86 Goldmark/kg.

161 *Weniger rechtschaffene Leute...:* dieses zweite *argentarium,* das aus gleichen Teilen tertiarium und Zinn besteht, kostete *70 Denare/Pfund* = 171 Goldmark/kg. Als Preis für *Zinn* werden *80 Denare/Pfund* = 195,44 Goldmark/kg und für *Blei 7 Denare/Pfund* = 17,10 Goldmark/kg angegeben. – *...trockene Beschaffenheit:* der Sinn dieser Bemerkung ist schwer verständlich. Meint Plinius vielleicht, daß das Zinn spröder *(trockener)* ist und durch Zusatz von Blei (»*feucht«* = weich) weicher wird? Da Plinius im folgenden vom *Löten* spricht, könnte dies zutreffen; s. auch Projektgruppe Plinius »Blei« Anm. 40. – Falsch ist jedoch der Satz »*das Silber früher schmilzt«,* denn der Schmelzpunkt des Silbers beträgt 960,5° (Zinn: 231,8°). Legierungen der Metalle zeigen bei bestimmter Zusammensetzung ein Eutektikum, d.h. der Schmelzpunkt der Mischung liegt wesentlich tiefer als der der Komponenten. Darauf könnte die im folgenden § gemachte Bemerkung »*das Silber anfrißt*« deuten. Plinius hat leider von der Metallurgie wenig verstanden; seine Ausführungen sind daher nur zum Teil korrekt und gestatten mehrere Deutungsmöglichkeiten; s. auch H.O. Lenz, Anm. 437. 439.

162 *Silber anfrißt:* s. § 161. – *incoctilia* = verzinnte Ge-

fäße. – *Alesia:* Stadt der Mandubier in Gallia Celtica, h. Alise-Sainte-Reine, Dept. Côte d'Or; Strabo, Geogr. IV 2, 3. – *Biturigen:* großes Volk in Gallia Celtica, später Aquitanica. Man unterscheidet zwei Stämme: 1. die Cubi (in der Nähe von Bourges), deren Geschick in Metallarbeiten gerühmt wird und die wahrscheinlich hier in Frage kommen, und 2. die Vivisci (in der Nähe von Bordeaux); s. Plinius, nat. hist. 4, 108. 109.

163 *Streitwagen (essedum):* ein zweirädriger Kampfwagen, zuerst bei den Belgern erwähnt, später von den Römern als Reise- und Luxuswagen verwendet. – *Wagen (colisatum):* Gemeint ist ein gallischer Wagen, der aber sonst im Schrifttum nicht erwähnt wird. – *Kalesche (petoritum):* ein leichter vierrädriger Wagen keltischer Herkunft; s. RE XIX Sp. 1163 f. – *Papyrusblatt:* Es ist richtig, daß ein Papyrusblatt durch geschmolzenes Zinn (Schmelzpunkt: 231,8°) nicht in Brand gesetzt wird. – *Indien:* sein Reichtum an *Edelsteinen,* s. Plinius, nat. hist. Buch 37. Zum Luxus vgl. id. 12, 84; Isidorus, Orig. XVI 22, 3.

164 *Blei:* über das reiche Vorkommen in *Spanien* s. Plinius, nat. hist. 3, 30; 4, 112. Über weitere Vorkommen: vgl. H. Blümner, IV S. 88–91. – *Iovetanum:* nicht bestimmbarer Ort, vielleicht Oviedo in Asturien (?). – *Capraria* (h. Cabrera), eine Insel der Balearen, südlich von Mallorca; s. Plinius, nat. hist. 3, 78. – *Oleastrum:* Es gibt zwei Orte dieses Namens: 1. an der Mündung des Baetis (h. Guadalquivir); s. Plinius, l. c. 3, 15, und 2. an der Küste zwischen dem Ebro und Jucar; s. Strabo, Geogr. III p. 159. Vielleicht ist dieser Ort von Plinius gemeint. – *sich reichlicher wieder erholen:* in diesem Sinne nicht verständlich. Vielleicht hat die Tatsache, daß Sulfide bei Gegenwart feuchter Luft sich teilweise in Sulfate, die dann auskristallisieren, umwandeln können, zu dieser Meinung geführt; s. D. M. Pippidi. Zum Ganzen s. auch A. Towar; J. M. Blázquez.

Erläuterungen

165 *samariensische Grube:* nicht bestimmbar. – 200 000 *Denare* = ca. 160 000 Goldmark; 255 000 *Denare* = ca. 204 000 Goldmark. – *antonianische Grube:* ebenfalls nicht bestimmbar, vielleicht nach dem Triumvirn Antonius benannt (?). – 400 000 *Sesterzen* = ca. 80 000 Goldmark. Sämtliche Preisangaben in diesem § sind zweifelhaft. – *... ein bleiernes Gefäß ...:* nicht zutreffend. K. C. Bailey schlägt eine Textkorrektur vor: statt ›si in aqua‹: si sine aqua, da, wenn nur ein Steinchen oder ein Geldstück *(Viertelas)* im bleiernen Gefäß sich befinden, ein Loch durchgebrannt wird. Hingegen kühlt Wasser das Bleigefäß, wenn es nicht zu dickwandig ist, so weit ab, daß es nicht durchbrennt (wie man auch Wasser in einem Papierbehälter durch eine Kerzenflamme zum Kochen bringen kann, ohne daß das Papier verbrennt).

166 *Heilkunde:* über *Blei* in der Heilkunde s. W. Schneider VI, S. 170ff. – *Narben zurückzudrängen:* vgl. Celsus, Med. V. 26, 36. – C. Licinius *Calvus* (82- ca. 47 v. Chr.), berühmter *Redner,* Freund Ciceros; s. Plinius, nat. hist. 7, 165; 33, 140; E. Castorina. – *Nero,* römischer *Kaiser* (reg. 54–68 n. Chr.): ebenso berichtet Sueton, Nero 20; s. auch G. Wille.

167 Das Reaktionsprodukt aus *Blei* und *Schwefel* ist das Sulfid, PbS. Dioskurides, mat. med. V 96, beschreibt etwas ausführlicher als Plinius dasselbe Verfahren. – *schädlicher... Dunst:* Die überaus toxische Wirkung des Bleis ist allgemein bekannt (Einzelheiten s. W. Forth, S. 547ff.). Über den *schädlichen Dunst* aus Silbergruben berichtet Plinius, nat. hist. 33, 98. – *Ungeziefer... nicht vorkommt:* Plinius, nat. hist. 11, 119, berichtet von einem Insekt pyrallis, das in den Schmelzöfen Zyperns entstehen soll (?); s. H. Leitner, S. 209 s. v. Pyrallis 2.

168 *Bleiweiß:* s. § 175 f. und Dioskurides, l. c.; wird *Schwefel* durch *Bleiweiß* ersetzt, so entsteht Bleioxid (=

Bleiglätte), PbO. – *durch Waschen:* vgl. Dioskurides, mat. med. V 95, der auch dieses Verfahren etwas ausführlicher beschreibt. Blei wird in Gegenwart von Luftsauerstoff nicht nur von Säuren sondern sogar auch von *Wasser* angegriffen, wobei Bleioxid, PbO, entsteht. Das von Plinius beschriebene Präparat dürfte hauptsächlich aus fein verteiltem metallischem Blei mit etwas Bleioxid bestanden haben. – *plumbago:* Bei Dioskurides, mat. med. V 95, heißt es molýbdaina. Wahrscheinlich ist unter plumbago Bleioxid, PbO, mit beigemengtem Bleisulfid, PbS, Silber u. a. zu verstehen (s. auch § 173 ff. und Plinius, nat. hist. 33, 105; H. Blümner, IV, S. 159); Plinius, nat. hist. 25, 155 und 29, 81, erwähnt auch eine Pflanze plumbago, die aber hier kaum gemeint ist. Über die medizinische Verwendung von gewaschenem Blei s. Celsus, Med. V 26, 36; VI 6, 5. – *Rosenöl:* Dioskurides, l. c., spricht von Rosensalbe und behandelt damit Geschwüre und schwer vernarbende Wunden.

169 *thebaïscher Stein:* ein roter Granit, benannt nach der ägyptischen Stadt Theben; vgl. Plinius, nat. hist. 33, 68; 36, 63. – *Grauspießglanz (stibi)* = Antimonsulfid, Sb_2S_3; s. Plinius, nat. hist. 33, 101. – *Galmei:* s. § 104. – *zusammenziehen:* Die adstringierende Wirkung löslicher Bleisalze bei äußerlicher Anwendung ist bekannt. Bekannte Präparate waren: der Bleiessig bzw. das Bleiwasser, das Bleipflaster; s. auch Celsus, Med. V 1 *(blutstillend);* Dioskurides, Eupor. I 182. 189 *(Narben schließend);* Celsus, l. c. VI 6, 5. 8 *(Augenheilmittel);* Dioskurides, Eupor. I 212 *(Hämorrhoiden);* id., mat. med. V 95. 96.

170 *gewaschenes und gebranntes Blei:* s. Dioskurides, mat. med. V 95. 96. – *Papyrusasche:* s. Dioskurides, mat. med. I 115, wo Papyrusasche gegen fressende Geschwüre empfohlen wird; s. auch Plinius, nat. hist. 24, 88. – *Steckenkraut (ferula):* Dioskurides, mat. med. V 96 erwähnt nur einen Eisenstab, hingegen, ib. V 103, beim Brennen von

Bleiweiß einen Steckenkrautstab; s. auch § 176, ferner Plinius, nat. hist. 13, 123. – *rohes Blei*, d. h. nicht gebranntes Blei. – *zyprisches spódion:* s. § 130.

171 *Bleischlacke:* Ähnlich berichtet Dioskurides, mat. med. V 97, nur mit dem Unterschied, daß er sagt, die beste sei dem Bleiweiß ähnlich. Es handelt sich wohl um das, was »aus dem Schmelzofen geworfen wird« (Plinius, nat. hist. 33, 69), also vorwiegend um Verunreinigungen, vielleicht auch etwas Bleiglätte, PbO, enthaltend *(gelbe Farbe).* – Über die medizinischen *Wirkungen* vgl. Celsus, Med. V 15 und Scribonius Largus, Comp. 48, der die Bleischlacke (plumbi stercus) bei Nasengeschwüren anwendet.

172 *Metallasche (spódion):* s. §§ 128–132. Sehr wahrscheinlich handelt es sich hier um Bleiglätte, PbO.

173 *molýbdaina... galena:* Leider ergeben sich auch hier wieder Unklarheiten im Bericht des Plinius. In nat. hist. 33, 95 bezeichnet er das Bleierz als galena und meint damit offenbar den Bleiglanz (= Bleisulfid), PbS. Jedoch nat. hist. 33, 105 erwähnt er die »Bleiblume« *(molýbdaina),* bei der es sich vorwiegend um Bleioxid, PbO, mit beigementem Bleisulfid, Silber u. a. handelt. Dies dürfte auch hier gemeint sein, und zwar in Übereinstimmung mit Dioskurides, mat. med. V 100, der ebenfalls von der »*leber*artigen Färbung« spricht, wenn man die molýbdaina mit *Öl erhitzt.* Heute bezeichnet man in der Mineralogie den Bleiglanz, PbS, auch als Galenit. Molybdän ist als chemisches Element erst 1790 rein dargestellt worden. Es kommt in der Natur als Molybdänit oder Molybdänglanz, MoS_2, und als Molybdänbleispat = Wulfenit = Gelbbleierz, $PbMoO_4$, vor; s. H. Lüschen, s. v. Molybdän und »Wasserblei«... – *Zephyrion:* Stadt in Kilikien (im südöstlichen Kleinasien); s. Plinius, nat. hist. 5, 91.

174 ...*in Pflastern:* vgl. Celsus, Med. V 19, 26 und Scribonius Largus, Comp. 220, der die molýbdaina gegen

Krebsgeschwüre verwendet; s. auch Dioskurides, mat. med. V 100. – *3 Pfund* = 982,35 g; *1 Pfund* = 327,45 g; *3 Heminae* = 0,8187 Liter. – *Ölhefe:* s. auch Plinius, nat. hist. 15, 21 f. – *Silberschaum:* s. Plinius, nat. hist. 33, 106 f.; H. O. Lenz, Anm. 456. – *Bleischlacke:* s. § 171.

175 *Bleiweiß (psimíthion):* Es handelt sich um basisches Bleikarbonat $Pb(OH)_2 \cdot 2\,PbCO_3$. Das von Plinius geschilderte Herstellungsverfahren wird analog von Dioskurides, mat. med. V 103, Theophrastos, de lap. 56 und Vitruv, arch. VII 12 angegeben – es ist auch heute noch unter dem Namen »holländisches Verfahren« bekannt. Zuerst entsteht jedoch aus Blei und Essig basisches Bleiacetat, das dann unter Einwirkung von Kohlendioxid, CO_2, in basisches Bleikarbonat = Bleiweiß übergeht. Zu diesem Zweck wurden nach dem »holländischen Verfahren« die Reaktionsgefäße in Mist oder leicht verwesende Stoffe eingestellt, die das notwendige CO_2 liefern. Da dies jedoch im antiken Schrifttum nicht erwähnt wird, muß geschlossen werden, daß das antike Bleiweiß zum größten Teil aus basischem Bleiacetat bestand. Die Reaktionsgleichungen lauten:

$Pb + 2\,CH_3COOH + 1/2\,O_2 \rightarrow Pb(CH_3COO)_2 + H_2O$

$Pb(CH_3COO)_2 + H_2O \rightarrow Pb(OH)\,(CH_3COO)$ (Bas. Bleiacetat) $+ CH_3COOH$

$6\,Pb\,(OH)\,(CH_3COO) + 2\,CO_2 \rightarrow Pb\,(OH)_2 \cdot 2\,PbCO_3$ (Bleiweiß) $+ 3\,Pb\,(CH_3COO)_2 + 2H_2O$

Die Reaktionen gehen nebeneinander so lange, *bis das Material erschöpft ist;* s. auch Plinius, nat. hist. 35, 37; Isidorus, Orig. XIX 17, 23; L. G. Stevenson.

176 *Sandarach:* s. § 177; s. auch Vitruv, arch. VII 12, 2, der jedoch falsch sagt, daß Sandarach erzeugt wird, während Plinius richtig nur von einer *dem Sandarach ähnlichen roten Farbe* spricht; s. auch Isidorus, Orig. XIX 17, 11. – Über die Anwendung von Bleiweiß in der Medizin, s. Dioskurides, l. c. und Celsus, Med. V 19, 27; 22, 7; VI 6, 12. Auch Scribo-

nius Largus schreibt es mehrfach vor zur Behandlung von Geschwüren, als Wundpflaster usw. – ... *als Schminke verwendet:* vgl. Martial, epigr. II 41, 12; VII 25, 2. – ... *tödlich:* ebenso Dioskurides, l. c.; Celsus, Med. V 27, 12, der auch ein Gegenmittel bei der Vergiftung mit Bleiweiß angibt. – *Silberschaum:* s. § 174.

177 *Sandarach* = rotes Schwefelarsen oder Realgar, As_4S_4; zum Namen vgl. H. Lüschen, s. v. Sandarach; s. Plinius, nat. hist. 35, 30. 39; Dioskurides, mat. med. V 121 (122); Theophrastos, de lap. 51; Isidorus, Orig. XIX 17, 11. – Über die Anwendung des Sandarach in der Heilkunde vgl. Plinius, nat. hist. 23, 18; 25, 55; 28, 223; 30, 75; 32, 126; ferner Celsus, Med. V 5–8; s. auch W. Schneider, VI S. 53 f. s. v. Arsenicum rubrum. – *Kahlköpfigkeit:* s. Marcellus, Med. VI 29; Plinius iun. 15, 10. – *mit Honig genommen:* s. Dioskurides, l. c. Das reine Schwefelarsen (s. § 178) gilt als weitgehend ungiftig, im Gegensatz zum künstlich dargestellten Arsentrisulfid, As_2S_3, das meist noch giftiges Arsenik, As_2O_3, enthält; s. auch Plinius, nat. hist. 33, 79. – *Husten:* s. Dioskurides, l. c.; Marcellus, Med. XVI 51; Plinius iun. 37, 15–17. – *mit Zedernholz:* bei Dioskurides heißt es »mit Harz«.

178 *arrhenikón* = Operment = Auripigment = gelbes Arsentrisulfid, As_2S_3; s. Plinius, nat. hist. 6, 98; 33, 79; 35, 30; Dioskurides, mat. med. V 120 (121); Isidorus, Orig. XIX 17, 12; Celsus, Med. V 5; Vitruv, arch. VII 7, 5; H. Blümner IV S. 477 f.; W. Schneider, VI S. 52 f. s. v. Arsenicum citrinum. Auch Dioskurides, l. c., erwähnt, analog wie Plinius, zwei Arten, spricht jedoch nicht von einer *dritten Art.* H. O. Lenz, Anm. 459, hält sie für eine »künstliche Mischung von Rauschgelb (As_2S_3) und Rauschrot (As_4S_4)«. Die erste Art kommt, nach Dioskurides, aus Mysien am Hellespont und stellt die beste Qualität dar. Die zweite Art ist eichelähnlich, gelblich, *dem Sandarach ähnlich* und kommt aus Pontos und

Kappadokien. – *was auch immer wuchert:* s. Marcellus, Med. 34, 57. – *Man röstet es...:* beim Erhitzen auf 310° bildet As_2S_3 eine rote Flüssigkeit, die dann bei 707° unzersetzt siedet. Der oben genannte Sandarach läßt sich ebenfalls unzersetzt destillieren. Starkes Erhitzen an der Luft führt dann zur Zersetzung unter Bildung von Arsenik, As_2O_3, und Schwefeldioxid, SO_2.

Erläuterungen 211

Verzeichnis der Sachbezüge

zwischen Plinius, Livius (Ab urbe condita), Pausanias (Perihegesis tes Hellados), Dioskurides (Materia medica; Euporea) und Isidorus (Origines)

Plinius	Livius	Pausanias	Dioskurides Mat. med.	Euporea	Isidorus
§ 1					XV 5,3
§ 2			V 84		XVI 20,3
§ 6					XVI 20,4
§ 8					XVI 20,4
§ 13	X 23,12				XVI 20,11
	XLV 42,2				
§ 14	XXXVIII 12ff.				
	XXXIX 6,7				
§ 15	II 41,10				
§ 16		VI 18,7			
§ 19	XXXVIII 35,4				
§ 20	VIII 13,9				
	VIII, 14,12				
	ep. XVII				
§ 21	I 36,5				
	IV 16,2				
§ 22	II 10,2-11				
§ 23	IV 17,2				
	V 49,7				
	VIII 13,9				
	IX 42,10; 43,22				
§ 24	per. XX				
	XLV 12,5				
§ 28	II 13,11				
§ 34	XXXIX 6,7-8				
§ 36	ep. LII				
§ 40	XXVII 15ff.				
§ 42					XIV 6,22
§ 43	X 39f.; 46,14				
§ 54		I 24,5			
		I 28,2			
		V 10,2			
§ 59		VI 2,10			
		VI 4,3.4			
		VI 13,1.7			
		VI 18,1			

212 Erläuterungen

Plinius	Livius	Pausanias	Dioskurides		Isidorus
			Mat. med.	Euporea	
§ 66		IX 39,4			
§ 71		VI 12,1			
§ 72		I 23,2			
§ 73		I 40,6			
§ 74		I 1,3			
		I 23,3			
		I 25,1			
		I 28,2			
§ 75		II 10,4			
		VIII 46,3			
		IX 10,2			
§ 76		I 27,4			
§ 79		I 8,4			
		I 18,3			
		IX 32,8			
§ 80		I 23,4			
		I 24,2			
§ 85		VI 3,6			
		VI 17,7			
§ 86		VI 1,6			
§ 87		V 17,3.4			
		VI 3,5			
		VI 12,6			
		VI 16,5			
		IX 16,2			
§ 88		I 2,5			
		VI 6,1			
§ 90		V 27,1			
		VI 16,8			
		VI 17,5			
§ 91		I 3,5			
		VI 19,6			
		VIII 14,10			
		IX 27,4			
§ 92		I 26,7			
§ 94					XVI 20,5–8
§ 95					XVI 20,9
§ 96					XVI 20,10
§ 98					XVI 20,2
§ 99					XVI 20,9
§100			V 84		XVI 20,12
§101–103			V 84		
§105			V 84	I 33	
			V 87	I 46	
§106			V 87		

Erläuterungen 213

Plinius	Livius	Pausanias	Dioskurides		Isidorus
			Mat. med.	Euporea	
§107			V 87	I 41	XVI 20,13
			V 88	I 89	
§108			V 89		
§109			V 88	I 64	
			V 89	I 85	
				I 86	
				I 190	
§110					XVI 20,14
§110–112			V 91		
			V 92		
§113			V 92		
§114–115			V 92	I 183	
				I 185	
				I 207	
§116			V 92		
§117–118			V 115		
§119			V 115		
			V 116		
§120			V 116	I 71	
			V 118	I 73	
				I 77	
§121			V 116		
§122				I 189	
				I 196	
§123			V 114		XVI 2,9
§124–125			V 114		XVI 2,9.10
§126			V 114	I 79	
				I 166	
				I 189	
§127					XVI 2,10
§128–129			V 85		
§131			V 85	I 32	
				I 33	
				I 48	
§132			V 85		
§133			V 86		
§135–136			V 119	I 79	
				I 125	
				I 183	
				I 189	
§139					VI 9,2
§141					XVI 21,4
§142					XVI 21,2
§143					XVI 21,3
§144					XVI 21,3

Plinius	Livius	Pausanias	Dioskurides Mat. med.	Dioskurides Euporea	Isidorus
§145–146					XVI 21,2.4
§147					XVI 21,4
					XVI 4,1
§148					XVI 21,4
§149					XVI 21,4
§150					XVI 21,7
§151			V 93		
§153			V 93	I 46	
				I 48	
				I 95	
				I 162	
				I 168	
				I 190	
				I 219	
				I 235	
				II 83	
§154			V 90	I 209	
				I 212	
				II 61	
§156					XVI 22,1
§157–158					XVI 22,1.2
§159					XVI 22.2
§160					XVI 23,2
§163					XVI 22,3
§164					XVI 22,3
§167			V 96		
§168			V 95		
§169			V 95	I 182	
			V 96	I 189	
				I 212	
§170			V 95	I 115	
			V 96		
			V 103		
§171			V 97		
§173			V 100		
§174			V 100	I 182	
				II 52	
§175			V 103		XIX 17,23
§176			V 103		
§177			V 121		XIX 17,11
§178			V 120		XIX 17,12
			V 121		

ZUR TEXTGESTALTUNG

Der vorliegende lateinische Text folgt im wesentlichen der kritischen Ausgabe von *K. Mayhoff*, Leipzig 1897 (Stuttgart 1967), auf deren Apparat verwiesen wird. Die Textausgabe von *D. Detlefsen*, Berlin 1873, und die zweisprachigen Editionen von *S. Ferri*, Roma 1946, *H. Rackham*, London 1952 (1968), *H. Le Bonniec*, Paris 1953, sowie von *K. Jex-Blake und E. Sellers*, Chicago 1976 (¹1966) wurden zum Vergleich herangezogen.

§	Detlefsen (1873)	Mayhoff (1897/1967)	Ferri (1946)	Rackham (1952/1968)	Le Bonniec (1953)	Jex-Blake (1966/1976)	Tusculum (1989)
1	et alia	et alia re		et alia re	et alia		et alia re
	aerariorum	aerarium		aerarium	aerarium		aerarium
3	Centronum	Ceutronum		Ceutronum	Ceutronum		Ceutronum
5	extincta	extincta	extincta	extincta	extincta	extincta	exstincta
	ideo etiam	ideo etiam	ideo etiam	ideo autem etiam	ideo autem etiam	ideo autem etiam	ideo etiam
	iamdiu	iam diu	iamdiu	iam diu	iam diu	iamdiu	iam diu
6	furit	furit	furit	furuit	furit	furit	furit
	quoniam	quoniam	quoniam	quoniam	quam quoniam	quoniam	quam quoniam
7	saecula	haec saecula	saecula	haec saecula	haec saecula	saecula	haec saecula
8	eius	eius	Eius	eius aeris	Eius	eius	aeris
	sed ad fortunam	est; at fortuna	sed ad fortunam	est; at fortuna	sed ad fortunam	sed ad fortunam	est; at fortuna
9	mercatus	mercatus	mercatus	mercatus	mercatus	mercatus	mercatus
10	ipsa est	ipsa eo	ipsa eo	ipsa eo	ipsa aere	ipsa est	ipsa eo
	Polycletus	Polyclitus	Polyclitus	Polyclitus	Polycletus	Polycletus	Polyclitus
	set	sic	sic	sic	sed	sed	sic
11	his	iis	his	iis	iis	his	iis
	inpositum	inpositum	inpositum	inpositum	inpositum	inpositum	inpositum

Zur Textgestaltung

§	Detlefsen (1873)	Mayhoff (1897/1967)	Ferri (1946)	Rackham (1912/1968)	Le Bonniec (1953)	Jex-Blake (1966/1976)	Tusculum (1989)
12	convivio	convivio	convivis	convivio	conuiuio	convivio	convivio
	inpudentia	inpudentia	inpudentia	inpudentia	inpudentia	inpudentia	inpudentia
	sepulchro	sepulchro	sepulchro	sepulchro	sepulchro	sepulchro	sepulcro
	Mummi	Mummi	Mummi	Mummi	Mummi	Mummi	Mummii
14	Delphicas	et Delphicas	ac Delphicas	[et] Delphicas	Delphicas	Delphicas	et Delphicas
15	Spuri Cassi	Sp. Cassi	Spuri Cassi	Sp. Cassi	Sp. Cassi	Spuri Cassi	Sp. Cassi
	eas	eas	ea	eas	eas	eas	eas
	vetustatem	vetustum	vetustum	vetustum	uetustum	vetustatem	vetustum
17	prorogarique	propagarique	propagarique	propagarique	propagarique	prorogarique	propagarique
	atris	atriis	atriis	atriis	atriis	atris	atriis
20	populus R.	populus Romanus	populus Romanus	populus Romanus	populus Romanus	populus R.	populus Romanus
21	nisi	ni	nisi	ni	nisi	nisi	ni
22	Atti Navi	Atti Navi	Atti Navi	Atti Navi	Atti Naui	Atti Navi	Atti Navii
	P. Clodii	P. Clodii	P. Clodi	P. Clodii	P. Clodii	P. Clodii	P. Clodii
	M. Horati	M. Horati	M. Horati	M. Horati	M. Horati	M. Horati	M. Horatii
	Pacuius	Pacuius	Pacuius	Pacuius	Pacuius	Pacuvius	Pacuvius
	Atti Navi	Atti Navi	Atti Navi	Atti Navi	Atti Naui	Atti Navi	Atti Navii
23	his	iis	iis	iis	his	his	iis
	Q. Marci	Q. Marci	Q. Marci	Q. Marci	Q. Marci	Q. Marci	Q. Marcii
	Tulli Cloeli	Tulli Cloeli	Tulli Cloeli	Tulli Cloeli	Tulli Cloeli	Tulli Cloeli	Tulli Cloeli
	L. Rosci	L. Rosci	L. Rosci	L. Rosci	L. Rosci	L. Rosci	L. Roscii
	Spuri Nauti	Sp. Nauti	Spuri Nauti	Sp. Nauti	Sp. Nauti	Spuri Nauti	Sp. Nautii
	C. Fulcini	C. Fulcini	C. Fulcini	C. Fulcini	C. Fulcini	C. Fulcini	C. Fulcinii
24	re p.	re p.	re publica	re p.	re p.	re p.	re p.
26	Pythagoran	Pythagoran	Pythagoram	Pythagoran	Pythagoran	Pythagoran	Pythagoran
27	arcuus	arcus	arcus	arcus	arcus	arcus	arcus
30	omnis	omnes	omnis	omnes	omnis	omnis	omnes
	quoque	quoque	quaque	quoque	quoque	quoque	quoque

Zur Textgestaltung

31	mulieribus Romanis statuas quo minus	mulieribus statuas Romanis quominus	mulieribus romanis statuas quo minus	mulieribus statuas romanis quo minus	mulieribus statuas Romanis quo minus	mulieribus statuas Romanis quo minus	mulieribus statuas Romanis quominus
	idem	iidem	iidem	iidem	iidem	idem	iidem
32	Evandro	Evandro	Evandro	Evandro	Evandro	Evandro	Evandro
33	CCCLXV	CCCLXV	CCCLXV	CCCLV	CCCLXV	CCCLXV	CCCLXV
	per significationem anni temporis et aevi	[aut per significationem anni temporis] et aevi	aut per significationem anni temporis et aevi	et aevi	per significationem anni, temporis et aeui	per significationem anni temporis et aevi	temporis et aevi se
34	∞ ∞	MM	MM	MM	MM	MM	MM
35	plasticen	plasticen	plasticen	plasticen	plasticen	plasticen	plasticen
	opere	opere	opere	opere	opere	operi	opere
36	∞ ∞ ∞	MMM	MMM	MMM	MMM	MMM	MMM
	tantum fuere	tantum fuere	tantum fuere	tantum fuere	tantum fuere	tantum fuere	fuere
	temporario	temporario	temporario	temporario	temporario	temporario	temporario
	theatro	theatro	theatro	theatro	theatro	theatro	tantum theatro
	etiamnum	etiamnum	etiamnum	etiamnum	etiamnum	etiamnum	etiamnunc
	LXXIII	III	LXXIII	III	+LXXIII+	LXXVII	III
37	thensaurum	thensaurum	thensaurum	thesaurum	thensaurum	thensaurum	thensaurum
	manipretio	manipretio	manipretio	manipretio	manipretio	manipretio	manupretio
40	ut nullis	ut nullis	nullis	ut nullis	nullis	nullis	ut nullis
	providisse et	providisse et	providisse et	providisse et	providisse et	providisse et	et providisse
41	omnis	omnis	omnis	omnes	omnis	omnis	omnes
	LVI	LXVI	LXVI	LXVI	LXVI	LVI	LXVI
	opsessa	opsessa	opsessa	opsessa	opsessa	opsessa	opsessa
44	fecit... dicus	fecit... dicus	fecit... dicus	fecit... dicus	fecit... dicus	fecit... dicus	fecit Pythodicus
45	manipretii	manipretii	manipretii	manipretii	manipretii	manipreti	manupretii
	CVIS pedum	CXIXS pedum	CXIXS pedum	CVIS pedum	CXIX pedum	CXIXS pedum	CXIXS pedum
	in longitudine	in longitudinem	longitudine	in longitudinem	longitudine	longitudine	in longitudinem
47	avonculo	avonculo	avonculo	avonculo	auunculo	avonculo	avunculo
	ut vix ulla	ut vix ulla	ut vix ulla	ut vix ulla	ut vix ulla	ut vix ulla	vix ut ulla

218   Zur Textgestaltung

§	Detlefsen (1873)	Mayhoff (1897/1967)	Ferri (1946)	Rackham (1952/1968)	Le Bonniec (1953)	Jex-Blake (1966/1976)	Tusculum (1989)
49	omnis	omnes	omnis	omnes	omnis	omnis	omnes
50	ex his	ex iis	Ex iis	ex iis	Ex his	ex his	ex iis
	[Dinonem]	[Dinonem]	(Dinonem)	Dinonem	Dinonem	Dinonem	Dinonem
	centesima secunda	CII	CII	CII	CII	centesima secunda	CII
	Leuchares	Leuchares	Leochares	Leochares	Leuchares	Leuchares	Leuchares
	centesima septima	CVII	CVII	CVII	CVII	centesima septima	CVII
51	Sthenis	Sthennis	Sthennis	Sthennis	Sthennis	Sthennis	Sthennis
	Euphron, Eucles	Euphron, Eucles	Euphron, Eucles	Euphron, Sofocles	+ Euphron fucles + Euphron, Sofocles	Euphron, Eucles
	Zeuxiaden	Zeuxiaden	Zeuxiadem	Zeuxiaden	Zeuxiaden	Zeuxiaden	Zeuxiaden
52	praedictos	praedictos	praedictas	praedictos	praedictos	praedictos	praedictos
	Pythias, Timocles	Pythias, Timocles	[Pythias, Timocles]	Pythias, Timocles	Pythias, Timocles	Pythias, Timocles	Pythias, Timocles
53	fecerant	fecerant	fecerunt	fecerant	fecerant	fecerant	fecerant
	Cresilae, quarta	Cresilae, quarta	Cresilae (quarta)	Cresilae, quarta	Cresilae, quarta	Cresilae, quarta	Cresilae, quarta
	Cydonis, quinta	Cydonis, quinta	Cydonis [quarta]	Cydonis, quinta	Cydonis, quinta	Cydonis, quinta	Cydonis, quinta
54	aeque	aeque	aeque	auroque	aeque	aeque	auroque
	pulchritudinis	pulchritudinis	pulcritudinis	pulchritudinis	pulchritudinis	pulchritudinis	pulchritudinis
55	idem	idem	item	idem	idem	idem	idem
	talo	telo	talo	telo	talo	telo	telo
56	hoc	hoc	hoc	quo	hoc	hoc	hoc
	qui Romae	qui Romae	qui (est) Romae	qui Romae	qui Romae	qui Romae	qui Romae
	hagetera arma	hagetera arma	»excetram armo«	hagetera arma	hagetera arma	hagetera arma	hagetera arma
	sumentem	sumentem	sustinentem	sumentem	sumentem	sumentem	sumentem
	iudicatur et	iudicatur et	iudicatur [qua-	iudicatur et	iudicatur et	iudicatur et	iudicatur et
	toreuticen	toreuticen	dratam tamen	toreuticen	toreuticen	toreuticen	toreuticen
	excogitasse,	excogitasse,	excogitasse (esse)	excogitasse,	excogitasse,	excogitasse,	excogitasse,
			eam ait Varro]				

Zur Textgestaltung

	quadrata tamen esse ea ait Varro et paene ad unum exemplum	quadrata tamen esse ea ait Varro et paene ad exemplum		quadrata tamen esse ea ait Varro et paene ad exemplum	quadrata tamen esse ea ait Varro et paene ad unum exemplum	quadrata tamen esse ea ait Varro et paene ad unum exemplum	quadrata tamen esse ea ait Varro et paene ad unum exemplum
			et toreuticen sic erudisse ut Phidias aperuisse. Proprium eius est uno crure ut insisterent signa et paene ad unum exemplum				
57	canem	canem	canem	Ladam	canem	canem	canem
59	Leontiscum	Leontiscum	Leontiscum	Leontiscum	Leontiscum	Leontiscum	Leontiscum suum
62	p.R.	pop.R.	populi Romani	pop.R.	pop.R.	populi Romani	populi R.
63	existimabatur	existimabatur	eximabatur	existimabatur	existimabatur	existimabatur	existimatur
64	adscribunt	adscribunt	adscribunt	adscribunt	adscribunt	adscribunt	adscribunt
	custodiit	custodiit	custodiit	custodiit	custodit	custodit	custodiit
65	Boedan	Boëdan	Boedan	Boëdan	Boedan	Boedan	Boedan
66	Thespis	Thespis	Thespis	Thespiis	Thespiis	Thespis	Thespis
	et	et	et	et Thespiadas,	et Thespiadas,	et Thespiadas,	et
	proelium	proelium	proelium	proelium	proelium	proelium	proelium
	equestre	equestre	equestre	equestre,	equestre,	equestre,	equestre
	Trophonii	Trophonii	Trophonii	Trophonii	Trophonii	Trophonii	Trophonii
	quadrigas	quadrigas	quadrigas	quadrigas	quadrigas	quadrigas	quadrigas
	fiscinis	fiscinis	fiscinis	fiscinis	fiscinis	fiscinis	fiscinis
68	quoniam in Thessalia	quoniam … Thessaliae	quoniam in Thessalia	quoniam … Thessaliae	quoniam Thessaliae	quoniam in Thessalia	quoniam in Thessalia
	alioqui	alioqui	alioqui	alioqui	alioqui	alioqui	atqui
69	quoque	quoque	quoque	quoque, qui	quoque	quoque	quamquam
	et Ebrietatem	et Ebrietatem	et Ebrietatem	Ebrietatem	Ebrietatem	et Ebrietatem	Ebrietatem
	periboeton	periboeton	periboeton	periboeton	periboeton	periboeton	periboeton
70	canephoram	canephoran	canephoran	Oporan	Oporan	oporan	Oporan
	adfectus	adfectus	adfectus	adfectus	adfectus	adfectus	adfectus

220   Zur Textgestaltung

§	Detlefsen (1873)	Mayhoff (1897/1967)	Ferri (1946)	Rackham (1952/1968)	Le Bonniec (1953)	Jex-Blake (1966/1976)	Tusculum (1989)
71	fecit equis semper sine Alcmena ad Polycliti quamobrem	fecit equis semper sine Alcumena at Polycliti quam ob rem	fecit equis semper sine ..... at Polycliti quamobrem	fecit equis semper sine Alcmena at Polycliti quam ob rem	fecit equis semper sine Algumena at Polycliti quam ob rem	fecit se impari, equis sine Alcman poeta at Polycliti quamobrem	fecit equis semper sine Alcmena at Polycliti quamobrem
72	et aereum nullius	sed aereum nullius	et aereum nullius	sed aereum nullius	sed aereum nullius	et aereum nullius	sed aereum nullius
73 75	Boedas ut linum subter pedes trahatur	Boëdas ut linum subter pedes trahatur	Boedas ut in li[bramen]tum, subter, pedes trahantur	Boëdas ut linum subter pedes trahatur	Boedas ut †linum† subter pedes trahatur	Boedas ut *linum* subter pedes trahatur	Boedas ut linum subter pedes trahatur
	dente celetizontas musica quoniam dracones ictus	dente celetizontas myctica dracones ictus	dente ceretizontas myctica quoniam dracones ictus	ungue celetizontas mycetica dracones ictus	dente celetizontas myctica quoniam dracones ictus	dente celetizontas *musica* ictus	dente celetizontas myctica dracones ictus
76							
77	Eventuus infantis cliticon	Eventus infantes cliticon	Eventus infantis cliticon	Eventus infantes cliduchon	Euentus infantes cliduchon	Eventus infantes cliduchon	Eventus infantes cliduchon
78	in quo artem celetizontes	in quo artem celetizontes	in quo artem ceretizontes	in quo artem celetizontes	in quo artem celetizontes	in quo artem celetizontes	in quo aereum celetizontes
79	pancratii Lyciscum mangonem	pancratii Lyciscum mangonem	pancratii Lyciscum mangonem	pancratii Lyciscum, mango-nem	pancratii Lyciscus Langonem	pancratii Lyciscum, mango-nem	pancratii Lyciscum mango-nem
80	anhelante Aesculapium et Hygiam fecit	anhelante Aesculapio et Hygia	anhelante Aesculapio et Hygia	anhelante Aesculapio et Hygia	anhelantem fecit Aesculapium et Hygiam	anhelante Aesculapium et Hygiam ...	anhelante Aesculapio et Hygia
81	iniquom	iniquom	iniquom	iniquom	iniquom	iniquom	iniquum

Zur Textgestaltung

82	Philippensis celebratus. translatam Praeneste	Philippiensis celebratus: tralatam Praeneste	Philippensis celebratus. ⟨tralatam Praeneste⟩	Philippiensis celebratus: tralatam Praeneste	Philippiensis celebratus: translatam Praeneste	Philippiensis celebratus: tralatam Praeneste
83	tantae parvitatis ut totam eam	parvitatis ut miraculum: pictam eam	parvitatis miraculo fictam ut eam	parvitatis ut miraculum: pictam eam	tantae parvitatis ut miraculo fictam eam	tantae parvitatis ut-mirum dictu– eam	parvitatis ut miraculum: pictam eam
	utrosque	utrosque	utrosque	utrosque	utrosque	utrosque	utrumque
84	Boethi	Boethi	Boethi	Boethi	Boethi	Boethi	Boethi
	eximie	eximium	eximie	amplexando	+ eximie +	amplexando	eximium
	domuus	domus	domus	domus	domus	domus	domus
85	Dionysius, Diodorus	Diodorus	[Dionysius?], Diodorus	Dionysius, Diodorus	Diodorus	Dionysidorus	Diodorus
86	et luctatores	et	et luctatores	et [luctatores,]	et luctatores	et luctatores,	et
	perixyomenum anus	perixyomenum anus	perixyomenum anus	perixyomenum anus	perixyomenum anus	perixyomenum anus	perixyomenum anus
87	Chalcosthenes	Chalcosthenes	Kaikosthenes	Chalcosthenes	Chalcosthenes	Chalcosthenes	Chalcosthenes
88	matrem eius	matrem eius	matrem et	matrem eius	matrem eius	matrem eius	matrem eius
	Demaraten	Demaraten	Demaratum	Demaraten	Demaraten	Demaraten	Demaraten
89	inposuit	inposuit	inposuit	inposuit	inposuit	inposuit	inposuit
	hominis	inclusi hominis	hominis	inclusi hominis	hominis	hominis	inclusi hominis
	exprimere, primus et primus	et primus	et primus	et primus	et primus	et primus
90	copas uterque,	copas uterque;	*scopas uterque;*	copas uterque;	Scopas uterque …	Scopas *uterque*,	Scopas uterque …;
92	inane	insigne	inane	insigne	inane	inane	insigne
94	coronarium et regulare est, utrumque ductile. coronarium	[coronarium et regulare est utrumque ductile] coronarium		[coronarium et regulare est utrumque ductile] coronarium	[coronarium et regulare est utrumque ductile] coronarium		
95	perfusum aqua frigida sole	perfusum aqua frigida sale		profusum in aquam frigidam sale	profusum in aquam frigidam sale		coronarium perfusum aqua frigida sale

Zur Textgestaltung

§	Detlefsen (1873)	Mayhoff (1897/1967)	Ferri (1946)	Rackham (1952/1968)	Le Bonniec (1953)	Jex-Blake (1966/1976)	Tusculum (1989)
96	recoquunt	recocunt		recocunt	recoquunt		recoquunt
98	etiamnum	etiamnum		etiamnum	etiamnum		etiamnunc
100	prosunt	prosunt		prodest	prosunt		prosunt
	inutilis	inutilis		inutilis	utilis		inutilis
	existit	existit		existit	existit		exsistit
	nominis sui origi-nem	originis suae nomen		originis suae nomen	originis suae nomen		originis suae nomen
101	eructantur	eructarunt		eructarunt	eructarunt		eructarunt
	et ea ab	et ab eo		et ab eo	et ab eo		et ab eo
102	crusta	planitie crusta		planitiei crusta	planitie crusta		planitie crusta
103	redit	rediit		rediit	rediit		rediit
105	cadmiae	cadmeae		cadmeae	cadmeae		cadmeae
	aes ipsum	Et aes ipsum		Et aes ipsum	Et aes ipsum		Et aes ipsum
	collyri	collyrii		collyrii	collyrii		collyrii
106	vase	vasorum		vasorum	uasorum		vasorum
	mortario	in mortario		in mortario	in mortario		in mortario
	mini	minii		minii	minii		minii
107	mili	mili		mili	mili		mili
108	officinis omnia, pars maior paret nominibus	officinis. omnis parent nominibus:		officinis. omnis parent nominibus:	officinis. Omnis pars maior et nomina;		officinis. omnis parent nominibus:
	iis absunt	absunt		absunt	iis absunt		iis absunt
	ex his	ex iis		ex iis	ex his		ex iis
	commentaria	commentaria		commentaria	commentaria		commentaria praeceptaque
	iam pridem	iam quidem		iam pridem	iam quidem		iam quidem
	sic adteritur!	sic excitetur!		sic exhibetur!	sic exteritur.		sic excitetur!
109	ususu,	usus;		usus;	usus;		usus;

Zur Textgestaltung

	et amplius	squama et amplius	squama et amplius	squama et amplius
	item sedat	item sedis	item sedis	item sedis
	inpulsum	inpulsa	inpulsa	inpulsa
	duabus	II	duabus	II
110	ea modis	ea modis	ea modis	ea modis
	vasa	vasa	uasa	vasa
112	sincera sunt	sincera est	sincera est	sincera est
113	figulinum	figlinum	figlinum	figlinum
	cadmia	cadmea	cadmea	cadmea
	collyris	collyriis	collyriis	collyriis
114	ita maxime	ea maxime	ita maxime	ea maxime
	quattuor	IIII	quattuor	IIII
	duabus	II	duabus	II
	sex	VI	sex	VI
	ac genarum	et genarum	et genarum	et genarum
116	aestivosissimis	aestuosissimis	aestuosissimis	aestuosissimis
	vitium	vitiatum	uitiatum	vitiatum
	duae	II	duae	II
119	quam fuere	quam fuere	quae fuere	quam fuere
	in fictili	in fictili	in fictili	in fictili
	ex aceto	ex aceto	ex aceto	ex aceto
	cadmeae	cadmeae	cadmeae	cadmeae
	duae	II	duae	II
	etiamnum	etiamnum	etiamnum	etiamnunc
	si aceto	si aceto	si aceto	si vino
	quam vino	quam vino	quam uino	quam aceto
120	serpunt	serpant	serpunt	serpant
121	Cypriorum	Cypriorum	Cypriorum	Cypri
	sive terra	sine terra	sine terra	sine terra
122	excrecentis	excrescentes	excrescentes	excrescentes

Zur Textgestaltung

§	Detlefsen (1873)	Mayhoff (1897/1967)	Ferri (1946)	Rackham (1952/1968)	Le Bonniec (1953)	Jex-Blake (1966/1976)	Tusculum (1989)
123	immobilis	immobilibus		immobilibus	immobilibus		immobilibus
125	corrivato	conrivato		conrivato	conrivato		conrivato
126	depellenda	pellenda		pellenda	pellenda		pellenda
127	volnera	volnera		volnera	uolnera		etiam volnera
128	etiamnum	etiamnum		etiamnum	etiamnum		etiamnunc
	cadmiae	cadmeae		cadmeae	cadmeae		cadmeae
130	cadmia	cadmea		cadmea	cadmea		cadmea
131	pinna	pinna		panno	pinna		pinna
	media vis	eximia vis		eximia vis	Et media uis		eximia vis
133	inmaturis	inmaturis		inmaturis	inmaturis		inmaturis
	figulina	figlina		figlina	figlina		figlina
134	etiamnum	etiamnum		etiamnum	etiamnum		etiamnunc
	marila	marilla		marilla	marilla		marilla
135	remanet	remanet		remanet	remanet		remanet
136	ferruminari	ferruminari		ferruminari	ferruminari		ferruminari
	tralatum	tralatum		tralatum	translatum		tralatum
	nodum	nodum		nodum	nodum		nucleum
	diphryga	diphryga		diphryga	diphrygem		diphryga
	etiamnum	etiamnum		etiamnum	etiamnum		etiamnum
137	Messalae	Messallae		Messallae	Messallae		Messallae
	quodannis	quotannis		quotannis	quotannis		quotannis
	significari	significare		significare	significari		significari
138	instrumento	instrumento est		instrumento est	instrumento		instrumento est
	omnisque	omnesque		omnesque	omnesque		omnesque
	ingenii	ingenii		ingenii	ingenii		ingenii
139	quamobrem	quam ob rem		quam ob rem	Quam ob rem		quamobrem
	aliquod	aliquot		aliquot	aliquot		aliquot
	stilo	stilo osseo		stilo osseo	stilo osseo		stilo osseo

Zur Textgestaltung

		exstat	extat	extat	extat	exstat
140		Et tamen vita ipsa	et ars antiqua ipsa	Et tamen vita ipsa	Et tamen vita ipsa	et ars antiqua ipsa
142		etiam	etiam	Et ars antiqua ipsa	etiam	etiam
		Ceraso	Ceraso	et iam	Ceraso	certo
145		aqua ubi	aqua ubi	Ceraso	aqua ubi	aqua ubi
146		frangi.	frangi.	aqua aliubi ut frangi.	frangi.	frangi.
		tenuiora ferramenta oleo restingui mos est, ne aqua in fragilitatem durentur,	tenuiora ferramenta oleo restingui mos est, ne aqua in fragilitatem durentur,		Tenuiora ferramenta oleo restingui mos est, ne aqua in fragilitatem durentur.	tenuiora ferramenta oleo restingui mos est, ne aqua in fragilitatem durentur,
		fiat acies.	fiat acies.	fiat acies. tenuiora ferramenta oleo restingui mos est, ne aqua in fragilitatem durentur.	fiat acies.	fiat acies.
147		virus	virus	virus	uirus	vires
148		vulneraque	vulneraque	vulneraque	vulneraque	volneraque
		bullatione	bullatione	bullatione	bullatione	bulbatione
		inchoaverat	inchoaverat	inchoaverat	inchoauerat	incohaverat
149		aere	in aëre	in aëre	in aere	in aere
		incipiat	incipiat	incipiat	incipiat	incipiat
		aeris	aeri	aeri	aeris	aeri
151		sepulchris	sepulchris	sepulchris	sepulchris	sepulcris
152		gladio. sed	gladio. sed	gladio. sed	gladio. Sed	gladio. sed
153		velleribus	velleribus	in vellere, utiis	uellere, utiis	in velleribus
154		quamobrem	quam ob rem	quam ob rem	quam ob rem	quamobrem
		vulnera	vulnera	vulnera	uulnera	volnera
155		pari oboli	propolis oboli	propolis oboli	† pal † oboli	propolis oboli

Zur Textgestaltung

§	Detlefsen (1873)	Mayhoff (1897/1967)	Ferri (1946)	Rackham (1952/1968)	Le Bonniec (1953)	Jex-Blake (1966/1976)	Tusculum (1989)
	sex	VI		VI	sex		VI
	drachmae sex	drachmae VI		drachmae VI	drachmae sex		drachmae VI
	duae	II		II	duae		II
156	cerae sex	cerae X		cerae X	cerae sex		cerae X
	hoc	in hoc candidum		in hoc candidum	hoc [candidum]		in hoc candidum
	in insulas	in insulas		in insulas	in insulas		insulas
	et circumsutis	et circumsutis		et circumsutis	et circumsutis		corio
	corio	corio		corio	corio		circumsutis
157	cloacis	calathi		catillis	calathi		calathis
	camillis	caminis		caminis	caminis		caminis
159	fluit	fuit		fuit	fluit		fuit
	duabus	II		II	duabus		II
160	idem	iidem		iidem	iidem		iidem
161	liquescit	liquescat		liquescat	liquescit		liquescat
162	Alesia	in Alesia		in Alesia	Alesia		in Alesia
164	lex	lex ultro		lex	lex ultro		lex ultro
	custodiatur, ne	dicatur, ne		interdicat ut ne	dicatur, ne		dicatur, ne
	Iovetanum	Iovetanum		Ovetanum	Iovetanum		Iovetanum
165	aer	aër		aër	aer		aer
	Samariensi	Samariensi		Salutariensi	Samariensi		Samariensi
	✶ XIV	✶ CCLIV		✶ CCLIV	✶ XLV (?)		✶ CCLIV
	HS MM	HS CCCC		HS CCCC	HS CCCC (?)		HS CCCC
166	in aqua	in aquam		in aquam	in aqua		in aquam
	cohibuisse se	cohibuisse se		cohibuisse se	cohibuisse [se]		cohibuisse se
	dis	diis		dis	dis		dis
167	et ferro	et ferro		veru ferreo	et ferro		veru ferreo
	coquatur	coquatur		coquatur	coquatur		coquuntur
	et pestilens,	et pestilens est,		et pestilens;	et pestilens,		et pestilens est,

Zur Textgestaltung

169	et canibus quamobrem plumbeum pistillum	nocet canibus quam ob rem plumbeum pistillum	nocet canibus quam ob rem plumbum pistillo lapideo	et canibus quam ob rem plumbeum pistillum	canibus quamobrem plumbeum pistillum
170	usus ex eodem haemorroidas profectuus cocunt	usu est eodem haemorroidas profectus cocunt	usu est eodem haemorroidas profectus cocunt	usu est eodem haemorroidas profectus cocunt	usu est eodem haemorroidas profectus coquunt
171	specie et terra effecuus	specie et terra effectus	specie terrae effectus	specie et terra Effectus	specie et terra effectus
173	Zephyrio cocuntur	in Zephyrio coquuntur	in Zephyrio coquuntur	Zephyrio coquuntur	in Zephyrio coquuntur
174	tribus tribus	III III	III III	tribus tribus	III III
175	temperatur et cum laudatissimum decem	temperatur cum laudatissimam X	temperatur cum laudatissimam X	temperatur cum laudatissimam decem	temperatur cum laudatissimam X
177	virus	virus sulpuris	virus sulpuris	uirus sulpuris	virus sulpuris
178	valdius	valdius	valdius	ualdius	valdius

Abweichungen in der Interpunktion wurden in obiger Zusammenstellung nur gelegentlich berücksichtigt.

LITERATURHINWEISE

In Buch 34 bespricht Plinius die Metalle Kupfer, Eisen und Blei. Dabei werden wiederum nicht nur ihre Gewinnung und Verarbeitung, sondern auch ihre Verwendung in der Kunst und in der Heilkunde ausgiebig behandelt. Die sehr umfangreiche Literatur kann auch hier nur in Auswahl geboten werden, wobei vor allem die neueren Publikationen berücksichtigt wurden. Literaturangaben zu den in den Erläuterungen mit * bezeichneten Künstlern sind in der Tabelle S. 236 ff., zusammengefaßt.

Grundlegend:

H. Blümner, Technologie und Terminologie der Gewerbe und Künste bei Griechen und Römern. 4 Bde., Leipzig 1875–1887 (Neudruck Hildesheim 1969); (Bes. Bd. IV).

H. Brunn, Geschichte der griechischen Künstler. 2. Aufl. Stuttgart 1889.

Des Pedanius *Dioskurides* aus Anazarbos Arzneimittellehre in 5 Büchern, übers. und mit Erklärungen versehen von *J. Berendes*. Stuttgart 1902 (Neudruck Wiesbaden 1970).

EAA = Enciclopedia dell'Arte Antica. Roma 1958 ff.

R.J. Forbes, Studies in Ancient technology VIII (Metallurgy I) ⟨Sallmann Nr. 184⟩ and IX (Metallurgy II) ⟨Sallmann Nr. 556⟩. Leiden 1964.

W. Forth, D. Henschler, W. Rummel, Allgemeine und spezielle Pharmakologie und Toxikologie. Bibliograph. Inst. Zürich 1975.

A. Kalkmann, Die Quellen der Kunstgeschichte des Plinius, Berlin 1898.

Ph.H. Külb, Caius Plinius Secundus Naturgeschichte, übersetzt und erläutert, Stuttgart 1842 ff.

H.O. Lenz, Mineralogie der alten Griechen und Römer. Gotha 1861. (Neudruck 1966).

H. Lüschen, Die Namen der Steine. Thun 1968.

Literaturhinweise

F. Münzer, Beiträge zur Quellenkritik der Naturgeschichte des Plinius. Berlin 1897.

G. Oehmichen, Plinianische Studien zur geographischen und kunsthistorischen Literatur. Erlangen 1880 (Neudruck Hildesheim 1972).

J. Overbeck, Die antiken Schriftquellen zur Geschichte der bildenden Künste bei den Griechen. Leipzig 1868 (Neudruck Hildesheim 1971).

H. Rackham, Pliny Natural History. With an English translation. Vol. IX, London-Cambridge, Mass. 1952.

F. Römer, Plinius der Ältere. Forschungsbericht III im »Anzeiger für die Altertumswissenschaft«. Innsbruck 1978.

P. Rosumek, Technischer Fortschritt und Rationalisierung im antiken Bergbau. Diss. Univ. Bonn 1982.

W. Schneider, Lexikon zur Arzneimittelgeschichte. 7 Bde. Frankfurt a. M. 1968.

Theophrastus, De lapidibus. Edited with introduction, translation and commentary by *D. E. Eichholz*. Oxford 1965.

U. Thieme – F. Becker, Allgemeines Lexikon der bildenden Künste. Leipzig 1907–1950.

Besonders erwähnt sei:

H. Le Bonniec, Pline l'Ancien, Histoire naturelle, Livre XXXIV, mit ausführlichem Kommentar von *H. Gallet De Santerre und H. Le Bonniec*. Paris 1953.

Ferner die Artikel in der Realencyclopädie der classischen Altertumswissenschaft *(RE)*, neue Bearbeitung, hrsg. von *G. Wissowa – W. Kroll – M. Mittelhaus – K. Ziegler – H. Gärtner*, Stuttgart 1893–1980. Ferner in »Der Kleine Pauly«, Lexikon der Antike. Hrsg. von *K. Ziegler, W. Sontheimer und H. Gärtner*. 5 Bände. Stuttgart-München 1964–1975, und im »Lexikon der Alten Welt«, Zürich-Stuttgart 1965.

Einen Forschungsbericht über die in den Jahren 1938–1970 erschienene Literatur hat *K. Sallmann*, Plinius der Ältere 1938–1970, Lustrum 18, 1975, 5–352, herausgegeben.

Auf Einzelfragen gehen ein:

R. G. Austin, Quintilian on painting and statuary, ClassQuart 38, 1944, 17–26. ⟨Sallmann Nr. 573⟩ [34, 65]

K. C. Bailey, Further notes on the Historia Naturalis of Pliny, Hermathena XLVI, 1931, 39–53. [34, 94. 95. 96. 116. 117. 150. 165]

L. Banti, Die Welt der Etrusker. 1960. [34, 34]

O. Benndorf, Über eine Statue des Polyklet. Gesammelte Studien zur Kunstgeschichte. (Festgabe für A. Springer). Leipzig 1885, 255 f. [34, 55]

J. Bialostocki, Antyczne ›Topoi‹ w biografice artystyznei (Antike Topoi in der Künstlerbiographie), Meander 15, 1960, 226–230. ⟨Sallmann Nr. 585⟩ [34, 61]

M. Bieber, Damophon and Pliny, AJA 45, 1941, 94 f. ⟨Sallmann Nr. 576⟩ [34, 51]

M. Bieber, Pliny and Graeco-Roman Art, Hommages à J. Bidez et à F. Cumont, 1949, 39–42 (Coll. Latomus 2) ⟨Sallmann Nr. 577⟩ [34, 51]

J. M. Blázquez, Hispanien unter den Antoninen und Severern. ANRW II/3, 1975, 453–457 ⟨F. Römer, Forsch. ber. III Nr. 79b⟩ [34, 164]

H. Blümner, Über die Geschichte des Erzgusses bei Plinius Nat. Hist. XXXIV 54–67. Rh. M. XXXII, 1877, 591–613, ferner Der angebliche ›nudus talo incessens‹ des Polyklet. Verhandl. der 36. Vers. dt. Philolog. u. Schulmänner 1882 (Leipzig 1883) 257–262. [34, 55]

P. P. Bober, Mercurius Avernus, Marsyas 4, 1945/47, 19–47 ⟨Sallmann Nr. 572⟩ [34, 45]

S. Boucher, Pline l'Ancien, H. N. XXXIV, plumbum argentarium, RBPh 51, 1973, 62–67 ⟨F. Römer, Forsch. ber. III Nr. 295⟩ [34, 95. 159]

I. Calabi-Limentani, Lo schiavo Clesippo – Accessio di un candelabro. Acme 10/1–3, 1957, 17–20. ⟨Sallmann Nr. 567⟩ [34, 11/12]

H. Cancik, Zur Geschichte der aedes (Herculis) Musarum auf dem Marsfeld. MDAI Röm. Abt. 76, 1969, 323–328. ⟨Sallmann Nr. 559⟩ [34, 19]

R. *Carpenter*, Greek sculptures – A critical review, Chicago UP 1960 ⟨Sallmann Nr. 581⟩ [34, 24. 55]

E. *Castorina*, Licinio Calvo e i misteri di Io-Iside. GIF 5, 1952, 330–345 ⟨Sallmann Nr. 599⟩ [34, 166]

W. D. E. *Coulson*, The Reliability of Pliny's Chapters on Greek and Roman Sculpture. CW 69, 1976, 361–373. ⟨F. Römer, Forsch. ber. III Nr. 256⟩ [34, 49]

W. D. E. *Coulson*, The Nature of Pliny's remarks on Euphranor. CJ 67, 1971/72, 323–326. ⟨F. Römer, Forsch. ber. III Nr. 309⟩ [34, 50]

A. *D'Acinni*, Sull'ubicazione della statua loricata di Cesare. Bull. d. comm. arch. communale di Roma 71, 1943, 113–115. ⟨Sallmann Nr. 571⟩ [34, 18]

G. *Donnay*, Faut-il rajeuner Polyclète l'Ancien? Ant. Class 34, 1965, 448–463. ⟨Sallmann Nr. 574⟩ [34, 49]

H. *Drerup*, Zum Ausstattungsluxus in der römischen Architektur, Münster 1957. ⟨Sallmann Nr. 546⟩ [34, 13. 36]

»*Etrusker*«: Katalog der Ausstellung »Kunst und Leben der Etrusker« Zürich 1955. [34, 34]

S. *Ferri*, Note esegetiche ai giudizi d'arte di Plinio il Vecchio. Annali Reale sc. norm. sup. Pisa, lettere storia e filosofia ser. 2 vol. 11, 1942, 69–116. ⟨Sallmann Nr. 563⟩ [34, 55. 58. 92]

S. *Ferri*, Un emendamento a Plinio N. H. XXXIV 56. RAL XI, 1935, 770–774. [34, 56]

S. *Ferri*, Signa quadrata. RFIC, 1938, 163–166. [34, 56. 65]

S. *Ferri*, Nuovi contributi esegetici al ›canone‹ della scultura Greca. Riv. R. Ist. d'Arch. e Stor. dell'Arte 7, 1940, 117–152. ⟨Sallmann Nr. 584⟩ [34, 65]

W. *Fröhner*, Kritische Studien. Rh. M. XLVII, 1892, 291–311. [34, 48. 76]

A. *Furtwängler*, Dornauszieher, p. 38 Nr. 2. [34, 90]

H. *Gallet de Santerre*, Alexandre le Grand et Kymé d'Éolide. Bull. Corresp. Hellén. 71/72, 1947/48, 302–306.⟨Sallmann Nr. 568⟩ [34,14]

H. *Gallet de Santerre und H. Le Bonniec*, Autour du Texte de Pline »Nat.Hist.« XXXIV: A) Un oubli de Pline l'Ancien: le cas de sculpteur Antenor: [34, 17. 70. 86]. B) Lyciscos et Langon: [34, 86]. Rev. Arch. ser. IV t. 23, 1945, 107–114. ⟨Sallmann Nr. 570⟩

R. Ghirshman, Un précurseur urartien d'Apollon Philésios. Beitr. z. Alten Geschichte u. z. deren Nachleben, Berlin 1969, Bd. 1, 35–41. ⟨Sallmann Nr. 590⟩ [34, 75]

W. H. Groß, Quas iconicas vocant – Zum Porträtcharakter der Statuen dreimaliger olympischer Sieger. NAW Göttingen 1969, Phil.-Hist. Kl. Nr. 3, 61–76. ⟨Sallmann Nr. 569⟩ [34, 16]

R. Halleux, Les deux métallurgies du plomb argentifère dans l'Histoire naturelle de Pline. RPh 49, 1975, 72–88. ⟨F. Römer, Forsch. ber. III Nr. 279⟩ [34, 159]

F. Hauser, Gott, Heros und Pankratiast von Polyklet. Österr. Jahreshefte XII, 1909, 100–117. [34, 55]

E. Hohl, Die Anekdote von der Künstlerjury zu Ephesos. Hermes 83, 1955, 122–124 ⟨Sallmann Nr. 579⟩ [34, 53]

F. Imhoof-Blumer und O. Keller, Tier- und Pflanzenbilder auf Münzen und Gemmen des klassischen Altertums. Leipzig 1889 (Neudruck Hildesheim 1972) [34, 19. 55]

J. R. Jones, Pliny, Naturalis Historia, XXXIV 38.137. Latomus 30, 1971, 1139–1140 ⟨F. Römer, Forsch. ber. III Nr. 296⟩ [34, 137]

J. Keil, Skulpturengruppen zu Ephesus. Österr. Jahresh. XXXIX, 1952, 44. [34, 140]

O. Keller s. F. Imhoof-Blumer.

J. Klein, Dubius Avitus... Rh M XXXIII, 1878, 128 f. [34, 47]

W. Klein, Der Enkrinomenos des Alkamenes, Archeolog. epigr. Mitt. aus Österreich-Ungarn XIV, 1891, 6–9. [34, 72]

W. Klein, Der Contionans des älteren Kephisodot. Eranos Vindob. Wien, 1893, 142–144. [34, 87]

G. Kleiner, Über Lysipp. Festschr. B. Schweitzer, 1954, 227–239. [34, 62]

E. Langlotz, Die Larisa des Telephanes. Mus. Helv. 8, 1951, 157–170. ⟨Sallmann Nr. 587⟩ [34, 68]

A. W. Lawrence, Cessavit ars, Turning-points in Hellenic sculpture. Mél. d'arch. Paris, 1949, Vol. 2, 581–585. ⟨Sallmann Nr. 578⟩ [34, 51]

H. Le Bonniec s. H. Gallet de Santerre.

H. Leitner, Zoologische Terminologie beim Älteren Plinius. Hildesheim 1972. [34, 167]

G. Loeschcke, Archäologische Miscellen. IV Die pristae des Myron. Progr. Ac. Dorpat, 1880, 3–12 [34, 57]

A. Mahler, Niceratos. J D A I XX, 1905, 26–31. [34, 88]
Matz, Der Gott auf dem Elefantenwagen. AAMz, 1953, 10.479. [34, 19]
H. Michell, Oreichalkos. ClassRev 5, 1955, 21 f. ⟨Sallmann Nr. 557⟩ [34, 2]
P. Mingazzini, Sui quattro scultori di nome Scopas. RIA N. S. 18, 1971, 69–90. ⟨F. Römer, Forsch. ber. III Nr. 286⟩ [34, 49]
H. Moesta, Erze und Metalle – ihre Kulturgeschichte im Experiment. Berlin 1983. [34, 158. 159]
A. C. Moorhouse, A Roman's view of art, G&R 10, 1940, 29–35. ⟨Sallmann Nr. 562⟩ [34, 34. 93]
P. Moreno, Testimonianze per la teoria artistica di Lisippo. Roma 1973. ⟨F. Römer, Forsch. ber. III Nr. 291⟩ [34, 65]
E. Petersen, Kunstgeschichtliche Miscellen. Archäolog. Ztg. XXXVIII, 1880, 22–26. [34, 57. 75]
D. M. Pippidi, Insailari III, RivClas 15, 1943, 74 f. ⟨Sallmann Nr. 560⟩ [34, 164]
J. J. Pollitt, The Ancient view of Greek Art..., London 1974 ⟨F. Römer, Forsch. ber. III Nr. 252⟩ [34, 52]
J. J. Pollitt, Professional art criticism in ancient Greece, Gazette des Beaux Arts, 1964, 317–330. ⟨Sallmann Nr. 564⟩ [34, 58]
Projektgruppe Plinius: Im Arbeitskreis »Archäometrie« der Fachgruppe »Analytische Chemie«, Gesellschaft Deutscher Chemiker, haben sich Wissenschaftler verschiedener Richtungen (Philologen, Naturwissenschaftler, Techniker) zu einer »Projektgruppe Plinius« zusammengefunden, um die in der »Naturalis Historia« gemachten metallurgischen, technologischen usw. Ausführungen aus heutiger Sicht einer gründlichen Bearbeitung zu unterziehen. Zum vorliegenden Buch 34 sind bisher folgende Arbeiten erschienen:
Projektgruppe Plinius »Eisen«: Arch. Eisenhüttenwesen 51, 1980, Nr. 12, 487–492. [34, 143. 147. 149]
Projektgruppe Plinius »Kupfer«: in »Schriften der Georg-Agricola-Gesellschaft zur Förderung der Geschichte der Naturwissenschaften und der Technik e. V.« Düsseldorf 1985. 76 Seiten. [34, 4. 11 f. 94. 95. 96. 134]
Projektgruppe Plinius »Blei und Zinn«: Attempto Verlag Tübingen (Tübingen University Press 1989). [34, 157. 161]

J. Ramin, Les conaissances de Pline l'Ancien en matière de métallurgie. Latomus 36, 1977, 144–154 ⟨F. Römer, Forsch. ber. III Nr. 280⟩ [34, 159]

A. Raubitschek, Zu altattischen Weihinschriften. Österr. Jahresh. XXXI, 1938, Beibl. 41 f. [34, 71]

A. Rehm, Zur Rolle der Technik in der griechisch-römischen Antike. Archiv f. Kulturgeschichte 28, 1938, 135–162 ⟨Sallmann Nr. 558⟩ [34, 11 f.]

G. Richter, Pliny's five Amazons. Archeology 12, 1959, 111–115. ⟨Sallmann Nr. 580⟩ [34, 53]

B. S. Ridgway, A story of five Amazons. AJA 78, 1974, 1–17 ⟨F. Römer, Forsch. ber. III Nr. 288⟩ [34, 53]

B. S. Ridgway, Greek kouroi and Egyptian methods. AJA 70, 1966, 68–70. ⟨Sallmann Nr. 586⟩ [34, 65]

J. Riederer, Kunstwerke chemisch betrachtet. Berlin 1981. [34, 4. 5. 6. 10. 95]

J. Riederer, Archäologie und Chemie – Einblicke in die Vergangenheit. Ausstellung des Rathgen-Forschungslabors SMPK. Berlin 1987/88. [34, 6. 8. 16. 94. 98. 99. 100. 142. 156. 159]

G. Rizza, Una nuova pelike a figure rosse e lo ›Splanchnoptes‹ di Styppax. Annuario d. sc. Arch. di Atene e d. miss. Ital. in Oriente 37/38, 1959/60, 321–345. ⟨Sallmann Nr. 592⟩ [34, 81]

P. Rosumek, Pliny on a wet plaster (34. 155). Phoenix, Vol. 37, 1983, 129–134. [34, 155]

O. Schaaber, Diskussion der Plinius-Angaben über das Eisen anhand metallkundlicher Funduntersuchungen. Jahrbuch der Wittheit zu Bremen XVIII, 1974, 215–245. [34, 143]

O. Schaaber u. a., Metallkundliche Untersuchungen zur Frühgeschichte der Metallurgie. Archäologie und Naturwissenschaften 1., 1977, 221–268. [34, 143]

K. Schefold, Ante cuncta laudabilis. MDAI Röm. Abt. 57, 1942, 254–256. ⟨Sallmann Nr. 575⟩ [34, 50]

K. Schefold, Pompei... Festschrift B. Schweitzer, 1954, 297–310. [34, 52]

A. Schober, Zur Geschichte pergamenischer Künstler. Jh. ÖAI Wien 31, 1939, 142–149. ⟨Sallmann Nr. 595⟩ [34, 84]

B. Schweitzer, Zur frühpergamenischen Kunst. Archäol. Anz., Beibl. z. Jb. DAI 54, 1939, 408–413. ⟨Sallmann Nr. 594⟩ [34, 84]

G. *Siebert*, Mobilier délien en bronze. Etud. dél. = BCH Suppl. I, 1973, 555–587. ⟨F. Römer, Forschungsbericht III Nr. 283⟩ [34, 9]

L. *Sprague de Camp*, Ingenieure der Antike, übers. von R. Richter, Düsseldorf/Wien, 1964. ⟨Sallmann Nr. 405⟩ [34, 148]

L. G. *Stevenson*, On the meaning of the words cerussa and psimithium. JournHistMed 1955, 109–111. ⟨Sallmann Nr. 561⟩ [34, 175]

A. *Storchi Marino*, Le notizie Pliniane sui collegia opificum di età arcaica. AFLN 16, 1973/74, 19–36 ⟨F. Römer, Forsch. ber. III Nr. 282⟩ [34, 1]

U. *Täckholm*, Studien über den Bergbau der römischen Kaiserzeit. Upsala 1937. [34, 100]

R. *Tobin*, The cannon of Polykleitos. AJA 79, 1975, 307–321. ⟨F. Römer, Forsch. ber. III Nr. 289⟩ [34, 55]

A. *Tovar und J. M. Blázquez*, Forschungsbericht zur Geschichte des römischen Hispanien, ANRW II/3, 1975, 428–451. ⟨F. Römer, Forsch. ber. III Nr. 79a⟩ [34, 164]

J. M. *Toynbee*, Some notes on artists in the Roman world, Bruxelles 1951 (Coll. Latomus 6) ⟨Sallmann Nr. 653⟩ [34, 46]

L. *Urlichs*, Chrestomathia Pliniana. Berlin 1857, S. 304. [34, 18]

L. *Urlichs*, Der hageter arma sumens des Polyklet. WKPh XI, 1894, 1299–1302 [34, 56]

V. *Ussani*, Per un emendamento a Plinio. Rendic d. Reale acc. naz. Linc... ser. 6 vol. 13, Roma, 1937, 250–254. ⟨Sallmann Nr. 583⟩ [34, 56]

H. *Vetters*, Ferrum Noricum. Anz. ÖAW Wien, Phil. Hist. Kl. 103, 1966 (Nr. 25), 167–185. ⟨Sallmann Nr. 598⟩ [34, 143–145]

G. *Wille*, Musica Romana. Amsterdam 1967. Diss. Tübingen 1951. ⟨Sallmann Nr. 145⟩ [34, 166]

P. *Wuilleumier*, Tarente 1939. 2 Bde. [34, 11/12]

V. *Zinserling*, Die Anfänge griechischer Porträtkunst als gesellschaftliches Problem. Acta ant. acad. scient. Hungaricae 15, 1967, 283 ff. ⟨Sallmann Nr. 645⟩ [34, 83]

LITERATURANGABEN

zu den in den Erläuterungen mit * bezeichneten Künstlern
(Nähere bibliographische Angaben s. Literaturhinweise)

Name	§	Brunn	EAA	Kalkmann	Overbeck	RE	Thieme-Becker
Aetion	50	II 243 ff.	I 97	45 f. 222 f.	1941	I 1700 Nr. 1	I 106
Aleuas	86	I 526	I 247	—	2094	I 1374 Nr. 5	I 262
Alexis	50	I 276 f.	I 250	—	978	I 1471 Nr. 11	I 274
Alkamenes	49–72	I 334 ff.	I 255 ff.	119 ff.	811	I 1507 Nr. 5	I 293 ff.
Alkon	141	I 297	I 261	134	2043	I 1579 Nr. 15	I 297
Amphikrates	72	I 97 f.	I 324	193	448	I 1904 Nr. 5	I 422
Androbulos	86	—	I 360	—	2094	I 2143 Nr. 2	I 488
Antaios	52	I 535	I 404	—	2206	I 2343 Nr. 5	I 545
Antignotos	86	I 553	I 414	38. 207. 210	2249	I 2401	I 556 f.
Antigonos	84	I 442	I 416	205	194. 2004	I 2421 f. Nr. 19	I 557
Antimachos	86	I 526	I 417	—	2094	I 2436 Nr. 27	I 558
Apellas	86	I 287	I 460 f.	—	1020	I 2686 f. Nr. 9	II 23
Apollodoros	81. 86	I 398	I 476	—	—	I 2896 Nr. 75	II 31 f.
Arg(e)ios	50	I 276	I 619	41 (?)	—	II 702 f. Nr. 18	II 90
Aristeides	50. 72	I 276 f. 307	I 641 f.	—	978. 981	II 896 f. Nr. 29	II 102 f.
Aristodemos	86	I 421	I 646	207	1605	II 929 Nr. 35	II 104
Ariston	85	I 526	I 651	58. 61. 63	2093	II 960 Nr. 62	II 106
Aristonidas	140	I 464	I 652	134	2025	II 960	II 106 f.
Asklepiodoros	86	I 443	I 719	58. 234 ff.	1956	II 1636 f. Nr. 12	II 183
Asopodoros	50	I 276 f.	I 724	40	978	II 1705 Nr. 6	II 184
Athenodoros	50. 86	I 275 ff.	I 881	40. 55	978	II 2046 Nr. 25. 26	II 209

Literaturangaben zu den Künstlern 237

Baton	73. 91	I 527	II 18	198. 207	1594 f.	III 144 Nr. 8	III 35
Boedas	66. 73	I 408	II 123	6. 82	1516	III 594	IV 187 f.
Boethos	84	I 500	II 118 ff.	207	1597	III 604 ff. Nr. 12	IV 208 f.
Bryaxis	42. 73	I 383	II 196 ff.	30 ff. 125. 228	1316. 1320	III 916 ff.	IV 164 ff.
Chaereas	75	I 421	II 530	–	1602	III 2023 f. Nr. 9	VI 331
Chalkosthenes	87	I 526	–	–	1380	X 1503	XIX 439
(Kaikosthenes)			IV 288				
Chares	41. 44	I 415	II 534 f.	–	1539. 1555	III 2130 f. Nr. 15	VI 389 f.
Daidalos	76	I 278 f.	II 989		992	IV 2006 f. Nr. 2	VIII 283 f.
Daimon	87	–	II 990	–	2095	–	–
Daiphron	87	I 526	II 990 f.	–	2095	IV 2013 Nr. 3	VIII 286
Daippos	87	I 407 f.	II 991	197	1520	IV 2013 Nr. 3	VIII 286
Damokritos	87	I 106	II 998	–	467	IV 2070 f. Nr. 3	VIII 330
Deinomenes	50. 76	I 273	II 22 f.	206	922 f.	IV 2394 f. Nr. 7	VIII 565 f.
Deinon	50	I 276 f.	III 23	–	978	IV 2395 Nr. 9	VIII 564
Deliades	85	I 526	III 44	–	2093	IV 2435 Nr. 3	IX 21
Demeas	50	I 275 ff.	III 996	55	978	IV 2053 f. Nr. 5	VIII 317
Demetrios	76	I 256	III 68 f.	231	898	IV 2850 f. Nr. 122	IX 52 f.
Diodoros	85	I 105	III 103	–	469	V 714 Nr. 59	IX 310
Epigonos	88	I 526	III 368 f.	203. 207. 232	2095	VI 69 ff. Nr. 8	X 576 f.
Eubulides	88	I 551	III 512	216	2235	VI 871 ff. Nr. 10/11	X 69
Eubulos	88	I 526	III 513	–	2095	VI 879 Nr. 21	X 70
Eucheir	91	I 551	III 515	149 ff.	2236	VI 881 Nr. 2	X 71
Eukles	51	I 421	III 533	–	1601	VI 1054 Nr. 18	X 82
Eunikos	85	I 526	III 528	–	2167	VI 1128 Nr. 5	X 77
Euphorion	85	I 526	III 531	–	2093	VI 1190 Nr. 5	X 78
Euphranor	50. 77 f.	I 314 ff.	III 531 ff.	60. 106. 206	1787	VI 1191 ff. Nr. 8	X 78 ff.
Euphron	51	I 421	III 533	–	1601	VI 1219 Nr. 6	X 82
Eupompos	61	I 370	III 538	246 ff.	1444	VI 1236 Nr. 2	X 85
		II 130 f.					

238 Literaturangaben zu den Künstlern

Name	§	Brunn	EAA	Kalkmann	Overbeck	RE	Thieme-Becker
Euthykrates	51.66. 83	I 409	III 548 f.	51.82	1509.1522	VI 1507 f. Nr. 6	X 91 f.
Eurychides	51.78	I 411	III 554 f.	6.39.51.200	1516.1532	VI 1532 f. Nr. 2	X 93 f.
Glaukides	91	I 527	III 954	–	2096	VII 1401 Nr. 3	XIV 245
Gorgias	49	I 115	III 981 f.	41	356a	VII 1619 Nr. 12	XIV 399
Hagelades	49-55. 57	I 63 ff.	III 1085 f.	65 ff.	397	VII 2189 ff.	XV 454 ff.
Hagesias	78	I 101 f.	–	141.193	456	VII 2615 ff. Nr. 6	XVI 248 ff.
Hegias	49-78	I 101 f.	III 1128 f.	19.65 ff. 193	452.456	VII 2615 ff. Nr. 6	–
Hekataios	85	I 526	III 1133	–	2167	VII 2769 Nr. 7	XVI 321
Heliodoros	91	I 527	III 1135 f.	–	2096	VIII 42 Nr. 20	XVI 331 f.
Hikanos	91	I 527	IV 31	–	2096	VIII 1592	XVII 65
Hypatodoros	50	I 293 ff.	IV 61	–	1570	IX 250 Nr. 2	XVIII 214
Ion	51	I 421	IV 173	–	1601	IX 1869 Nr. 18	XIX 110
Iophon	91	I 527	IV 175	–	2096	IX 1901 Nr. 3	XIX 149
Isidotos	78	I 523	IV 241	–	2088	IX 2082 Nr. 2	XIX 252
Isigonos	84	I 442	IV 241	–	1994	IX 2082 f. Nr. 2	XIX 252
Kalamis	47-71	I 125 ff.	IV 291 ff.	176.209 ff.	508 ff. 2185	X 1532 ff. Nr. 1	XIX 453 ff.
Kallides	85	I 399	IV 296	–	1370	X 1632 Nr. 1	XIX 471
Kallikles	87	I 246	IV 296 f.	–	1038	X 1636 Nr. 5	XIX 471 f.
Kallimachos	92	I 251	IV 298 f.	175.202	893	X 1645 ff. Nr. 7	XIX 475
Kallistratos	52	I 535 f.	IV 303	–	2206	X 1749 Nr. 43	XIX 476
Kallixenos	52	I 535	IV 303	–	2206	X 1754 Nr. 2	XIX 476
Kallon	49	I 85 ff.	IV 304	7.41.65.67	419	X 1757 Nr. 1	XIX 481 f.

Literaturangaben zu den Künstlern 239

Kanachos	50. 75	I 276 f.	IV 308 f.	39 f.	983	X 1848 Nr. 2	XIX 512 f.
Kantharos	85	I 415	IV 313	–	1538	X 1885 Nr. 4	XIX 537
Kenchramis	87	I 400	IV 339	–	1373-75	XI 165	XX 148
Kephisodoros	74	I 269	IV 340	141 f. 193	2256	XI 229 Nr. 8	XX 162
Kephisodotos	50 f.	I 269 f.	IV 342 ff.	30. 52. 126	1137 ff.	XI 233 ff. Nr. 8	XX 163 ff.
Kephisodotos	87	I 391 ff.	–	207. 213	1331 ff.	XI 235 ff. Nr. 9	–
Kepis	87	I 526	IV 345	–	2095	XI 251	XX 482 f.
Kleon	87	I 285	IV 371	–	1013	XI 720 f. Nr. 13	XXI 252 f.
Kolotes	87	I 242	IV 380 f.	43. 140	844	XI 1112 f. Nr. 2	XXI 500 ff.
Kresilas	53-74	I 260 ff.	IV 405 ff.	41. 199 f.	870. 946	XI 1714 ff.	XXI 545 ff.
Kritias	49-85	I 101 ff.	IV 410 f.	38. 67	452	XI 1915 f.	XXII 30
Ktesias	85	I 526	–	–	2093	XI 2073 Nr. 2	XXII 30
Ktesilaos	75	I 260	IV 418	–	872 ff.	XI 2078	XXII 153
Kydon	53	I 261	IV 424	41	–	XI 2305 Nr. 2	
Laippos	51. 66	s. Daippos!		82. 197	2096	XII 2014 Nr. 27	XXIII 69
Leon	91	I 527	IV 566	–	–	XII 2051 f. Nr. 2. 4	–
Leontiskos	59	I 134	IV 570	144 ff. 214	2093	XII 2102 Nr. 2	–
Lesbokles	85	I 526	IV 597	–	1301 ff.	XII 1992 ff. Nr. 2	XXIII 66 ff.
Leuchares	50. 79	I 385 ff.	IV 565 f.	–			
(Leochares)							
Lykios	50. 79	I 258	IV 746 f.	55. 119	864 f.	XIII 2293 f. Nr. 5	XXIII 492
Lysippos	37. 40 f.	I 358		26 ff. 144 ff.	1443 ff.	XIV 48 ff. Nr. 6	XXIII 496 ff.
	51. 61 ff.						
Lysistratos	51	I 402	IV 753	51. 80	1513	XIV 66 f. Nr. 12	XXIII 500
Lyson	91	I 558	IV 753	–	2068	XIV 68 f. Nr. 5	XXIII 500
Menaichmos	80	I 418	IV 1013	26. 64. 234	1583	XV 702 Nr. 5	XXIV 380 f.
Menodoros	91	I 556	IV 1025	–	2260	XV 900 Nr. 6	XXIV 396
Menogenes	88	I 527	IV 1026	–	2095	XV 917 Nr. 4	XXIV 396
Mikon	88	I 502. 274	IV 1125 ff.	39. 79. 137	1089	XV 1557 ff. Nr. 2	XXIV 552 f.

Literaturangaben zu den Künstlern

Name	§	Brunn	EAA	Kalkmann	Overbeck	RE	Thieme-Becker
Myagros	91	I 525	V 300	–	2052	XVI 990	XXV 305
Myron	10. 49f. 57ff. 68. 79	I 142	I 315	148ff. 214ff.	533–550ff.	XVI 1124ff. Nr. 8	XXV 310ff.
Naukeros	80	I 526	V 360	206	2091	XVI 1898	XXV 359
Naukydes	50. 80	I 279	V 362ff.	40	995ff.	XVI 1966f. Nr. 2	XXV 360
Nesiotes	49	I 101ff.	–	38	452	XVII 77	XXV 394
Nikeratos	80. 88	I 272	V 473	198. 207. 232	919f.	XVII 314ff. Nr. 4	XXV 474f.
Patrokles	50. 91	I 277	V 992	40. 51. 55	983–986	XVIII 4 2273 Nr. 8	XXVI 299f.
Perellos	49	I 299	VI 33	–	–	XIX 663	
Periklymenos	91	I 473	VI 61	–	2040	XIX 794 Nr. 5	XXVI 414
Perillos	89	I 54	VI 61	193. 207	364	XIX 797 Nr. 9	XXVI 415
Phanis	80	I 411	VI 113f.	6. 210	1529	XIX 1776	XXVI 540
Pheidias	49. 53f. 72. 87	I 157ff.	VI 649ff.	21ff. 43ff.	620ff.	XIX 1919ff. Nr. 2	XXVI 541ff.
Philon	91	I 421	VI 126	–	1603	XX 55f. Nr. 53	XXVI 556
Phradmon	49–53	I 286	VI 139	55f.	1015	XX 739f.	XXVI 558
Phrynon	50	I 276	VI 140	–	978	XX 929 Nr. 3	XXVI 559
Piston	89	I 410	VI 196f.	–	1607	XX 1821	XXVII 112
Pollis	91	I 527	VI 284	–	2096	XXI 1417 Nr. 4	XXVII 220
Polygnotos	85	II 14ff.	VI 292ff.	23ff.	1066	XXI 1630ff. Nr. 1	XXVII 223f.
Polyidos	91	I 527	VI 297	–	2096	XXI 1662 Nr. 13	XXVII 224
Polykleitos	10. 49f. 53–55f. 58. 64. 68	I 210f.	VI 298	26ff. 55ff.	929f. 940. 944. 946. 952	XXI 1707ff. Nr. 10. 12	XXVII 224ff.
Polykles	50. 80	I 272	VI 298f.	7. 14. 30. 52	1138. 1146	XXI 1723 Nr. 8	XXVII 231
Polykles v. Athen	52	I 536	VI 298f.	–	2206	XXI 1724f. Nr. 9	XXVII 231

Literturangaben zu den Künstlern 241

Polykrates	91	I 398	VI 300	—	1369	XXI 1753 Nr. 10	XXVII 231
Posidonios	91	I 527	VI 408	—	2096	XXII 827 Nr. 7	XXVII 295
Praxiteles	50. 69 ff.	I 335 ff.	VI 433	208 ff.	1199. 1203. 1208	XXII 1788 ff. Nr. 5	XXVII 354 ff.
Prodoros	85	I 526	—	—	2093	XXIII 90	XXVII 418
Protogenes	91	I 468. II 233 ff.	VI 516	152 ff.	1934	XXIII 981 ff. Nr. 9	—
Pyromachos	51. 80. 84	I 273-443	VI 143	39-226	921. 1994	XX 1033 Nr. 2	XXVI 560
Pyrrhos	80	I 264 f.	VI 573		904	XXIV 169 f. Nr. 18	XXVII 481
Pythagoras (aus Regium)	49. 59 f. 68	I 132 ff.	VI 573	144 ff. 148 ff.	489 ff.	XXIV 305 ff. Nr. 14	XXVII 481 ff.
Pythagoras (aus Samos)	60	I 116	—	—	499	XXIV 307 f. Nr. 15	XXVII 481 ff.
Pyrhias	52	I 535	VI 577	—	2206	XXIV 549 Nr. 2	XXVII 485
Pythodikos	44. 85	I 526	VI 578	—	2093	XXIV 580	XXVII 485
Pythokles	52	I 535	VI 578	—	2206	XXIV 601 Nr. 12	XXVII 485
Pythokritos	91	I 461. 527	VI 579	232	2011	XXIV 602 Nr. 3	XXVII 485
Silanion	51. 81 f.	I 394	VII 288 ff.	55-150. 201	1351-1359	III A 2 ff. Nr. 1	XXXI 19 ff.
Simon	90	I 84	VII 315	437	III A 179 f. Nr. 12	XXXI 51
Skopas (die beiden)	49 90	I 318 ff.	VII 364 ff.	30 ff. 228	1149 ff.	III A 569 ff. Nr. 1/2	XXXI 115 ff.
Skymnos	85	I 105	VII 370		469	III A 687 f. Nr. 2	XXXI 127
Sostratos	51	I 421	VII 416	51	1601	III A 1201 Nr. 9	XXXI 302 f.
Sostratos	60	I 81. 299	VII 416	144 ff.	414. 1573. 1040	III A 1201 Nr. 8	
Sthennis	51. 90	I 391	VII 499	204	1343. 1347	III A 2479 f.	XXXII 35
Stratonikos	84 f. 90	I 442	VII 516	181. 226. 232	1994. 2002 f.	IV A 327 Nr. 4	XXXII 161 f.
Strongylion	82	I 267	VII 518 f.	205	879 f.	IV A 372 ff.	XXXII 205 f.
Styppax	81	I 265 f.	VII 535 f.	196. 202. 231	868	IV A 454 f.	XXXII 264
Symenos	91	I 527	VII 575		2096	IV A 1098 f. Nr. 1	XXXII 361

242 Literaturangaben zu den Künstlern

Name	§	Brunn	EAA	Kalkmann	Overbeck	RE	Thieme-Becker
Teisikrates	67.83. 89	I 410	VII 664 ff.	82 f. 205	1525 f.	V A 149 f.	–
Telephanes	68	I 298	VII 673	8 ff. 75. 209	1039	V A 360 f. Nr. 4	XXXII 510 f.
Theodoros	83	I 310 f.	VII 813	141. 193	292	V A 1917 ff. Nr. 195	XXXII 598 f.
Theomnestos	91	I 522	VII 816	158. 164	2047	V A 2036 Nr. 14	XXXIII 1
Therimachos	50	I 420	VII 824	222 f.	1941	V A 2369 Nr. 2	–
Thrason	91	I 421	VII 838	–	1608	VI A 563 Nr. 6	XXXIII 104
Timarchides	91	I 536	VII 856 f.	–	2213	VI A 1233 f. Nr. 4	XXXIII 175
Timarchos	51	I 392	VII 858	52	1331	VI A 1238 f. Nr. 12	XXXIII 176
Timochares (Deinochares?)	148	II 351	–	–	–	–	–
Timokles	52	I 536 ff.	VII 860	51	2206	VI A 1263 Nr. 9	XXXIII 180
Timon	91	I 296	VII 861	232	2072	VI A 1303 Nr. 15	XXXIII 181
Timotheos	91	I 383	VII 862 ff.	30 ff. 228	1330	VI A 1363 ff. Nr. 76	XXXIII 599 f.
Tisias	91	I 527	VII 880 f.	–	2096	V A 149 Nr. 7	XXXIII 217
Xenokrates	83	I 411	VII 1234	83. 205	1527	IX A 1531 f. Nr. 10	XXXVI 343
Zenodoros	45 ff.	I 603	VII 1249 f.	–	2273	X A 16 ff. Nr. 2	XXXVI 461
Zeuxiades	51	I 398	VII 1267 f.	151	1350	X A 376 ff.	XXXVI 472

REGISTER

Die Zahlen beziehen sich auf die betreffenden Paragraphen. Die griechischen Eigennamen sind in der lateinischen Form (wie im Text) aufgeführt. Die einzelnen Künstler werden durch *Kursivschrift* hervorgehoben, Kunstwerke durch *kursive Zahlen*; vgl. auch die Tabelle S. 236 ff.

Namenregister

L. Accius poeta 19
Achilles [Achillis interfector] s. Paris
 [Achilles *(Silanionis)] 82*
 [Achilles (pictus)] *152*
 [Achilleae effigies] *18*
C. Aelius tr. pl. *32. 32*
(L.) Aemilius Paulus (Macedonicus) 54
M. Aemilius iterum consul 30
M. (Aemilius) Scaurus aed. 36
Aesculapius *(Bryaxidis) 73*
 [Aesculapius (et Hygia) *(Nicerati)] 80*
Aetion 50
Africanus prior s. Cornelius
M. (Vipsanius) Agrippa 13. 62
Alcamenes (Phidiae discipulus) 49. 72
Alcibiades 26. 26
 [Alcibiades *(Pyromachi)] 80*
 [Alcibiades *(Nicerati)] 88*
Alcon 141
Alcumena *(Calamidis) 71*
Aleuas 86
Alexander Magnus 14. 48. 51. 59. 64. 67. 70. 150
 [Alexander *(Lysippi)] 63. 64. 64*
 [Alexander *(Euthycratis)] 66*
 [Alexander *(Chaereae)] 75*
 [Alexander *(Euphranoris)] 78*
 [Alexandri amicus] s. Hephaestio
 [Alexandri servator] s. Peucestes
Alexander s. Paris
Alexis (Polycliti discipulus) 50
Amazon *53; (Phidiae) 53. 54*
 [Amazon volnerata *(Ctesilai)] 75*
 [Amazon eucnemos *(Strongylionis)] 48. 82*
Amphicrates 72
Androbulus 86
Annius Fetialis 29
Antaeus 52
Antias s. Valerius
Antignotus 86
Antigonus 84
Antimachus 86
Antiochus (IV. Epiphanes) 24
(M.) Antonius triumvir 6. 58
Antonianum metallum *165*
Apellas 86
Apollo Palatinus 14, Apollo Pythius 26, Apollo Delphicus 14
 [Apollo (Apolloniates)] *39*
 [Apollo (Tuscanicus)] *43*
 [Apollo *(Myronis)] 58*
 [Apollo *(Pythagorae* Regini)] *59*

[Apollo *(Telephanis)*] 68
[Apollo sauroctonos *(Praxitelis)*] 70
[Apollo *(Batonis)*] 73
[Apollo Philesius *(Canachi)*] 75
[Apollo et Diana cum Latona puerpera *(Euphranoris)*] 77
[Apollo diadematus *(Leocharis)*] 79
Apollodorus (insanus cognominatus) 81. 86
[Apollodorus *(Silanionis)*] 81
Argius (Polycliti discipulus) 50
Argonautae *(Lycii)* 79
Aristides (Polycliti discipulus) 50. 72
Aristodemus 86
Aristogiton (tyrannicida) *17.* 72; s. tyrannicidae
[Aristogiton *(Praxitelis)*] 70
Ariston 85
Aristonidas artifex 140
Arsinoe [Arsinoes templum] 148
Artemon periphoretos *(Polycliti)* 56
Asclepiodorus 86
Asopodorus (Polycliti discipulus) 50
Astylos stadiodromos *(Pythagorae* Regini) 59
Athamas *(Aristonidae)* 140
Athenodorus (Polycliti discipulus) 50. 86
Attalus (I., rex Pergamenus) 84
Attus Navius *21. 22.* 29
Augustus 43, divus Augustus 19. 58
[divi Augusti amicus (Sallustius)] 3
[divi Augusti coniunx (Livia)] 3
[templum Augusti] 43
Autolycus pancratii victor *(Leocharis)* 79
Avitus s. Dubius

Baton 73. 91
Boedas *(Lysippi* discipulus) 66. 73

Boethus 84
Bonus Eventus *(Euphranoris)* 77
Brutus s. Iunius
Bryaxis 42. 73

(Q. Caecilius) Metellus (Macedonicus) 31. 64
Caesar s. Claudius, Germanicus, Iulius
Calamis (a) 47; *(b)* 71. 71
Callicles 87
Callides 85
Callimachus (et pictor, catatexitechnus appellatus) 92
Callistratus 52
Callixenus 52
Callon 49
L. (Calpurnius) Piso (Frugi) 14. 29. 30
Calvus s. Licinius
Camenae 19
Camillus s. Furius
Canachus 50. 75
Cantharus Sicyonius 85
Spurius Carvilius quaestor 13
Sp. Carvilius (Maximus) 43
Sp. Cassius (Vecellinus) 15. 30
Cassius Salanus (avunculus Dubii Aviti) 47
Castores 23
[Castor et Pollux *(Hegiae)*] 78
Cato s. Porcius
Catulus s. Lutatius
[Catuliana Minerva *(Euphranoris)*] 77
Cenchramis 87
Cephisodorus 74
Cephisodotus 50. 51
[*Cephisodotus* prior] 50. 87
[*Cephisodotus* sequens] 51. 87
Cepis 87
Ceres *15*
[Ceres *(Sthennidis)*] 90

C. Cestius (Gallus) consularis 48
Chaereas 75
Chalcosthenes 87
Chares Lindius 41. 44
Cicero s. Tullius
Claudius Caesar (Kaiser) 40
  [Claudii principatus] 69
Cleon 87
Clesippus fullo gibber 11
P. Clodius (Pulcher) tr. pl. 21
  [Clodiana nex] 139
Cloelia *28*. 28. 29
Tullus Cloelius *23*
Cocles s. Horatius
Colotes (*Phidiae* socius) 87
Concordia [Concordiae aedes] 73.
  77. 80. 89. 90
Cornelia (Gracchorum mater, Africani prioris filia) *31*
P. (Cornelius) Lentulus (Spinther) cos. 44
(P. Cornelius Scipio) Africanus prior 31
P. Cornelius Scipio (Nasica Corculum) censor 30
(L. Cornelius) Sulla dictator 26. 27
Ti. Coruncanius *24*
L. Crassus s. Licinius
Cresilas 53. 74
Critias 49. 85. 85
Ctesias 85
Ctesilaus 75
Cydon 53

Daedalus 76
Daemon 87
Daiphron 87
Daippus 87
Damocritus 87
Dareus rex (Persarum) 68
decemviri 21
Deliades 85

Demarate (*recte:* Dinomache) Alcibiadis mater *(Nicerati)* 88
Demeas Clitorius (*Polycliti* discipulus) 50
Demetrius Phalereus 27
Demetrius (I., Poliorcetes, rex) 41
  [Demetrius *(Tisicratis)*] 67
Demetrius 76
Diana [Dianae Ephesiae templum] 53
  [Diana et Apollo cum Latona puerpera *(Euphranoris)*] 77
Dicaeus citharoedus (*Pythagorae* Regini) 59
Dinomenes 50. 76
Dinon (*Polycliti* discipulus) 50
Diodorus (*Critiae* discipulus) 85
Dubius Avitus (provinciae Galliae praeses) 47
C. Duillius 20
Duris (Samius) 61

Ebrietas *(Praxitelis)* 69
Epigonus 88
Erinna 57
Euander (rex) 33
Eubulides 88
Eubulus 88
Euchir 91
Eucles 51
Eumenes (II., rex Pergamenus) 84
Eunicus 85
Euphorion 85
Euphranor 50. 77. (78)
Euphron 51
Eupompus pictor 61
Eurotas *(Eutychidis)* 78
Euthycrates (*Lysippi* discipulus) 51. 66. 83
Eutychides 51. 78
(Q.) Fabius (Maximus) Verrucosus (Cunctator) 40

(C.) Fabricius *32*
Felicitas [Felicitatis aedes] 69
Fetialis s. Annius
(C.) Flaminius (Nepos) [Flaminius circus] 13
Fortuna Huiusce Diei [Fortunae Huiusce Diei aedes] 54. 60
Fufetia virgo Vestalis *25*
C. Fulcinius *23*
(M. Furius) Camillus 13. *23*

Gaia s. Taracia
Ganymedes *(Leocharis)* 79
Gegania 11. 12
Germanicus Caesar 47
Glaucides 91
Gorgias Lacon 49
Gorgo *(Demetrii)* 76
Gracchi [Cornelia Gracchorum mater] *31*
Graecia *(Euphranoris)* 78
Gratidianus s. Marius

Hagelades 49. 55. 57
Hagesias 78
Hannibal *32*
Harmodius tyrannicida *17*. 72; s. tyrannicidae
  [Harmodius *(Praxitelis)*] 70
Hecataeus 85
Hegias 49. 78
Helena 77
Heliodorus 91
Hephaestio (amicus Alexandri Magni, *Lysippi* nec *Polycliti*) 64
Hercules (triumphalis) *33*
  [Hercules (Tarentinus)] *40*
  [Hercules *(Polycliti)*] 56
  [Hercules *Myronis*] 57
  [Hercules *(Euthycratis)*] 66
  [Hercules *(Hagesiae)*] 78
  [Hercules tunicatus *(auctoris incerti)*] 93

[Hercules ferreus *(Alconis)*] *141*
Hermaphroditus *(Polyclis)* 80
Hermodorus Ephesius legum interpres *21*
Hicanus 91
Homerus 158
M. Horatius Cocles 22. 29
Hortensius s. Hortalus
(Q.) Hortensius (Hortalus) orator 48
(C. Hostilius) Mancinus *18*
Hygia (Aesculapius et Hygia)
  [Hygia *(Nicerati)*] 80
  [Hygia *(Pyrrhi)*] 80
Hypatodorus 50

Ianus geminus *33*
Iollas 104
Ion 51
Iophon 91
Iovetanum plumbum 164
Isidotus 78
Isigonus 84
(C. Iulius) Caesar dictator *18*
(L. Iunius) Brutus (expulsor regum) 28
(M. Iunius) Brutus Philippensis (Caesaris interfector) 82
P. Iunius *24*
Iuno [Iunonis cella] 38
  [Iuno *(Batonis)*] 73
Iuppiter
  [Iuppiter Olympius *(Phidiae* et *Colotis)*] 49. 54. 87
  [Iuppiter Servator] 74
  [Iuppiter Stator] 29
  [Iuppiter Tonans *(Leocharis*, in Capitolio)] *10*. 79
  [Iuppiter (in campo Martio)] *40*
  [Iuppiter (in Capitolio)] 43
  [Iuppiter Latiaris] 43
  [Iuppiter *(Lysippi)*] *40*

Register

[Iuppiter *(Sthennidis)*] 90
Laippus (Lysippi discipulus) 51. 66
Larisa *(Telephanis) 68*
Latona puerpera Apollinem et Dianam infantes sustinens *(Euphranoris) 77*
Leaena scortum *(Amphicratis) 72*
Learchus Athamantis filius *(Aristonidae) 140*
P. Lentulus s. Cornelius
Leochares 79
Leon 91
Leontiscus *(Pythagorae* Regini) 59
Lesbocles 85
Leuchares 50
Liber pater
 [Liber pater *(Praxitelis)*] 69
 [Liber pater *(Cephisodoti* prioris)] 87
(C. Licinius) Calvus orator 166
L. (Licinius) Crassus orator 14
L. (Licinius) Lucullus imperator 93
 [Luculli filius pupillus] 93
 [Luculli *(Plur.)*] 36
M. (Licinius) Lucullus 39
(C. Licinius) Mucianus ter cos. 36
Livia Drusilla (divi Augusti coniunx) 3
 [Livianum aes] 3. 4. 4
Lucretia 28
Lucullus s. Licinius
Luperci [Lupercorum habitus] 18
Q. (Lutatius) Catulus 54. 77
Lyciscus mango *(Leocharis) 79*
Lycius (Myronis discipulus) 50. 79. 79
Lysimache Minervae sacerdos *(Demetrii) 76*
Lysippus Sicyonius (primo aerarius faber) 37. 40. 41. 51. 61. (62). 63. (64.) 80
 [*Lysippi* secta] 67

Lysistratus (Lysippi frater) 51
Lyson 91

C. Maenius 20
Magnus s. Alexander, Pompeius
Mancinus s. Hostilius
Cn. Manlius (Vulso) 14
Q. Marcius Tremulus 23
(Sex. Marius) 4
 [Marianum aes] 4
(M.) Marius Gratidianus 27
Mars *(Pistonis) 89*
 [Martis Ultoris aedes] 48. 141
 [Martius campus] 40
Menaechmus 80. 80
Menodorus 91
Menogenes 88
Mercurius
 [Mercurius *(Zenodori)*] 45
 [Mercurius *(Polycliti)*] 56
 [Mercurius *(Naucydis)*] 80
 [Mercurius Liberum patrem in infantia nutriens *(Cephisodoti* prioris)] 87
 [Mercurius *(Pistonis)*] 89
Messalla s. Valerius
Metellus s. Caecilius
 [Metelli publica porticus] 31
Metrodorus Scepsius (Misoromanus) 34
Micon 88
Minerva
 [Minerva *(Phidiae* in Parthenone)] 54
 (formosa) 54, (alia) 54
 [Minerva *(Myronis)*] 57
 [Minerva mirabilis *(Cephisodori)*] 74
 [Minerva myctica *(Demetrii)*] 76
 [Minerva Catuliana *(Euphranoris)*] 77
 [Minerva *(Hegiae)*] 78

[Minerva *(Pyrrhi)*] 80
[Minerva *(Sthennidis)*] 90
[Minervae sacerdos Lysimache *(Demetrii)*] 76
L. Minucius (Esquilinus Augurinus) praefectus annonae 21
Mucianus s. Licinius
(L.) Mummius (Achaicus) 12. 36
Myagrus 91
Myron Eleutheris natus (*Hageladae* discipulus) 10. 49. 50. 57. (58). 68. 79

Naucerus 80
Sp. Nautius (Rutilus) *23*
Naucydes 50. 80
Nero princeps 45. 46. 48. 63. 166
 [principis simulacrum *(Zenodori)*] 45
 [Neronis comitatus] 82
 [Neronis violentia] 84
Nesiotes 49
Niceratus 80. 88
Numa (Pompilius) rex 1. 33
Nymphodorus 104

Octavia (minor) 31
Cn. Octavius 13. *24*
Opora *(Praxitelis)* 70

Sextus Pacuvius Taurus aed. pl. 22
Paris Alexander *(Euphranoris)* 77
Patrocles 91
Patroclus 50
Paulus s. Aemilius
Pax [Pacis templum] 84
Perellus 49
Pericles Olympius 81
 [Pericles Olympius *(Cresilae)*] 74
Periclymenus 91
Perillus 89
Perseus *(Myronis)* 57

Perseus rex (Macedonum) 13
Peucestes *(Tisicratis)* 67
Phalaris tyrannus 89
Phanis (*Lysippi* discipulus) 80
Phidias Atheniensis 49. 53. 54. 56. 72. 87
Philesius s. Apollo
Philippus pater Alexandri Magni
 [Philippus *(Chaereae)*] 75
 [Philippus *(Euphranoris)*] 78
Philon 91
Phradmon 49. 53
Phryne meretrix *(Praxitelis)* 70
Phrynon (*Polycliti* discipulus) 50
L. Piso s. Calpurnius
Piston 89
Pollis 91
Pollux (Castor et Pollux *Hegiae*) 78
Polycles 50. 80
Polycles Athenaeus 52
Polyclitus Sicyonius (*recte*: Argivus, *Hageladae* discipulus) 10. 49. 50. 53. 55. (56). 58. 64. 68. 72
Polycrates 91
Polygnotus (idem pictor) 85
Polyidus 91
(Cn.) Pompeius Magnus 139
 [Pompei Magni aedes] 57
 [Pompeianum theatrum] 40
C. Popilius (Laenas) iterum cos. 30
M. Popilius (Laenas) censor 30
(M. Porcius) Cato (Censorius) 31
(M. Porcius) Cato (Uticensis) 92
Porsina rex 29. 29. 139
Posidonius Ephesius 91
Praxiteles 50. 69. (70)
Prodorus 85
Proserpina [Proserpinae raptus *(Praxitelis)*] 69
Protesilaus *(Dinomenis)* 76
Protogenes (idem pictor) 91
Ptolemaeus (II. Philadelphos) 148

Publicola s. Valerius
Pyromachus 51. 80. 84
Pyrrhus 80
Pyrrhus rex *(Hegiae)* 78
Pythagoras (philosophus) 26. 26
Pythagoras Reginus 49. 59. 60. 68
Pythagoras Samius (initio pictor) 60
Pythias 52
Pythocles 52
Pythocritus 91
Pythodemus luctator *(Dinomenis)* 76
Pythodicus 44. 85

Romulus *23*
L. Roscius *23*

Sabinus s. Septimius
Salanus s. Cassius
(Sallustius Crispus) amicus divi Augusti 3
[Sallustianum aes] 3
Satyrus
  [Satyrus *(Myronis)*] 57
  [Satyrus *(Lysippi)*] 64
  [Satyrus periboetos *(Praxitelis)*] 69
M. Scaurus s. Aemilius
Scopas 49. 90
Scymnus (Critiae discipulus) 85
Seleucus (I. Nicator, rex)
  [Seleucus *(Bryaxidis)*] 73
  [Seleucus *(Aristodemi)*] 86
T. Septimius Sabinus aed. (curul.) 93
Servilii [Serviliorum familia] 137
  [Servilia familia] 137
Sibylla 22. 29
Silanion (nullo doctore nobilis) 51. 81. (82)
Simon eques *(Demetrii)* 76
Simon 90
Socrates 26
Sol [Solis colossus Rhodi *(Charetis)*] *41*

[Sol Rhodiorum *(Lysippi)*] *63*
[Solis colossus Romae *(Zenodori)*] *45*
Sostratus (a) 51; (b) 60
sphinx *48*
Spintharus pentathlus *(Telephanis)* 68
Stallius s. Sthennius
Sthennis 51. 90
Sthennius Stallius Lucanus 32
Stratonicus 84. 85. 90
Strongylion 82
Styppax Cyprius 81
Sulla s. Cornelius
Superbus s. Tarquinius
Symenus 91

Taracia Gaia virgo Vestalis *25*
Tarquinius (rex) 29
Tarquinius Priscus (rex) 22
Tarquinius Superbus (rex) 29
  [Superbi domus vestibulum] 29
(Titus) Tatius *23*
Taurus s. Sextus Pacuvius
Telephanes Phocaeus 68
Telephus (pictus) *152*
Tellus [Telluris aedes] 30
(M. Terentius) Varro 56
Teuta Illyriorum regina 24
Themistocles 26
Theodorus (ipse se fudit) *83*
Theomnestus 91
Theon praeco 11
Therimachus 50
Thrason 91
Tiberius princeps 62
Timarchides 91
Timarchus 51
Timochares architectus 148
Timocles 52
Timon 91
Timotheus 91

Tisias 91
Tisicrates Sicyonius (*Euthycratis* discipulus) 67. 83. 89
Titus imperator [Titi atrium] 55
Tremulus s. Q. Marcius
Trophonius *(Euthycratis)* 66
M. (Tullius) Cicero 6. 48
Tullus s. Cloelius
tyrannicidae *(Antignoti)* 86

Valeria (Publicolae cos. filia) 29
(Valerius) Antias 14
M. (Valerius) Messalla (Corvinus) 22
 [Messalla senex] 137
(P. Valerius) Publicola cos. 29
Varro s. Terentius
Venus *(Praxitelis)* 69

(C.) Verres reus 6. 48
Verrucosus s. Fabius
Vespasianus princeps 84
Vesta [Vestae aedes] 13
 [Vestalis virgo] s. Taracia Gaia
Virtus *(Euphranoris)* 78
Vitellius [Vitelliani] 38

Xenocrates (*Tisicratis* aut *Euthycratis* discipulus) 83
Xenophon 79
Xerxes Persarum rex 68. 70

Zenodorus 45. 46. 47
Zenon philosophus 92
Zeuxiades (*Silanionis* discipulus) 51

Geographisches Register

Achaia 12. 36
Aegina (insula) 11
 [Aeginetica aeris temperatura] 75
 [Aegineticum aes] 8. 10. 10
Aegyptus [Aegyptium collyrium] 105
 [Aegyptium sori] 120. 120
Africa [Africum sori] 120
Alesia 162
Alexandria 148
Alpes [Alpinus tractus] 3
Aminaea [Ammineum vinum] 103
Anagnia 23
Antium [Antiates] 20
Apollonia Ponti urbs 39
Arverni 45. 47
Asia 14. 34
Athenae 27. 36. 64
– ara ad templum Iovis Servatoris *(Cephisodori)* 74
– Parthenon 54

– portus Atheniensium 74
Athenaeus *Polycles* 52
Athenienses 17. 70. 72
 [Atheniensis *Phidias*] 49
Atlanticum mare 156

Baetica 165
Bergomates [Bergomatium ager] 2
Bilbilis 144
Bituriges 162
Brittannia 164
Brundisium 160

Campania 2
 [Campanum aes] 95. 96
Cantabria 148. 149. 158
Capitolium s. Roma
Cappadocia 142
Capraria [Caprariense nigrum plumbum] 164

Register

Capua 95
Ceutrones 3
Chius [Chium vinum] 104
Cimolus [Cimolia creta] 155
Clitorium [Clitorius *Demeas*] 50
Comum 144
Corduba [Cordubense aes] 4
Corinthus 6. 7. 12
   [Corinthia candelabra] 12
   [Corinthia signa] (6). 7. (12). 48
   [Corinthia vasa] 7
   [Corinthia porticus] 13
   [Corinthium aes] 1. 6. 8
Cyme 14
Cyprus 2. 103. 107. 121. 135
   [Cypria aerugo] 114
   [Cypria expeditio] 92
   [Cypria spodos] 130
   [Cypria squama] 109
   [Cyprium aes] 4. 94. 94. 98. 106. 116. 172
   [Cyprium atramentum] 126
   [Cyprium sori] 120. 120
   [Cyprium spodium] 170
   [Cyprius *Styppax*] 81

Delphi 36. 59. 64. 66
   [Delphicae cortinae tripodum] 14
   [Delphici pentathli *(Myronis)*] 57
   [Delphicus Apollo] 14
Delus 9
   [Deliacum aes] 8. 9. 10
Didymaeum 75

Eleutherae [Eleutheris natus *Myron*] 57
Ephesii 58
   [Ephesiae Dianae templum] 53
   [Ephesius Hermodorus] 21
   [Ephesius *Posidonius*] 91
Etruria 34, s. Tuscanica (signa)
Euphrates amnis 150

Eurotas *(Eutychidis)* 78

Fidenae [Fidenates] 23

Gallaecia 156. 158
Galli 84
Gallia 3. 45. 96
   [Galliae] 162. 164
   [Galliarum inventum] 162
Germania provincia 2
Graecia *(Euphranoris)* 78
Graeca res 18
Graecanicus color 98
Graeci 19. 27. 35. 69. 123. 135. 150. 156
Graia gens 26

Hispania 123. 144. 164
   [Hispaniense plumbum argentarium] 95
   [Hispaniense sori] 120

Ilium [Iliaca tempora] 158
Illyrii 24
Ilva (insula) 142
India 163
Iovetanum [plumbum nigrum] 164
Italia 2. 33. 34. 43. 59. 96. 142. 144

Lacaenae saltantes *(Callimachi)* 92
Lacon *Gorgias* 49
Larisa *(Telephanis)* 68
Latini prisci 20
   [Latinum (nomen)] 65
Latium [Latiaris Iuppiter] 43
Laurium [Lauriotis] 132
Libys puer *(Pythagorae* Regini) 59
Lindus [Lindius *Chares*] 41
Lucanus [Sthennius Stallius Lucanus] 32
Lusitania 156
Lysimachea 56

Macedonia 64

Norici 145

Oleastrum [Oleastrense plumbum nigrum] 164
Olympia 16. 36. 59
  [Olympius Iuppiter *(Phidiae* et *Colotis)]* 49. 54. 87
  [Olympius Pericles *(Cresilae)*] 74. 81
oraculum Trophonii 66

Palatium s. Roma
Pantheon s. Roma
Parion
  [in Pario colonia] 78
Parthenon s. Athenae
Parthi [Parthicum ferrum] 145
Persae [Persarum rex] 70
Persis 70
Phalerum [Phalereus Demetrius] 27
Philippi [Philippensis Brutus] 82
Phocaea *(an* Phocis?)
  [Phocaeus *Telephanes*] 68
Poeni 20
Pontus 39
Praeneste 83
provinciae 2. 31. 47. 96

Rhegium [Reginus *Pythagoras*] 59. 60
Rhodii
  [Rhodiorum Sol *Lysippi*)] 63
  [Rhodia aerugo] 112
Rhodus (insula) 36. 41. 41. 140. (141). 175
Roma 10. 15. 17. 27. 28. 31. 32. 45. 54. 56. 64. 73. 77. 80. 89. 90. 93. 141
  [Romana celebratio] 19
  [Romanae provinciae] 31
  [Romana res] 18
  [Romanum inventum] 15
  [Romanum nomen] 34
  [Romanus populus] 1. 20. 62. 139
– aedes s. auch templum
  [aedes Camenarum] 19
  [aedes Castorum] 23
  [aedes Concordiae] 77
  [aedes Felicitatis] 69
  [aedes Fortunae Huiusce Diei] 54. (54). 60
  [aedes Iovis Statoris] 29
  [aedes Iovis Tonantis] 10. 78
  [aedes Martis Ultoris] 48
  [aedes Pompei Magni] 57
  [aedes Telluris] 30
  [aedes Vestae] 13
– arcus 27
– atria 17
  [in Titi imperatoris atrio] 55
– bibliotheca templi Augusti 43
– campus Martius 40
  campus Tiberinus 25
– Capitolium 22. 38. 39. 40. 43. 44. 77. 79
  [in Capitolio in Iovis Tonantis aede] 10
– cella Iunonis 38
– circus 20
  [ad circum Flaminium] 13
  [apud circum maximum] 57
– columnae: (C. Maenii) 20; (C. Duillii) 20; (L. Minucii) 21
– comitium 21
  [in cornibus comitii] 26
– curia 21. 21. 26
– domus
  [domus aurea Neronis] 84
  [domus Camilli] 13
  [domus privatae] 17
  [Superbi domus in vestibulo] 29
– forum 17. 20. 24. 30

Register

[forum boarium] 10. 33
[forum (Iulium)] 18
- Ianus geminus 33
- opera
  [in Octaviae operibus] 31
  [in operibus Vespasiani principis] 84
- Palatium
  [Palatinus Apollo] 14
- Pantheon 13
- pons sublicius 22
- porta Trigemina 21
- porticus
  [porticus duplex Corinthia Cn. Octavii] 13
  [in Metelli porticu publica] 31
- regia 48
- rostra (20). 22. 23. 23. 24. 24. 93
- suggestus 20
- tabulae aereae 99
- templum s. auch aedes
  [templum Apollinis Palatini] 14
  [templum Augusti] 43
  [templum Concordiae] 73. 80. 89. 90
  [templum Martis Ultoris] 141
  [templum Pacis] 84
- theatrum 62
  [theatrum Pompeianum] 40
  [theatrum temporarium] 36
- Thermae Agrippae 61
- tituli in statua Herculis tunicati 93
- tribus vici 27
- urbs (nostra) 1. 7. 7. 14. 20. 32. 36. 49. 84. 84

Samariense metallum 165
Samus [labyrinthus *Theodori*] 83
  [Samius *Pythagoras*] 60

Samnites 23. 43
  [Samniti bello] 26
Scepsis [Scepsius Metrodorus] 34
Seplasia (via sc. Capuensis) 108. 108
Seres 145
  [Sericum ferrum] 145
Sicyon
  [Sicyonius *Cantharus*] 85
  [Sicyonius *Lysippus*] 61
  [Sicyonius *Polyclitus*] 55
  [Sicyonius *Tisicrates*] 67
Sulmo 145
Syracusae 59
  [Syracusana in Pantheo capita columnarum] 13
  [Syracusana superficies Vestis aedis] 13

Tarentum 11. 40
Thasus [Thasium acetum] 114
Thebae (urbs Boeotiae) 14. 59
  [Thebanus senex *(Tisicratis)*] 67
Thebae (urbs Aegypti)
  [Thebaïcum mortarium] 106. 169
Thermae s. Roma
Thespiae 66
Thessalia 68
Thurii [Thurini] 32. 32
Tiberis 29
  [Tiberinus campus] 25
Turiasso 144
Tuscia
  [Tuscanicus Apollo] 43
  [Tuscanica signa] 34

Volsinii 34

Zephyrium 173
Zeugma 150

Sachregister

Adler 79
Alaun 106. 116. 149
alutiae 157
Amazone 48. 53. 54
amminäischer Wein 103
Ammoniakharz 114. 115
antipathia 150
antispodos 133
Apfelquitte 133
apoxyomenos 55. 62
argentarium 160 f.
arrhenicum 178
As 4
astragalizontes 55
Augensalben 105. 113 f. 122. 131
aurichalcum 2. 4

Becher 47. 141. 163
Beinschiene 43
Berggrün 116
Bienenharz 155
Bildgießerkunst 33. 35
Bildhauerkunst 65
Bildwerke 15 f. 36. 49. 54. 62 f. 65. 83
Bimsstein 102. 112
Bitumen 15
Blei (»schwarzes Blei« = plumbum nigrum; »Weißes Blei« = plumbum album = Zinn, s. d.) 96. 98. 105. 156. 158-173. 175
Bleischlacke 171. 174
Bleiweiß 150. 168. 170. 175 f.
Blut 146
botryitis 101
Brombeere 133
Bronze 43. 49. 54. 69. 72. 83. 92. 96. 98 f.
...aiginetische 8. 10 f.
...delische 8-10
...kampanische 95
...korinthische 1. 6-8. 12. 48
...leberfarbige (hepatizon) 8
...syrakusanische 13
Bronzeguß 46
Brustharnisch 43
bulbatio 148
buthytes 78
Bux 133

caldarium 94
capnitis 101
cassiterum = Zinn, s. d. 156. 158
catatexitechnus 92
chalcanthon = Schusterschwärze, s. d. 114. 123
chalcitis 2. 117. 119-121
Curie 26

Denar 160 f. 165
diadumenus 55
diphryges 135 f.
doryphorus 55
Dreifüße aus Bronze 14
Drittelas 137

Edelsteine 163
»Eidechsentöter« (sauroctonos) 70
Eisen 138-152. 154. 167. 170
...parthisches 145
...serisches 145
Eisenerze 142. 149
Eisenhammerschlag 154 f.
Elefanten 19
Elfenbein 49. 54
encrinomenos 72
Eßgeschirr 7
Essig 106. 110 f. 114. 116. 119. 129. 149. 153. 169. 175. 177
eucnemon 82

Register

Feigenbaum 133
Fett 168
Flötenspielerin 63

galena 159. 173
Galläpfel 112
Galmei (cadmea) 2. 100–105. 113. 117. 119. 130. 169
Gerste 170
Gips 150
Glas 148
Götterbilder 9. 15. 34
Gold 1. 5. 8. 15. 46. 49. 54. 63. 94. 121. 137. 157. 163. 173. 177f.
Golddenar 37
Grauspießglanz 169
Grille 57
Grünspan 99. 110–115. 160

Harn 116
Heilkunde: Verwendung folgender Metalle und ihrer Verbindungen zur Heilung verschiedener Krankheiten:
  Kupfer 100ff. 108f.
  Galmei 105
  Eisen 151–155
  Blei 166ff.
  Sandarach 177
  arrhenicum 178
Helm 43
Heuschrecke 57
hieracium 114
Holz 34
Honig 105. 122. 126. 177
Hündin aus Bronze 38
Hund 57. 63. 151

iconicae (Bildwerke »nach dem Leben dargestellt«) 16
incoctilia (sc. vasa = verzinnte Gefäße) 162

Kalb 80
Kandelaber 11f.
Kanon 55
Kohle 134
Kolosse 39–43. 45. 54. 78
Krätzemittel 119
Kranz, goldener 32
Kranzkupfer (coronarium) 94
Kreide, kimolische 155
Kronleuchter 14
Kuh des Myron 57
Kunstfertigkeit 5. 47
Kupfer 1f. 94–100. 105. 110. 117. 123. 136. 140. 149. 155. 163
...sallustianisches 3
...livianisches 3f.
...marianisches oder kordubisches 4
...zyprisches 94. 106. 116. 172
...weißes 109f. 160
...Stangenkupfer (regulare) 94
Kupferarbeiter 1
Kupferblüte 107. 109
Kupfererz 130
Kupfergruben 1
Kupferhammerschlag 107
Kupferschlacke 107
Kupferschuppe 107–109

Lampen 7
Lauchsaft 118
lauriotis 132
Leuchter 11f.
Linnen 133
lonchoton 124

Magnetstein 147f.
Marmor 112
Marterwerkzeuge 89
Mastix 133
Maulbeere 133
misy 114. 117. 120f.

Mörser 104. 106. 168 f. 171
molybdaena 173 f.
myctica 76
Myrte 133

Natron 116

Ochsengalle 94
Öl 95. 99. 146. 155. 173 f.
Ölbaum 133
Ölhefe 174
Oenanthe 133
onychitis 103
ostracitis 103

pancratiastes 57. 59
Papyrusasche 170
Pech 99. 150
periboetos 69
periphoretos 56
perixyomenos 86
Perle 163
Pfahlbrücke 22
Pfeilertischchen aus Bronze 14
Pferd 66. 71
Pflanzengummi 112
Philesius 75
placitis 102
plastice 35
plumbago 168
pompholyx 128–130
Porträtkunst 16. 35. 64
pseliumene 70
psimithium = Bleiweiß s. d.
pyrites 135

Rednertribüne 20. 22–24
Reiterstandbilder 19. 23. 28 f.
Rind aus Bronze 10
Rötel 135
Rosenöl 121. 168
Rost 141. 146. 150. 152–154
Rührlöffel 170

Säulen 20. 27. 40
Säulenhalle, korinthische 13
Safran 114
Salz 95. 106. 116. 125
Sandarach 176–178
Schatzkammer (aerarium) 1
Schatzmeister (tribuni aerarii) 1
Schenktische aus Bronze 14
Schiffsschnäbel 20
Schlüsselträgerin (cliduchus) 54
Schuldner (obaerati) 1
Schusterschwärze 112. 114. 123–127
Schwefel 106. 167–171. 177
Schwellen aus Bronze 13
scolex 116
Sechsgespanne 19
Sesterz 4. 11. 45. 165
Silber 1. 5. 46. 84 f. 91. 137. 158–163.
 173. 177
Silberhüttenblei 95. 97 f.
Silberschaum 174. 176
smegma 134
Sold der Kriegstribunen 11
Sold der Soldaten (aera militum) 1
Soldaten, deren Sold gekürzt ist
 (aere diruti) 1
Sonnengott 41
sory 117 f. 120
Speiselager 9
Sphinx 48
Spiegel 160
splanchnoptes 81
Spodos 128–131. 170
Stäbchen (für das Tonmodell) 46
stagnum 160
Stahl 143–145
stalagmia 124
Standbilder 15–22. 24–29. 31 f. 45.
 47–49. 60. 98
 ... mit der Toga bekleidete 18
 ... im Gewande der Panpriester
 (Luperci) 18

Stangenkupfer (regulare) 94
Statuen 24. 26. 30–32. 34. 43. 56.
  92 f. 148. 163
Steckenkraut 170
Stierleim 133
stomoma 108
stricturae 143
Symmetrie 65

Talent 41
Terpentinbaum 133
Terpentinharz 115. 177
tertiarium 160 f.
Tischbetten aus Bronze 14
Ton 34. 46
Topfbronze 98
Toreutik 54. 56
Triumphbogen 27
Türflügel aus Bronze 13

Unze 114

Viergespanne 19. 63 f. 66. 71 f. 78.
  80. 83. 88
Viertelas 165

Wachs 155. 174
Wagen 163
Waschbecken 7
Wassermet 126
Weihrauch 113
Wein 104. 169. 172
Weintrester 111

Zedernholz 177
Zinn (»weißes Blei«) 156–158.
  160–163
Zinnober 106
Ziseleur 85. 90
Zweigespanne 19 f. 71 f. 78. 86. 89
Zypergras 133

Verzeichnis der Quellenschriftsteller

Annales. Sammelname für historische Aufzeichnungen, die nach Jahren gegliedert sind. Die *annales maximi* wurden vom Pontifex Maximus P. Mucius Scaevola wohl im Jahre 123 v. Chr. aus den ursprünglich im Hause des Pontifex aufbewahrten Unterlagen in 80 Büchern zusammengestellt. Neben den Namen der Beamten enthielten die Annalen auch Nachrichten über wichtigere Ereignisse (Sonnen- und Mondfinsternisse, Naturkatastrophen, Teuerungen usw.) des betreffenden Jahres. 24. 25

Annius Fetialis, röm. Historiker des 1. Jh.s n. Chr. (?), über den nichts Näheres bekannt ist. 29

Antias s. Valerius Antias

Antigonos aus Karystos auf Euboia, griech. Schriftsteller und Erzgießer des 3. Jh.s v. Chr.; er lebte am Hofe des Königs Attalos I. von Pergamon, wo er an Statuen des Siegesdenkmals über die Gallier mitarbeitete. Neben seinem Hauptwerk über das Leben berühmter Philosophen verfaßte er auch theoretische Schriften über Metallarbeiten und Malerei *(volumina condidit de sua arte)*. Index. 84

L. Calpurnius Piso Frugi, röm. Historiker des 2. Jh.s v. Chr., Konsul 133 v. Chr., Zensor 120 v. Chr. In seinem bis auf geringfügige Bruchstücke

verlorenen Geschichtswerk *Annales* behandelte er die Zeit von Aeneas bis zum Ende des 3. Punischen Krieges (146 v. Chr.). Index. 14. 30
Cato s. M. Porcius Cato
Cicero s. M. Tullius Cicero
Corvinus s. M. Valeria Messalla Corvinus

Duris aus Samos, griech. Historiker des 4./3. Jh.s v. Chr.; ein vielseitiger Schriftsteller, dessen heute verlorenes Hauptwerk *Historiai* in mehr als 20 Büchern die makedonische Geschichte von den Anfängen bis auf Pyrrhos von Epeiros (281 v. Chr.) schilderte. Weitere, ebenfalls nicht erhaltene Werke befaßten sich mit Fragen der Dichtkunst, Malerei, Musik und Toreutik. Index. 61

Erinna, griech. Dichterin; sie lebte um die Mitte des 4. Jh.s v. Chr. auf der Insel Telos. Einige ihrer Gedichte, die von ergreifender Unmittelbarkeit des Ausdrucks sind, blieben erhalten, jedoch nicht das von Plinius angesprochene Epigramm. 57

Fasti. Röm. Amts- und Festkalender. Er wurde vom Pontifex maximus geführt (daher *annales maximi*) und in der Regia am Forum aufbewahrt. Die Aufzeichnungen beginnen mit dem Jahre 404 v. Chr. (nach andern erst 296 oder 249 v. Chr.). Cn. Flavius, Ädil im Jahre 304 v. Chr., ließ sie in Marmortafeln meißeln und öffentlich aufstellen; P. Mucius Scaevola, Pontifex Maximus des Jahres 123 v. Chr., veröffentlichte sie unter dem Titel *Annales* (s. d.). Die erhaltenen inschriftlichen Reste befinden sich heute im Konservatorenpalast auf dem Kapitol (daher *Fasti Capitolini*). 137
Frugi s. L. Calpurnius Piso Frugi

Homeros, ältester griech. Dichter, gilt als Verfasser der beiden Epen *Ilias* und *Odýsseia*, worüber freilich der Streit der Gelehrten bis heute andauert. 158
Hortalus s. Q. Hortensius Hortalus
Q. Hortensius Hortalus, 114–50 v. Chr., der bedeutendste Redner *(orator)* der republikanischen Zeit neben Cicero, der ihm seit dem Verresprozeß (70 v. Chr.) den Rang abzulaufen begann. 48

Iollas, griech. Arzt des 3. Jh.s v. Chr., Verfasser eines heute verlorenen Werkes über die Heilkräfte der Kräuter. Index. 104

C. Licinius Mucianus, röm. Politiker des 1. Jh.s n. Chr., dreimal Konsul *(ter cos.)*, Helfer und Berater des Kaiser Vespasianus, führte in seinem nicht erhaltenen Reisetagebuch, das Plinius häufig einsah, Merkwürdigkeiten aus allen Bereichen an. 36

Register

Menaichmos, ein Erzgießer unbekannter Zeit und Herkunft. Er schrieb auch über seine Kunst *(scripsit de sua arte)*. Eine Identität mit Menaichmos aus Sikyon (2. Hälfte des 4. Jh.s) ist nicht beweisbar. Index. 80

Messalla s. M. Valerius Messalla Corvinus

Metrodoros aus Skepsis, griech. Philosoph und Rhetor des 2. Jh.s v. Chr., Schüler des Karneades; lehrte in Rhodos und Rom, schrieb u. a. aber auch historische Werke, die heute verloren sind. Index. 34

Mucianus s. C. Licinius Mucianus

Nymphodorus aus Syrakus, griech. Schriftsteller des 4./3. Jh.s (?) v. Chr., verfaßte geographische Werke, darunter eine Küstenbeschreibung Kleinasiens *(Períplus Asías)*. Index. 104

Piso s. L. Calpurnius Piso Frugi

M. Porcius Cato Censorius, 234–149 v. Chr., röm. Politiker und Schriftsteller, Verfechter altrömischer Tugend; er verfaßte zur Unterweisung seines Sohnes in verschiedenen Wissensgebieten die *Libri ad Marcum filium*, in denen er praktische Lebensweisheit und Verhaltensregeln bot. Erhalten ist *De agricultura*, eine Unterweisung für den Gutsbesitzer, während sein Hauptwerk *Origines*, eine Darstellung der älteren römischen Geschichte in sieben Büchern, ebenso verloren ist wie die Sammlung seiner rd. 150 Reden. 31

Q. Sextius Niger, 1. Jh. n. Chr., Arzt; er verfaßte ein heute verlorenes Werk *Perì hýlēs iatrikḗs;* vgl. Pedanius Dioskurides. Index

Simon aus Athen, wohl 5. Jh. v. Chr.; er verfaßte eine Schrift *Perì hippikḗs (qui primus de equitatu scripsit)*, von der sich Teile erhalten haben. 76

M. Terentius Varro, röm. Gelehrter und Schriftsteller, 116–27 v. Chr.; durch seine vielseitige Begabung und Tätigkeit nahm er eine zentrale Stellung im geistigen Leben seiner Zeit ein. Seine naturwissenschaftlichen Schriften sind bis auf wenige Fragmente verlorengegangen. Index. 56

M. Tullius Cicero, 106–43 v. Chr., der große Politiker, Redner und Philosoph der ausgehenden Republik. Der von ihm gegen Verres angestrengte Prozeß *(Actiones in Verrem)* fällt in das Jahr 70 v. Chr. 6. 48

L. Valerius Antias, röm. Historiker des 1. Jh.s v. Chr.; sein in etwa 60 Fragmenten erhaltenes Geschichtswerk *Annales* schilderte in wenigstens 75 Büchern die Zeit von der Gründung Roms bis auf Sulla (79 v. Chr.). Index. 14

M. Valerius Messalla Rufus, 64 v.–13 n. Chr., röm. Feldherr, Politiker, Schriftsteller und Redner. Er sammelte um sich einen Dichterkreis, aus dem Tibullus besonders hervortrat, schrieb aber auch selbst griech. und lat.

Gedichte, verfaßte Memoiren, betrieb philologische Studien und übersetzte die Reden griech. Rhetoren ins Lateinische; von all diesen Werken sind aber nur geringfügige Fragmente erhalten geblieben. Index. 137
Vetustissimi auctores. Nicht näher bestimmbare Quellenschriftsteller; möglicherweise sind die *Annales* gemeint. 139
Varro s. M. Terentius Varro

Xenokrates aus Ephesos, Sohn eines Zenon, griech. Schriftsteller des 1. Jh.s n. Chr., der verschiedene, heute verlorene Werke über naturwissenschaftliche Themen (Botanik, Mineralogie) verfaßte *(de sua arte composuit volumina)*. Index. 83
Xenophon aus Athen, griech. Historiker und Schriftsteller, 430/25–nach 355 v. Chr.; neben seinen größeren historischen Werken *(Anábasis, Helleniká, Kyrupaidía* u. a.) verfaßte er auch verschiedene kleinere Schriften, darunter das *Sympósion*, zu dem der Pankrationsieg des jungen Autolykos im Jahre 422 den Anlaß gab. 79

Nicht unter die Quellenschriftsteller der *Naturalis historia* kann Pedanius Dioscurides aus Anazarbos in Kilikien eingereiht werden. Dieser Zeitgenosse des älteren Plinius wirkte als Militärarzt unter Claudius und Nero in verschiedenen Provinzen des Reiches und galt als der berühmteste Pharmakologe des Altertums. Seine griech. geschriebene Arzneikunde *(Perì hýlēs iatrikḗs)* ist in reich illustrierten Handschriften des 6. und 7. Jh.s (Österr. Nationalbibliothek Wien, Cod. med. graec. 1, und Biblioteca nazionale Napoli) erhalten und behandelt in fünf Büchern etwa 600 Pflanzen und fast 1000 Heilmittel; sie wurde im 6. Jh. unter dem Titel *Materia medica* ins Lateinische übersetzt (Bayer. Staatsbibliothek München, Cod. lat. 337, und Bibliothèque nationale Paris, cod. 9332 – 8./9. Jh.).
Eine alphabetische Bearbeitung des Stoffes mit verschiedenen Zusätzen aus anderen Quellen diente unter dem Titel *Dyascorides* während des Mittelalters als pharmakologisches Kompendium; daneben gab es seit dem 9. Jh. verschiedene Bearbeitungen und Übersetzungen, u. a. auch ins Arabische, Syrische und Hebräische, die die Bedeutung des Werkes bis in die Neuzeit begründeten. Die z. T. wörtlichen Übereinstimmungen des Dioskurides mit Plinius (z. B. *nat. hist.* 34, 100–178) beruhen auf der Benutzung der gleichen Quelle, wohl des Arztes Q. Sextius Niger.

AUFBAU UND INHALT

Das vorliegende Buch 34 befaßt sich mit den Metallen Kupfer (§ 1–137), Eisen (§ 138–155) und Blei (§ 156–176). Plinius behandelt aber nicht nur die Gewinnung und Verarbeitung dieser Metalle und ihrer Legierungen bzw. Verbindungen, sondern geht auch ausführlich auf ihre Verwendung in der Kunst und in der Heilkunde ein. Die Anordnung des wiederum ungemein reichhaltigen Materials ist allerdings leider nicht ganz einheitlich, wohl bedingt durch die Fülle der vom Autor eingesehenen Literatur.

Im einzelnen ergibt sich folgender Aufbau:

§ 1–137: Kupfer und Bronze

§ 1–10: Verschiedene Arten der Bronze, ferner Galmei (cadmea), chalcitis, aurichalcum

§ 11–14: Aus Bronze hergestellte Gegenstände (Kandelaber, Schwellen, Türflügel usw.)

§ 15–48: Die Verwendung der Bronze in der Kunst: Götterbilder, Standbilder für berühmte Persönlichkeiten, Kolosse

§ 49–52: Aufzählung griechischer Künstler aus der 83.–156. Olympiade (448–156 v. Chr.)

§ 53–71: Berühmte Künstler (z. B. Pheidias, Polykleitos, Myron usw.) und ihre wichtigsten Werke, in chronologischer Reihenfolge

§ 72–84: Weitere Künstler und ihre Werke, meist in alphabetischer Reihenfolge

§ 85: Künstler, die »durch keines ihrer Werke besonders ausgezeichnet sind«

§ 86–90: Künstler, die »Werke der gleichen Art geschaffen haben«

§ 91: Künstler, die vor allem Wettkämpfer, Jäger und Opfernde geschaffen haben

§ 92–93: einige bemerkenswerte Künstler und ihre Werke

§ 94–137: Verschiedene Arten des Kupfers und seiner Legierungen. Kupfer und seine Verbindungen in der Heilkunde

§ 138–155: Gewinnung und Verwendung des Eisens,
darunter § 147f.: der Magnetstein und § 151–155: Verwendung des Eisens in der Heilkunde

§ 156–176: Gewinnung und Verwendung von Blei und seiner Verbindungen, darunter das »weiße Blei« = Zinn
§ 166 ff. Verwendung von Blei in der Heilkunde
§ 175 f.: das Bleiweiß

§ 177–178: Die Schwefelarsenverbindungen Sandarach und arrhenicum sowie ihre Verwendung in der Heilkunde

Plinius beginnt seine Ausführungen mit dem Kupfer und der Bronze, von der er die wichtigsten Arten erwähnt (§ 1–10). Dann aber nehmen die kunsthistorischen Bemerkungen einen außerordentlich breiten Raum ein (§ 11–93). Die Frage der Quellen, aus denen Plinius diese Informationen geschöpft hat, bereitet allerdings große Schwierigkeiten (s. auch »Quellenschriftsteller«, S. 258 ff.). Eine zusammenfassende Darstellung hat bereits G. Oehmichen, »Plinianische Studien zur geographischen und kunsthistorischen Literatur« (1880, Neudruck 1972), versucht. An neueren Arbeiten sei vor allem auf den Artikel von W. Kroll in RE XXI Sp. 369–401 und die umfangreiche Einführung von H. Le Bonniec und H. Gallet de Santerre in der französischen Ausgabe von Buch 34 (Paris 1953, »Les belles Lettres«) hin-

gewiesen. Über neuere Literatur (bis 1970) referiert die verdienstvolle Arbeit von K. Sallmann in »Lustrum« (Göttingen 1977), S. 256–272. In den »Erläuterungen« der vorliegenden Ausgabe wurde versucht, die wesentlichen Gesichtspunkte herauszustellen. Um aber den Umfang der »Erläuterungen« nicht zu sehr anschwellen zu lassen haben wir, wie schon in den Büchern 33 und 35, die einzelnen Künstler in einer Tabelle mit den wichtigsten Literaturstellen zusammengefaßt (s. S. 236 ff.). Manche Fragen der Künstlergeschichte müssen allerdings offenbleiben und werden wohl auch nicht mehr zu beantworten sein. Die außerordentliche Bedeutung der plinianischen Ausführungen über die künstlerische Metallverarbeitung erfährt jedoch hierdurch keine Minderung.

Nach dieser umfangreichen Darstellung geht Plinius in Fortsetzung des bereits § 1–10 Gesagten wiederum auf die Metallurgie des Kupfers ein (§ 94–99) und wendet sich dann dem Gebiet der Heilkunde zu (§ 100–137). Die ätzende und adstringierende Eigenschaft der Kupferverbindungen (z. B. Kupfervitriol) ergibt in der Therapie mehrfache Anwendungsmöglichkeiten, die Plinius ausführlich darstellt. Dabei werden auch Zinkverbindungen (Galmei) erwähnt (§ 100).

Bei der Besprechung des Eisens und Bleis geht Plinius in analoger Weise vor wie beim Kupfer, nur nicht ganz so ausführlich.

Nach allgemeinen Bemerkungen über die Bedeutung des Eisens (§ 138 f.) wird die künstlerische Verwendung besprochen (§ 140 f.). Darauf folgt die Metallurgie des Eisens (§ 142–150), wobei auch der »Magnetstein und seine Anziehungskraft« (§ 147 f.) nicht vergessen wird. Eisen und Eisenverbindungen (»Rost« § 152 f.) spielen in der Heilkunde eine Rolle (§ 151–155). Einige magische Praktiken (§ 151) werden erwähnt und sind wiederum als Kuriositäten zu werten.

Vom Blei nennt Plinius zwei Arten, eine schwarze und eine weiße (§ 156). Das »weiße Blei« ist das Zinn, das in der Form des Zinnsteins, SnO_2, in der Antike mannigfach verwendet wurde. Gewinnung und Anwendungsmöglichkeiten von Blei und Zinn werden besprochen (§ 157–165). In der Heilkunde ist das Blei und seine Verbindungen trotz der bekannten Toxizität mehrfach eingesetzt worden (§ 166–176). Vom Bleiweiß (§ 175 f.) sagt Plinius allerdings, daß es, im Trank genommen, tödlich sei.

Am Schluß des Buches erwähnt Plinius noch kurz zwei Schwefelarsenverbindungen (Sandarach und arrhenicum, § 177–178), die in der Heilkunde ebenfalls einige Verwendung gefunden haben.

Große Übereinstimmung bei der Verwendung der Metalle und ihrer Verbindungen in der Heilkunde mit der »Materia medica« des Dioskurides ist wiederum auffallend, wonach die Annahme berechtigt ist, daß beide Autoren, die sich aber offenbar persönlich nicht gekannt haben, dieselbe Quelle (wohl Sextius Niger) benützten.

Plinius hat auch für dieses Buch außerordentlich viel Literatur eingesehen, wenn auch, wie bereits eingangs gesagt, die Anordnung und Bewältigung des riesigen Materials manchmal etwas zu wünschen übrigläßt. Aber Plinius ist keineswegs nur Kompilator, sondern er bringt auch hin und wieder eigene kritische Bemerkungen. Während seiner Verwaltertätigkeit in Spanien hat er sicher manches durch eigene Beobachtung kennengelernt. In den »Erläuterungen« dieses Bandes wurde wiederum versucht, die noch offenen Fragen der Gewinnung, Verarbeitung und Verwendung der besprochenen Metalle einer Klärung näher zu bringen. Spezialarbeiten, wie sie z. B. von der »Projektgruppe Plinius« augenblicklich durchgeführt werden (s. S. 233), sind daher sehr zu begrüßen.

DIE ANTIKEN BRONZESTATUEN

von Ingeborg Scheibler

In seiner Naturkunde hat Plinius mit gewaltigem Sammelfleiß nach eigener Aussage rund 20 000 Exzerpte verarbeitet. Das enzyklopädisch angelegte Werk sollte die in seiner Zeit herrschenden Ansprüche an Kultur und Bildung befriedigen, auch wollte er dem Leser darlegen, welchen vielseitigen und umfassenden Wert die Natur für den Menschen hat. Darum ist das Werk zwar nach einem naturkundlichen System gegliedert, aber darüber hinaus wird jede Gelegenheit wahrgenommen, kulturhistorische und kunsthistorische, technologische und medizinische Fakten einzuflechten. Oft sind derlei Hinweise nur assoziativ und äußerlich mit dem naturkundlichen Rahmenthema verknüpft, wie überhaupt bei fortlaufender Lektüre der Eindruck entsteht, daß Plinius die Fülle des Stoffs nur oberflächlich zu bewältigen vermochte. Als altertumskundliche Quellensammlung ist die Naturkunde mit Vorsicht zu benutzen, dennoch bietet sie dem heutigen Leser wichtige und einzigartige Einblicke in die antiken Lebensverhältnisse mit ihren materiellen und kulturellen Voraussetzungen.

Insbesondere in den Büchern 33 bis 36 hat Plinius auch zur bildenden Kunst kompendienhafte Angaben gemacht. Das der Metallurgie gewidmete Buch 34 bot ihm Gelegenheit, auf die zeitgenössische und ältere Erzbildnerei einzugehen. Verglichen mit dem von der Malerei handelnden Buch 35 nehmen hier allerdings die naturkundlichen und medizinischen Hinweise einen breiteren Raum ein. Plinius berichtet über die verschiedenen Metallvorkommen der alten Welt,

über einzelne Legierungen und deren Herstellungsverfahren, vor allem aber führt er eine große Zahl an Heilmitteln an, die Metallsubstanzen enthalten, und klärt den Leser über deren Zubereitung und Wirkung auf. Neben dem Kupfer, das zur Herstellung von Bronze diente, waren Eisen und Blei die meistverwendeten Nutzmetalle der Antike. Darum wird auch deren Bedeutung unter metallurgischen wie medizinischen Gesichtspunkten abgehandelt. In den künstlerischen Techniken fanden allerdings Eisen und Blei nur selten Verwendung; ein Kuriosum bleibt beispielsweise der Bericht von einer Eisenstatue im Arsinoë-Tempel von Alexandria, die durch ein Gewölbe aus Magnetstein zum Schweben gebracht werden sollte. Erzbildnerei war in der Regel Bronzebildnerei, dieser Kunst sind die entsprechenden Abschnitte des 34. Buches vor allem gewidmet. Eine Vorstellung von der Geschichte dieser Kunst gewinnt der Leser allerdings nur in geringem Maß, da die Angaben vielfach zusammenhanglos sind und die Gliederung unausgewogen bleibt. Von den Anfängen wird sehr vereinfacht, dazu nur aus italisch-römischer Sicht berichtet, und historische und systematische Aspekte der Darlegung wechseln häufig. Einige ergänzende Bemerkungen erweisen sich darum als notwendig.

Material und Gußtechnik

Bronze, ein durch geringe Zusätze von Zinn, Blei oder Silber legiertes Kupfer, war bereits seit dem 3. Jahrtausend v. Chr., vom Kaukasusgebiet und Mesopotamien ausgehend, das meist verarbeitete Metall des Altertums. Man entwickelte verschiedene Arten der Legierung, die bei der Verarbeitung unterschiedliche Vorteile boten. Plinius berichtet über Qualität und Aussehen solcher Bronzearten, wie sie zu seiner Zeit verwendet oder aus griechischer Zeit bereits bekannt

Die antiken Bronzestatuen 267

waren. Wenn er die korinthische, delische oder äginetische Bronze hervorhebt, so spielt er damit nicht auf geologische Abbaugebiete, sondern auf berühmte künstlerische Zentren des Metallhandwerks an. Während die korinthische Bronzekunst in archaische Zeit zurückreicht und die äginetische im 5. Jahrhundert v. Chr. ihre große Zeit erlebte, gehören die berühmten Bronzewerkstätten von Delos erst in die Zeit des späten Hellenismus.

Der pragmatischen Konzeption seines Werkes entspricht es, daß Plinius zunächst auf die Vielfalt an Metallgegenständen – Gefäße, Geräte, Kandelaber, Möbel und Möbelteile – hinweist, die dem Menschen von Nutzen sind und in solchen Werkstätten gefertigt wurden. An späterer Stelle wird auch der bronzenen römischen Gesetzestafeln gedacht. In der Baukunst verwendete man Bronze zur Herstellung von Türschwellen, Türbeschlägen und Zierteilen, etwa der mit feinem Blattschmuck versehenen »korinthischen« Kapitelle. Derartig aufwendige Architekturausstattungen waren ursprünglich den Tempeln vorbehalten; kritisch nimmt Plinius zur Kenntnis, daß sich in Rom darin auch privater Reichtum zur Schau zu stellen begann.

Besonderes Gewicht legt er mit Recht auf die gewaltigen Mengen an Bronzestandbildern, die zu seiner Zeit noch die Tempel und öffentlichen Gebäude Roms füllten, und die aus künstlerischen und kulturhistorischen Gründen auch beim heutigen Leser besonderes Interesse wecken. Bei der Aufstellung einer Bronzestatue spielte stets auch deren Materialwert eine Rolle. Plinius nennt gelegentlich hohe Preise einzelner Statuen und er beklagt, daß in seiner Zeit die Kunstpreise ins Unermeßliche gestiegen seien, gleichzeitig aber die Kunst, gute Bronzen zu gießen, in Vergessenheit gerate. Tatsächlich hat man in der Kaiserzeit auf den Bronzeguß nicht mehr die Sorgfalt verwendet, die in den Werkstätten der klassischen Zeit selbstverständlich war.

Die hohe Qualität griechischer Bronzen des 5. Jahrhunderts v. Chr. hat sich aus einfachen Anfängen, die in das 9. Jahrhundert v. Chr. zurückreichen, allmählich entwickelt. Großformatige Statuen verstand man zunächst nicht zu gießen, abgesehen davon, daß dafür auch die ökonomischen Voraussetzungen in der griechischen Frühzeit nicht gegeben waren. Allenfalls verkleidete man die hölzernen Kultbilder, um sie haltbarer und kostbarer zu machen, mit gehämmertem Bronzeblech. Diese »Sphyrelaton«-Technik wurde auch später noch geübt, als man längst größere Statuen zu fertigen verstand. Die aus der Frühzeit erhaltenen Bronzewerke sind Geräte, aus Blech gehämmerte Gefäße und Waffen, sowie kleine Weihefiguren und Geräteile, die massiv gegossen waren.

Die zu Anfang angewendete Gußtechnik bezeichnet man als Wachsausschmelzverfahren aus verlorener Form. Sie beruht auf dem Prinzip, daß das aus Wachs modellierte, mit einer Tonform umkleidete Werk ausschmolz, sobald der Tonmantel stabil gemacht, nämlich gebrannt wurde. In den so entstandenen Hohlraum konnte die glühende Bronze einfließen. War sie erkaltet, brach man die Tonform auseinander und das Werk trat zutage. Es konnte aus einer solchen Form also immer nur ein Ausguß gewonnen werden.

Von den kleinen Statuetten der Frühzeit ging man im 7. Jahrhundert zum Guß größerer Statuetten von 40–60 cm Höhe über, die man, um Material zu sparen, mit zunehmender Größe im Hohlguß zu fertigen begann. Dabei wurde um einen Kern aus Ton und Häcksel, der sich später wieder entfernen ließ, die Figur, oft auch in Einzelteilen, zunächst in Ton modelliert bis auf die äußerste, in Wachs aufgetragene Schicht, an deren Stelle beim Guß die Bronze trat. Je größer die Figuren wurden, um so häufiger bediente man sich beim Guß tiefer Erdgruben, in die man die Hohlformen stellte, damit aus dem Schmelzofen das flüssige Erz ungehin-

dert und rasch einfließen konnte. Verfeinert wurden auch zunehmend die technischen Hilfskonstruktionen an der Form selbst, etwa die Verteilung von Kernstützen oder das System der Luftkanäle. Eine leider nicht ganz eindeutige Überlieferung läßt vermuten, daß im 6. Jahrhundert v. Chr. an der Entwicklung des Gusses von Großbronzen die samischen Künstler Theodoros und Rhoikos maßgeblich beteiligt waren.

Die archaischen strengen Statuenschemata, etwa der aufrechte, frontal ausgerichtete, »schreitende« nackte Jüngling, dessen Pfeilerform oft noch den Marmorblock ahnen läßt, aus dem ihn der Bildhauer geschlagen hatte, wurden mit dem Übergang zur Klassik aufgegeben. Die Künstler begannen nun das Kräftespiel des menschlichen Körpers, die Gegensätze von Lasten und Tragen, von Anspannung und Entspannung zu verdeutlichen, indem sie Stand- und Spielbein unterschieden und die ganze Figur entsprechend belebten. Dieser bewegteren, raumgreifenden Gestaltung kam die Bronzetechnik aus künstlerischen wie statischen Gründen in besonderem Maß entgegen, und nicht zufällig bedienten sich die Meister des 5. und 4. Jahrhunderts v. Chr. bevorzugt dieser Technik. Erst jetzt entstanden die zahlreichen Athleten-, Götter- und Bildnisstatuen, wie sie Plinius in seiner Kunstgeschichte erwähnt. Immer noch wurden sie im Wachsausschmelzverfahren aus verlorener Form gegossen, obgleich seit der Spätklassik auch ein Gußverfahren aus wieder verwendbaren Formen entwickelt wurde. Dabei strich man die Teilformen des Negativs mit Wachs aus, setzte sie zusammen und füllte den Hohlraum mit Kernmasse, die meist aus einem Gemisch aus Sand und Tonteilchen bestand.

Die hohe Qualität der klassischen Erzstatuen rührt nicht zuletzt von der Sorgfalt ihrer nachträglichen Bearbeitung her. Sowohl die aus verlorener Form wie die aus Teilnegati-

ven gewonnenen Rohgüsse mußten einer Überarbeitung, der sog. Kaltarbeit unterzogen werden. Reste von Kernstützen und Luftkanälen wurden entfernt, die Oberfläche ausgebessert, geglättet und poliert, feinere Details, vor allem die Haare nachgearbeitet. Besondere Farbeffekte erzielte man nicht nur durch die Wahl der Bronzelegierung, sondern auch durch zusätzliche Verwendung andersfarbiger Metalle an Haaren, Lippen oder Zähnen; auch die Augen waren in Elfenbein und buntem Stein oder Glasfluß eingelegt.

Vor besondere technische Probleme wie auch solche der Statik und der Proportionierung der Figur waren die Künstler gestellt, die kolossale Bronzestatuen zu fertigen hatten. Kolosse, deren Höhe 10 Meter und mehr maß, gehörten zu den »kühnsten« technischen Leistungen der Antike; Plinius widmet ihnen darum einen eigenen Abschnitt. Auf den über 35 Meter hohen Koloß von Rhodos, eine Statue des Helios, die man später zu den Sieben Weltwundern zählte, verwendete der Lysippschüler Chares von Lindos 12 Arbeitsjahre.

Bronze war zwar nicht so kostbar wie Edelmetall, aber auch mit ihr ging man äußerst sparsam um, so weit nicht hybride Vorhaben wie die Kolossalstatuen enorme Materialmengen verschlangen. Es war üblich, ältere Geräte und Gefäße aus Gold und Silber, die sich in staatlichem oder sakralem Besitz befanden, von Zeit zu Zeit einzuschmelzen, um wieder den reinen Metallwert zu gewinnen oder zeitgemäßere Geräte herstellen zu lassen. Ebenso konnten Bronzestatuen, die ihren Zweck erfüllt hatten oder die eine Person darstellten, deren Gedächtnis getilgt werden sollte, in Stücke zerlegt und eingeschmolzen werden, um neues Rohmaterial zu liefern. Üblich war es auch, die im Krieg erbeuteten bronzenen Waffen, Panzer und Helme des Feindes in Siegesdenkmäler zu verwandeln. So verfuhr, wie Plinius erzählt, Sp. Carvilius nach seinem Sieg über die Samniten, und aus den Abfällen dieser Arbeit ließ der Stifter nochmals in we-

Die antiken Bronzestatuen 271

sentlich kleinerem Format eine Statue von sich selbst fertigen, die er zu Füßen der Siegesstatue, einer kolossalen Jupiterfigur, aufstellte.

Kunstgeschichte

Die zahlreichen Bronzestatuen, die z. Zt. des Plinius noch Heiligtümer und Städte füllten, haben die Zeiten nicht überdauert. Schon in der Spätantike war die Materialnot groß; viele Statuen wurden auch durch Erdbeben und Feuer mitsamt den Gebäuden, in denen sie standen, frühzeitig zerstört. Der Rest fiel schließlich den Notzeiten des Mittelalters zum Opfer. In der Renaissancezeit waren nur vereinzelte Großbronzen wie die Reiterstatue des Marc Aurel auf dem Kapitol, der Dornauszieher ebendort oder die kolossale Kaiserstatue von Barletta noch zu sehen. Auch was später durch archäologische Grabungen wieder in unseren Besitz gelangte, ist nur ein Bruchteil dessen, was es einst gab. Einem Zufall haben wir die Statue des Wagenlenkers von Delphi zu verdanken: Ein Erdrutsch hat ihn bei einem Erdbeben begraben, so daß er vor dem Zugriff späterer Zeiten geschützt blieb. Auch am Meeresboden hielten sich antike Bronzestatuen, die zur Kunstfracht gesunkener griechischer und römischer Handels- und Beuteschiffe gehört hatten. Von Zeit zu Zeit werden solche Statuen an die Küsten gespült; so konnten unlängst bei Riace in Unteritalien zwei überlebensgroße Heroenfiguren, Originalwerke des 5. Jahrhunderts v. Chr., geborgen werden.

Solche Einzelbeispiele können eine Vorstellung vom Aussehen der zahlreichen heute verlorenen Bronzewerke griechischer Zeit geben. Eine gewisse Anschauung vermitteln darüber hinaus die römischen Marmorkopien. Retrospektiver Kunstgeschmack, aber auch ein gesteigertes Interesse an den dargestellten Inhalten der griechischen Plastik führten in

der frühen Kaiserzeit zu einem erhöhten Bedarf an klassischen Statuen, die von den Kopisten in Marmor umgesetzt und vervielfältigt wurden. Man schmückte die Fassaden von Theatern und Thermen mit solchen Statuen, stellte sie aber auch in Villen, Palästen, Bibliotheken und öffentlichen Hallen auf. Obwohl viele Marmorstatuen der Armut und dem Unverstand späterer Zeiten ebenfalls zum Opfer fielen, machen die heute bekannten Marmorkopien ein Vielfaches der noch erhaltenen Bronzewerke aus.

Man hat versucht, sowohl die wenigen erhaltenen Originalstatuen wie auch die im Kopienbestand bezeugten klassischen Statuentypen bestimmten Künstlern zuzuweisen, von deren Schaffen und Bedeutung nicht nur bei Plinius, sondern auch in anderen literarischen Quellen die Rede ist. Wie unvollständig und zusammenhanglos solche Quellen aber in der Regel berichten, zeigt der Künstlerkatalog des 34. Buches. Plinius gliedert seine Künstlergeschichte in drei Teile, nämlich eine kurze chronologische Übersicht, einen Hauptteil, der den berühmteren Meistern gilt, und alphabetische Kataloge von Künstlern zweiten Ranges. Plinius selbst beklagt zu Beginn die Fülle der überlieferten Namen und Werke, die zu kennen und zu nennen seine Möglichkeiten bei weitem übersteige. Dennoch mag es für den damaligen Leser hilfreich gewesen sein, ein solches »Nachschlagewerk« konsultieren zu können. Sein Quellenwert ist hingegen nicht immer zuverlässig; beispielsweise ist die chronologische Übersicht, die sich an sogenannten Akme-Daten der Künstler orientiert, in manchen Punkten zu berichtigen: Kritios und Nesiotes, deren Tyrannenmördergruppe im Jahre 477/476 v. Chr. in Athen aufgestellt wurde, waren ebenso wie Hageladas von Argos in der ersten Hälfte des 5. Jahrhunderts tätig, andererseits müssen Polyklet und Myron nicht als Nachfolger des Phidias, sondern als dessen Zeitgenossen betrachtet werden.

Auch die Beschreibungen antiker Statuen, wie wir sie bei Plinius und anderen Autoren finden, enthalten nur selten so eindeutige Hinweise, daß sie zu einer sicheren Meisterzuschreibung führen konnten; dies gelang beispielsweise im Fall des von Plinius erwähnten »jugendlichen Apollon« des Praxiteles, »der einer in der Nähe herankriechenden Eidechse mit seinem Pfeil nachstellt und den man *sauroctonos* nennt«, oder des Zeusadlers von Leochares, »der weiß, wen er mit Ganymedes raubt und wem er ihn bringt,« denn er achtet darauf, den Knaben nicht mit seinen Krallen zu verletzen.

Seitdem man im späten 19. Jahrhundert einen mehrfach in Kopien bezeugten klassischen Statuentypus, den »Doryphoros«, richtig auf Polyklet bezogen hatte, war eine sichere Basis für die Polykletforschung gewonnen, deren differenzierte Ergebnisse inzwischen weit über die wenigen Hinweise des Plinius hinausgehen. Andererseits gaben dessen Bemerkungen aber der Forschung entscheidende Anstöße. Wir erfahren von der Bedeutung des polykletischen »Kanons«, oder von der Erfindung, »die Statuen auf einem Bein stehen zu lassen«. Letztere bezieht sich auf die für Polyklet bezeichnende extreme Unterscheidung von Stand- und Spielbein, und die ›Vierschrötigkeit‹ seiner Statuen, die »fast immer nach ein und demselben Muster gemacht sind«, wird verständlich angesichts der regelmäßigen Gliederung und dem rechtwinkligen Aufbau seiner athletischen Körper.

Unter den sicher nachweisbaren Meisterwerken, die Plinius nennt, befindet sich auch der »Schaber« des Lysipp, den Tiberius dem Volk zurückgeben mußte. Nicht zuletzt hat der Hinweis des Plinius, die Statuen des Lysipp seien durch schlanke Proportionen und auffallend kleine Köpfe gekennzeichnet, zur Entdeckung dieses Werkes im römischen Kopienbestand beigetragen.

Für den Künstlerkatalog des Plinius sind solche Charakte-

risierungen aber nicht eigentlich bezeichnend, denn sie beschränken sich auf wenige Beispiele und in der Regel geht der Katalog nicht über ein bloßes Aufzählen von Statuen hinaus. In engen Grenzen bewegt sich auch sein Kunsturteil, das allenfalls »Naturtreue« oder »Porträtähnlichkeit« konstatiert. Genauigkeit im Detail, etwa in der Bildung des Haares, ist für ihn ein weiteres Kriterium der Qualität. An Lysipp wird hervorgehoben, daß er die »kleinsten Dinge beachtete«; dagegen wird der Erzbildner Kallimachos als »Tüftler« bezeichnet, in dessen Werken »alle Anmut durch seine Genauigkeit verloren ging«. Wirklichkeitsnähe war freilich ein relativer Begriff. Die hellenistische Kunst führte beispielsweise über die Erfahrungen der klassischen Kunst in diesem Punkt weit hinaus. Trotzdem schätzt Plinius hellenistische Kunstwerke offenbar geringer ein, jedenfalls verzeichnet er seit der 121. Olympiade (296–293 v. Chr.) einen allgemeinen Niedergang der Kunst und läßt sie erst in der 156. Olympiade (156–153 v. Chr.) wieder aufleben, mithin übergeht er die kraftvollste Phase des hellenistischen Kunstschaffens. Deutlich verrät sich in dieser Bewertung der klassizistische Geschmack der frühen Kaiserzeit bzw. älterer Kunstgelehrter, die Plinius als Gewährsmänner zu Rate zog.

Da die Meister der klassischen Zeit vorwiegend in Bronze arbeiteten, ist der Verlust der griechischen Bronzestatuen besonders schmerzlich. Auch berühmte Kultbilder, die in der kostbaren Gold-Elfenbein-Technik gefertigt waren, wie die Athena Parthenos des Phidias auf der Akropolis von Athen oder dessen Zeusbild in Olympia, sind für immer verloren. Daß Phidias solche Werke schuf, kann Plinius im 34. Buch beiläufig erwähnen, aufs Ganze gesehen zwingt ihn aber sein naturkundliches System, das Œuvre einzelner Künstler zu zerreißen. Im 36. Buch geht er anläßlich der Behandlung des Materials »Stein« auf die Bildhauerkunst im Besonderen ein, während er die Tonbildnerei im 35. Buch,

von den »Erden« ausgehend, und die Kunst der Silberschmiede bereits im 33. Buch vornimmt. Manche Meister der Bronzekunst wie Phidias, Alkamenes oder Praxiteles kehren im 36. Buch wieder, denn sie waren zugleich berühmte Marmorbildner. Von anderen bedeutenden Künstlern wie Skopas von Paros, einem Zeitgenossen des Praxiteles, oder den florierenden späthellenistischen Schulen von Ephesos und Rhodos gewinnt der Leser überhaupt erst im 36. Buch eine Vorstellung. Auch stellt dieses Buch insofern eine wichtige Erzgänzung zum 34. Buch dar, als nur hier die Künstlergeschichte der archaischen Zeit ausführlicher behandelt wird, denn damals, als Bronzestatuen noch eine Seltenheit waren, überwog die Marmorkunst. Die uns erhaltenen Marmorwerke sowohl der archaischen wie der späthellenistischen Epoche tragen teilweise noch ihre Künstlersignaturen und leisten damit ihren eigenen wichtigen Beitrag zur Künstlergeschichte. Hingegen wurden archaische Werke in römischer Zeit nur selten kopiert; offensichtlich trafen die »steifen« Figuren der Frühzeit nicht den kaiserzeitlichen Geschmack.

Das 34. Buch vermittelt demnach von der Geschichte der griechischen Plastik kein geschlossenes Bild. Zum einen sind nicht alle Epochen in gleicher Weise repräsentiert, zum andern bleiben einzelne Gattungen der Bildhauerkunst, beispielsweise auch die Bauplastik, ausgeschlossen. Nicht wenige Kenntnisse schöpft Plinius auch aus der eigenen, römisch-italischen künstlerischen Tradition, die sich parallel zur griechischen entfaltete, aber aus der Sicht der klassizistisch orientierten Kunstgelehrten nicht von Belang war. Diesbezügliche Äußerungen des Plinius verraten denn auch, daß die italisch-römischen Bronzestatuen weder eine ästhetische Norm vertraten noch im gebildeten Kunstbetrieb eine Rolle spielten, daß man mit ihnen aber als Zeugen der eigenen Politik und Geschichte einen regen Umgang pflegte.

Die antiken Bronzestatuen

Zur Zweckbestimmung der Statuen

Nicht nur in bezug auf die römischen Bronzewerke, sondern auch anderenorts enthält das 34. Buch vielfältige Hinweise zur Bedeutung der Statuen im antiken Lebenskontext. Die Rolle, die sie in der Öffentlichkeit spielten, betraf das allgemeine Interesse, während ihre ästhetische Wertschätzung nur eine kleine Schicht Gebildeter und Gelehrter beschäftigte. Entsprechend präzise kann sich Plinius zum Zweck der Standbilder äußern und entsprechend groß ist auch der kulturhistorische Quellenwert seiner Angaben. Wo er über Anlässe der Aufstellung von Statuen oder ihren Standort spricht, zeigt sich, in welchem Maß man diese um ihrer inhaltlichen Aussage willen beachtete.

Schon in griechischer Zeit fungierten die Statuen nicht etwa als zweckfreie Kunstwerke, sondern, eingebunden in Ritus und Politik, als aussagekräftige Vertreter der dargestellten Person. Auskunft gaben jeweils die zugehörigen Inschriften. Wer aus athletischen, hippischen oder musischen Agonen siegreich hervorging, konnte der Gottheit, zu deren Ehren er gekämpft hatte, sein Standbild weihen, bzw. von seiner Familie oder Gemeinde aufstellen lassen. Siegerstatuen waren in der Regel idealtypisch gestaltet, aber aus einer Bemerkung des Plinius scheint hervorzugehen, daß man die Statuen herausragender, nämlich dreifacher Sieger mit persönlichen Merkmalen versah. Solche Statuen ehrten den Dargestellten schon zu Lebzeiten, bewahrten aber auch sein Gedächtnis über den Tod hinaus. In ähnlichem Sinn konnten politische Verdienste und militärische Siege durch eine Ehrenstatue honoriert werden, deren Aufstellung dann vom Staat beschlossen und finanziert wurde. Nicht zuletzt belohnte man intellektuelle Leistungen vor allem in späterer Zeit häufig mit öffentlich aufgestellten Porträtstatuen; nach Plinius scheinen manche Bildhauer geradezu auf Philoso-

phenstatuen spezialisiert gewesen zu sein. In der Frühzeit fungierten solche Ehrenstatuen zugleich als Weihgeschenke, sie standen ausschließlich in den Heiligtümern. Politische Ehrenstatuen im engeren Sinne befanden sich dagegen später auch außerhalb der Heiligtümer an bevorzugten öffentlichen Plätzen der Stadt. Weihgeschenke gab es daneben weiterhin in großer Zahl, die sakrale Funktion von Statuen war ohnehin die ältere, hergebrachte. Die ältesten Götterbilder dienten als Kultbilder, seit dem 7. Jahrhundert v. Chr. fertigte man solche in vielfältiger Form auch als Weihgeschenke. Der Wert eines Anathems bemaß sich nicht zuletzt nach seinem Material, Weihestatuen und Statuetten konnten aus Holz, Ton oder Marmor bestehen, kostbarer jedoch waren solche aus Elfenbein, Bronze oder Edelmetall.

In Rom dienten die Standbilder grundsätzlich ähnlichen Zwecken wie in Griechenland. Lediglich seit spätrepublikanischer Zeit kam eine neuartige Bedeutung solcher Statuen hinzu, die als Kriegsbeute galten. Plinius gibt bei der Aufzählung der Meisterwerke, um sie für den damaligen Leser auffindbar zu machen, häufig deren aktuellen Standort in den Tempeln, öffentlichen Hallen oder Thermen Roms an. Viele Statuen befanden sich beispielsweise im Concordiatempel, der als eine Art Museum fungierte. Die Entführung griechischer Kunstwerke durch die Römer, die in einzelnen Fällen einer Plünderung gleichkam, war eine Begleiterscheinung der Eroberung Griechenlands seit dem 2. Jahrhundert v. Chr. Nach antikem Recht handelte ein siegreicher Feldherr legitim, wenn er kostbare Beutestücke mitnahm, um sie im Triumph als Siegesbeweise im eigenen Land vorzuzeigen. Schon der Perserkönig hatte bei seinem kurzen Überfall auf Athen im Jahre 480 v. Chr. griechische Statuen nach Persepolis entführt. In Rom wurden die erbeuteten Standbilder entweder als Staatsdenkmäler öffentlich aufgestellt oder den Göttern geweiht. Daneben kam es auch zum eigentlichen

Kunstraub, nämlich zu unrechtmäßigen privaten Aneignungen. Römische Verwaltungsbeamte nützten ihre Machtposition in den Provinzen aus und ließen Gemälde, Statuen und kostbare Geräte wegschaffen, um ihre eigenen Villen damit zu bereichern. Cicero zog einen jener »Kunstsammler«, Verres, mehrfach deswegen zur Rechenschaft. Von derartigen Prozessen ist Genaueres bezeugt, so daß leicht übersehen wird, wie viele Kunstwerke auch als »legale« Beute damals nach Rom gelangten.

In der Kaiserzeit änderten sich die Verhältnisse insofern, als nun der Kaiser oberster Feldherr war und damit über das Kunstgut im besiegten Land de jure verfügen konnte. Ausgiebig machten von dieser Möglichkeit z. Zt. des Plinius aber nur Caligula und Nero, auch in der Form verordneter Scheinkäufe, Gebrauch. Plinius bemerkt gegen Ende seines Künstlerkatalogs, daß die berühmteren, ohne Standort erwähnten Werke von Vespasian in den Tempel des Friedens und andere Gebäude geweiht worden seien, nachdem sie zuvor die »Gewalttätigkeit« des Nero zusammengetragen habe, der die Prunkzimmer seiner Domus Aurea damit ausstattete. Vespasian, der bewußt einen Gegenkurs zur Willkürpolitik Neros steuerte, errichtete an der Stelle des neronischen Palastes das flavische Amphitheater als gemeinnützige Einrichtung und machte die von jenem geraubten Kunstschätze dem Volk zugänglich, indem er sie im Templum Pacis aufstellte.

Gewiß spielte bei der Entführung von Kunstwerken aus Griechenland nicht nur deren Kunst- und Materialwert eine Rolle, sondern auch deren inhaltliche Aussage. In auffallend hoher Zahl werden von Plinius Apollon- und Heraklesstatuen erwähnt, die nach römischer Vorstellung Griechenland in besonderer Weise repräsentiert haben dürften. Auch Alexanderbildnisse boten eine Möglichkeit zur Identifikation, jeder siegreiche Feldherr mag sich gern mit Alexander vergli-

chen haben. Daß die Darstellungsinhalte von Statuen dem antiken Betrachter in der Regel wichtiger waren als die künstlerische Gestaltung, geht aus manchen Bemerkungen des 34. Buches hervor. Von einer Statue des Philosophen Zenon berichtet Plinius ausdrücklich, daß Cato sie bei seinem zyprischen Feldzug als einzige Statue nicht verkauft habe, und zwar »weder aus Vorliebe für die Bronze noch für die Kunst, sondern weil sie einen Philosophen darstellte«.

Die im Künstlerkatalog aufgeführten Werke werden in der Regel nur nach ihrem Thema kurz benannt. Zu inhaltlichen Gruppierungen konnte es freilich nicht kommen, weil die Werke nach Künstlernamen angeordnet sind. Für uns zeichnen sich dennoch einzelne Themengruppen ab, die auf die griechischen Funktionsbereiche zurückverweisen, in denen sich die Statuen ursprünglich befanden. Athletenstatuen wie Diskuswerfer, Pankratiasten oder Fünfkämpfer fungierten als Siegerstatuen; auch Götter- und Heroenstatuen haben wir als Weihestatuen in die griechischen Heiligtümer zurückzuversetzen. Häufig werden opfernde Personen genannt, mit denen sich einst griechische Stifter im frommen Akt identifiziert haben mögen. Jagdszenen und Kampfgruppen – Themen alter Machtsymbolik und männlicher Bewährungsideale – sind oft in Einzelfiguren angesprochen, wohl weil sie als Gruppenfiguren bei der Entführung aus ihrem ehemaligen Zusammenhang gerissen worden sind.

Nicht zuletzt lassen die Bemerkungen des Plinius zumal in den ersten Abschnitten zur römischen Porträtplastik deutlich werden, welche äußeren Indizien bei der Gestaltung von Standbildern als aussagekräftig empfunden wurden. Besonderer Wert wurde auf Tracht und Haltung der Person und auf die Aufstellungsweise der Statue gelegt. Es war von Belang, ob der Dargestellte in der Toga, in Kriegsrüstung oder in »heroischer« Nacktheit erschien, ob er stehend, sitzend, zu Pferd oder zu Wagen sich zeigte, ob er auf gleicher

Höhe mit dem Betrachter oder auf Säule oder Triumphbogen, »über die anderen Sterblichen erhoben« zu sehen war.

Bemerkungen solcher Art werden noch eindrücklicher, wenn man sich vergegenwärtigt, in welchem Maß die Statuen als Vertreter der Abgebildeten – von Göttern, Heroen oder Sterblichen – betrachtet bzw. mit diesen identifiziert wurden. Selbst im aufgeklärten Zeitalter des Plinius gab es noch Relikte einer solchen eher magischen Kunstauffassung. In Statuen hielt man die Kräfte von Göttern und hilfreichen Heroen gegenwärtig, darum konnte man sie im Krieg als Helfer mit sich führen. Statuen bewahrten das Gedächtnis geehrter Personen, und umgekehrt kam die Zerstörung einer Bildnisstatue der Vernichtung des Betreffenden gleich. Nero ließ sich in Griechenland, wie Sueton berichtet, als unübertroffener Kitharode feiern und die Statuen früherer Sieger umstürzen und wegschaffen, um deren ehrenvolles Gedächtnis zu tilgen, und reich ist die antike Geschichte an Beispielen einer vom Volk verhängten damnatio memoriae, die sich stets auch an den Standbildern der verurteilten Personen auswirkte.

www.ingramcontent.com/pod-product-compliance
Lightning Source LLC
Chambersburg PA
CBHW030807100426
42814CB00002B/34